中国共产党建党100周年优秀学术成果丛书

全球金融
新时代中国特色金融外宣
文本英译及网站全球化行为研究

傅 恒 著

浙江工商大学出版社
ZHEJIANG GONGSHANG UNIVERSITY PRESS

·杭州·

图书在版编目(CIP)数据

全球金融：新时代中国特色金融外宣文本英译及网站全球化行为研究／傅恒著. — 杭州：浙江工商大学出版社，2021.4

ISBN 978-7-5178-4343-6

Ⅰ. ①全… Ⅱ. ①傅… Ⅲ. ①金融－宣传－资料－英语－翻译－研究－中国②金融－网站－全球化－研究－中国 Ⅳ. ①F832

中国版本图书馆 CIP 数据核字(2021)第 039713 号

全球金融：新时代中国特色金融外宣文本英译及网站全球化行为研究
QUANQIU JINRONG：XINSHIDAI ZHONGGUO TESE JINRONG WAIXUAN WENBEN YINGYI JI
WANGZHAN QUANQIUHUA XINGWEI YANJIU

傅　恒　著

责任编辑	王　英
封面设计	沈　婷
责任印制	包建辉
出版发行	浙江工商大学出版社
	（杭州市教工路 198 号　邮政编码 310012）
	（E-mail：zjgsupress@163.com）
	（网址：http://www.zjgsupress.com）
	电话：0571 - 88904980,88831806(传真)
排　　版	杭州朝曦图文设计有限公司
印　　刷	杭州高腾印务有限公司
开　　本	710mm×1000mm　1/16
印　　张	14.75
字　　数	231 千
版 印 次	2021 年 4 月第 1 版　2021 年 4 月第 1 次印刷
书　　号	ISBN 978-7-5178-4343-6
定　　价	59.00 元

总　序

　　1921 年中国共产党的成立，是中国历史上开天辟地的一件大事。 2021
年，中国共产党将迎来百年华诞。 100 年来，中国共产党走过了波澜壮阔的
光辉历程，从一个只有 50 多人的小党发展成为拥有 9000 多万名党员的世界
第一大党，领导中国人民完成新民主主义革命，实现了民族独立和人民解放；
建立社会主义制度，完成了中国历史上最广泛、最深刻的社会变革；做出改革
开放伟大决策，开创了建设中国特色社会主义道路，为实现中华民族的伟大
复兴指明了方向。 历史和现实雄辩地证明，没有共产党就没有新中国，没有
共产党就没有中国特色社会主义事业的胜利。 中国共产党不愧为伟大、光
荣、正确的马克思主义政党，不愧为领导中国人民不断开创新事业的核心力
量。 中国共产党 100 年的光辉历程，犹如一幅逶迤而又气势磅礴、雄浑而又
绚丽多彩的画卷。

　　高山耸峙，风卷红旗过大关。 中国共产党的百年党史就是在一个个挫折
中不断成熟、在一场场考验中不断成长的奋进诗篇，如今的中国共产党已经
拥有了应对挑战的丰富经验和克服困难的强大能力。 面对百年未有之大变
局，党的十八大以来，以习近平同志为核心的党中央统揽国内国际两个大局，
统筹推进"五位一体"总体布局，协调推进"四个全面"战略布局，把中国特
色社会主义不断推向前进。 在"两个一百年"奋斗目标的历史交汇点上，党
的十九届五中全会统筹中华民族伟大复兴战略全局和世界百年未有之大变
局，提出了到 2035 年基本实现社会主义现代化远景目标，中国共产党将带领
全国人民开启全面建设社会主义现代化国家、实现中华民族伟大复兴中国梦

的新征程。

全面总结、系统阐释党的光辉历程是理论界义不容辞的责任。我校作为一所习近平同志在浙江任职期间亲自视察并寄予厚望的省重点建设高校，发挥在哲学社会科学领域的优势，宣传、阐释浙江乃至全国各地在党的领导下开展的伟大实践和探索，是我们的使命与担当。为此，我们筹划了这次"中国共产党建党100周年优秀学术成果丛书"出版工作。对于浙江工商大学来说，这套丛书在2021年出版发行具有双重意义。首先，这套丛书是我们向建党100周年的献礼工程，其次，2021年我们将迎来学校110周年校庆，因此，这套丛书的出版发行也是校庆系列活动中的标志性项目。

浙江工商大学110年的校史与中国共产党100年的党史是紧密交织在一起的。我校的前身是创建于1911年的杭州中等商业学堂。这是浙江省新式商业教育之先驱，也是当时全国最早创办的商业专门学校之一。1921年后，当中国共产党人为民族解放和人民幸福前赴后继、英勇奋斗时，学校在军阀混战、抗日战争和解放战争相继发生的旧中国，坚守实业救国初心，以传承实业教育为己任，筚路蓝缕、艰辛办学，学校数易其名、屡迁校址。1949年新中国成立、中国共产党成为执政党后，学校迅速完成了从旧高商向新高商的转变，进入历史新纪元，1963年，学校由商业部直属，更名为杭州商业学校，列为全国重点学校。党的十一届三中全会开启了改革开放历史新时期，社会急需大量商业管理人才，学校进入了一个崭新的发展时期，实现了一个又一个跨越：1980年，国务院批准建立杭州商学院，学校升格为本科大学；1990年获得硕士学位授予权；2003年获得博士学位授予权；2004年，教育部批准杭州商学院更名为浙江工商大学；2015年，学校被确定为浙江省人民政府、商务部和教育部共建大学；2017年学校被确定为浙江省重点建设高校。目前，学校正在按照2020年末召开的学校第三次党代会确定的战略目标，全力冲刺"双一流"，建设卓越大学，奋力标定在全国乃至世界高等教育中的新坐标。

回望学校110年办学历程，特别是新中国成立以来，我校始终坚持正确办学方向，与时代同呼吸，与祖国共命运。在我校的办学历史中涌现了爱国民主先驱、新中国首任粮食部部长章乃器，著名经济学家、国家计委副主任骆耕漠等一大批杰出校友。可以说，浙江工商大学就是一所传承红色基因、怀揣实业兴国梦的高校。从这个角度来看，浙江工商大学 110 年校史就是中国共产党 100 年党史的缩影。

在百年党庆和 110 年校庆的交汇点上，浙江工商大学组织全校力量编写这套丛书，热情讴歌党的丰功伟绩，唱响校庆活动的红色旋律。丛书选题、编写工作从 2020 年初就开始酝酿，2020 年 5 月在全校范围征集"庆祝中国共产党建党 100 周年等重点选题和优秀研究成果"，经过专家评审、选题凝练，7 月确定丛书总体框架、各分册主题和内容，随后进入书稿撰写阶段。此后，编写组还多次召开集体研讨会，研究书稿撰写、统稿、出版工作。目前呈现在读者面前的是丛书的第一辑，随后各分册会陆续出版发行。

这套丛书涉及政治学、历史学、管理学、法学、经济学、统计学、语言学等学科，涵盖党的历史、现代化建设、党建业务、社会治理、经济发展、对外交流、数字经济等多个主题。各分册从不同视角展现了浙江儿女、全国人民在中国共产党的领导下投身革命救亡图存、改革开放发展经济、走在前列实现跨越的伟大实践与探索。我们希望这套丛书能够进一步激发社会各界的爱党爱国热情，进一步坚定广大读者的"四个自信"，进一步鼓舞全国人民在党的领导下建设社会主义现代化国家的冲天干劲。

这套丛书的编写、出版过程凝结了各分册作者、学校人文社会科处、浙江工商大学出版社相关同志的心血，在此致以问候！浙江省委宣传部、浙江省社科联、浙江省委党史研究室等部门相关领导和同志对丛书的整体定位、选题、编写工作给予了大量指导，一并表示衷心感谢！

陈柳裕
2020 年 10 月

前　言

　　金融业起源于公元前 2000 年巴比伦寺庙和公元前 6 世纪希腊寺庙的货币保管和收取利息的放款业务。 公元前 5 世纪至公元前 3 世纪在雅典和罗马先后出现了银钱商和类似银行的商业机构。 在欧洲，从货币兑换业和金匠业发展出现代银行。 1580 年，在意大利威尼斯出现了第一家银行。 1694 年，英国建立了第一家股份制银行——英格兰银行，这为现代金融业的发展确立了最基本的组织形式。 此后，各资本主义国家的金融业迅速发展，这对加速资本的积聚和生产的集中起到巨大的推动作用。 19 世纪末 20 世纪初，主要资本主义国家进入垄断资本主义阶段。 以信用活动为中心的银行垄断与工业垄断资本相互渗透，形成金融资本，控制了资本主义经济的命脉。

　　而中国金融业的起点可追溯到公元前 256 年以前周代出现的办理赊贷业务的机构，《周礼》称之为"泉府"。 南朝齐（479—502）出现了以收取的实物作抵押进行放款的机构——质库，即后来的当铺。 当时的质库由寺院经营，至唐代改由贵族垄断，到宋代出现了民营质库。 明朝末期钱庄（北方称"银号"）曾是金融业的主体，后来又陆续出现了票号、官银钱号等其他金融机构。 长期的封建统治导致中国的现代银行体系发展滞后。 鸦片战争以后，外国银行开始进入中国，1897 年，中国成立了第一家中国人创办的银行——中国通商银行。 伴随着中国民族资本主义工商业的发展，中国的现代金融业实现了快速发展[1]。

　　现代金融业随着人类社会形态的变迁，经历了复杂的演变过程。 现代金融业作为专门经营金融商品的行业，从古代社会比较单一的形式，逐步发展成包括多种门类的金融机构体系，主要有四个分支——银行、证券、信托、保险，其中银行业占主导。 中华人民共和国的金融业始创于革命根据地，最早的金融机构是第一次国内革命战争时期出现在广东、湖南、江西、湖北等地的农村信用合作社。 中华人民共和国成立以来，中国的金融业经历了多个历史阶段的演进，革命根据地和解放区的银行逐步并入中国人民银行。 高度集中的国家银行体系与众多的农村信用合作社相结合是 20 世纪 50 年代到 70 年代中国金融业的最显著特点。 从 1979 年起，中国开始对金融业实行体制改革：中国人民银行摆脱了具体的工商信贷业务，开始行使中央银行的职能；国家专业银行逐一成立；保险公司重新成立并大力发展国内外业务；股份制综合性银行和地区性银行开始建立；信托投资机构得到大力发展；租赁公司、财务公司、城市信用合作社、合作银行、证券公司、证券交易所、资信评估公司、中外合资银行、外资银行等都得到一定程度的发展。 中国金融业形成了一个以专业银行为主体，中央银行为核心，各种银行和非银行金融机构并存的现代金融体系。

在新时代中国特色社会主义背景下，中国金融业日趋全球化。 "一带一路"倡议的提出和人民币国际化战略的推动，形成了新时代国家顶层战略交集，这为中国金融业的国际化拓展提供了机遇与空间。 而金融业的国际化发展，除了金融资源布局、区域政策调整、金融合作对接等问题，其国际传播的规范性及接受度问题，也成了制约其国际化进程的一大因素。 本书将以金融业的国际化传播为核心，从语言学、翻译学、跨文化传播学等视角，采用定量研究、定性研究、对比研究等研究方法，利用大数据、语料库，以及 SPSS、GM、WPS 等相关软件，对语料进行统计分析，描述新时代中国特色金融对外宣传及国际传播的现状、问题、特征等；同时，通过对比国内外平行语料库，找出国内金融业在对外传播上与国际同行之间的差距，并对大量实例进行梳理分析，进而针对不同类型、不同主题的金融文本素材提出相应的国际传播提升对策。

本书主要包括两大主题的内容。 前半部分主要研究的是新时代中国特色金融业对外宣传的汉英翻译现状及问题。 以金融业为研究对象，选取国内主要的商业银行作为样本，从其中文、英文网站上搜集了近 50 个具有典型性的、与银行业相关的专有名词的中英译本，还选择了国外 12 家商业银行作为平行文本，对比观察国内银行业的业务名称英译现状，如专业术语翻译混乱、句法混乱、信息死译、中国特色信息传递失效、传播策略缺乏国际视野等。同时，借助语料库工具及互联网辅助技术，对金融业的业务名称、奖项荣誉、组织机构、宣传口号、政治文化空白等外宣文本进行探讨，创建出适合各个文本的规范化翻译模式，如公式翻译法；或者基于语料库的计算机辅助翻译策略，如 "ABC＋GloWbE" 的翻译策略等，以小见大、由点及面地解决金融外宣翻译混乱的状况。

后半部分则围绕当前金融机构的国际化网站建设展开。 以证券业为研究对象，选取了国内 14 家具有代表性的、开拓国际市场的中国证券公司，还选择了 10 家国际知名证券公司作为对比组，采用定性研究与定量研究相结合的方法，借鉴企业国际化蛛网模型的思路及方法，融合 8 大网站建设能力的具体分项指标进行对比研究；同时结合证券公司的企业属性、服务特色等，创新可用于评价 "中国证券公司网站国际化友好度的蛛网模型"。 在该模型下，形象宣传能力、市场营销能力、在线交易能力、客户服务能力、网站建构能力、网站推广能力等被作为企业门户网站的国际化评价指标。 与此同时，利用互联网技术，融合定性研究与定量研究，从宏观到微观层面探讨中国证券公司业在其门户网站的建设中在国际化友好度上的共性问题，以及其与国际知名证券公司在网站布局、英语语言水平、企业形象建构上的差距，并提出相应的提升策略。

新国际秩序下，国际金融格局新旧更替，中国金融业的国际化过程也面临着新的挑战与外部环境。 虽然中国金融业中不同机构所采取的国际化路径有所不同，但都需要重视其在国际传播中所呈现的语言、内容、形式，注重其在网络空间中所建构的形象，强化它们对国际用户的服务意识，实现网络拓展与业务拓展的有效协同，力求与国际同业水平接轨，更好地助力中国金融业的 "扬帆出海"。

C目录
ontents

1

中国金融术语外宣翻译原则探讨

1.1 金融术语译名规范化翻译原则

中国提出的"一带一路"倡议，旨在借用古代丝绸之路的历史符号，积极发展与沿线国家的经济合作伙伴关系，共同打造政治互信、经济融合、文化包容的利益共同体、命运共同体和责任共同体。"一带一路"倡议，与人民币国际化战略，形成了新时代国家顶层战略交集，为中国的金融业发展拓展了空间，为人民币国际化发展提供了风险缓冲地带。除了金融资源布局、区域政策调整、金融合作对接等问题，金融术语译名的规范化问题，也成了制约中国金融业国际化发展的一大因素。如果"一带一路"建设中缺乏规范的金融文本和规范的金融专业术语，就会大大阻碍中国金融业的国际化进程。规范的金融术语是金融理念国际化传播的前提，而不具有国际认同性的译文作为媒介，将无法实现金融专业知识及业务执行上有效的信息传递，不利于"一带一路"沿线国家在金融经济领域相互渗透、相互移植、相互融合，不利于推动中国在"一带一路"建设中金融业方面的规范化治理。

金融术语译名规范化的相关研究主要包括术语的语言特征及翻译原则研究、术语译名规范化对策研究、金融术语翻译研究三个方面。

（1）术语的语言特征及翻译原则研究

术语是在特定科学领域用来表示概念的称谓的集合，是理论的浓缩，是科学规律的高度概括和重要组成部分，具有专业性、科学性、单义性、系统性等特点。语言学中布拉格学派的后继者们至今仍活跃在捷克、斯洛伐克，致力于术语学研究。20 世纪 30 年代初期，他们从术语标准化的角度出发研究术语学。中国自明清西学东渐浪潮以来，术语翻译便受到学界的重视。傅兰雅提出汉语接受新词时应重意译、轻音译；狄考文提出术语翻译应简短、方便、实用，同类术语应协调一致、准确定义等观点，恰与术语的简洁性、系统性、语义单一性等特征相吻合；林乐知、范祎在《译谭随笔：新名词之辨惑》一文中提出新名词创制法，涉及可译性、造字法、专科词典、译名表、借用日译词等内容。而中华人民共和国成立以后，尤其是改革开放背景下，大量新概念的涌现及多元文化的交流，对术语翻译提出新的要求。姜望琪提出术语翻译的三项标准——准确性、可读性、透明性，尤以准确性为先[2]；而侯国金则认为"系统—可辨性"原则才是术语翻译方法论之根本[3]。赵忠德在《关于语言学术语的统一译名问题》中强调了语言学术语译名统一的必要性[4]。赵南陔在《关于科技译名统一问题的探讨》中着重探讨了译名统一问题的严峻性及武器术语翻译原则[5]。刘法公教授特别强调法规文件译名应遵循"唯一性"原则[6]，组织机构汉英译名的统一则需遵循"名从源主"[7]。《术语翻译应以规范和忠实为原则——以三部经济学辞书为例》中，樊林洲指出术语翻译具有"忠实性""透明性""规范性"等特点，"翻译规范决定翻译产品的规范性程度，规范功能在专业术语翻译中处于中心地位"[8]。

（2）术语译名规范化对策研究

为破解译名混乱的难题，许多学者分别从翻译技巧、译者的责任、规则、译者素养、权威部门的管理等方面研究术语规范化的对策。王金波认为："各行其是，无视译名原则和国家译名标准，疏于考证是译名混乱的主要原因。要从根本上解决问题，翻译研究者应协同合作，遵守规范，保持统一。"[9]他提到的"译名原则"，主要指 20 世纪 80 年代中期，科学家钱三强在《人民日报》上撰文提出的观点："当遇到以外国自然科学家名字命名的术语时，外国科学家人名要根据'名从主人''约定俗成''服从主科'和

'尊重规范'这四项原则。"文有仁先生针对译名不统一问题提出五个解决办法，即"遵守'名从主人'原则""归口权威机构""遵循传统译名""少用缩略词""慎用音译词"。[10] 术语规范工作仅从学术领域展开，见效甚微，需要将术语译名与立法相结合。 1909 年，科学名词编订馆成立；1932 年，国立编译馆成立；1950 年，学术名词统一工作委员会成立；1985 年，成立全国自然科学名词审定委员会。 这些机构为科技名词的规范、统一做了大量工作。 为探讨术语立法的可能性，2012 年，全国科学技术名词审定委员会设立重大研究项目"国外术语立法现状研究"，对英国、法国、德国、意大利、西班牙、瑞士、比利时、葡萄牙、立陶宛、美国、加拿大、巴西、俄罗斯、日本、韩国、新加坡、沙特、约旦、澳大利亚、新西兰、埃及、突尼斯等 22 个国家的术语立法、术语规范等状况进行了梳理、研究，并出版了《国外术语工作及术语立法状况》。 术语管理部门将其作为术语学、语言规划学的研究资料。

（3）金融术语翻译研究

金融术语因其显著的价值和实用性，引起了很多翻译学者的兴趣，其研究视角主要为金融术语的词源、特征、认知途径、隐喻解读等。 陈黎峰在《金融英语术语的特点及其翻译》中归纳出金融术语的六大特点——单一性、对义性、类义性、简约性、历史性、与时俱进性，并明确指出：翻译时应根据语言形式的不同，直译意译灵活变通，特有术语坚持直译，非常语境把握词义，避免专业误译[11]。 蒋兰等在《美国金融危机相关术语的汉译》中按照术语翻译准确、简洁的原则，探讨了美国金融危机中涉及的重要术语的汉译，比较了各种译法的优劣[12]。 高新华、刘白玉在《金融危机英语隐喻词汇的翻译》中从认知理论出发，认为隐喻普遍存在于金融危机英语词汇的 22 个领域，重点讨论了保留隐喻形象、借用隐喻形象和舍弃隐喻形象三种翻译方法[13]。 杨琼在《浅谈国际金融术语的翻译》一文中，针对金融术语的缩写术语、一词多义、过时的翻译习惯等特点，提出了对应的翻译策略[14]。 王伟在《隐喻思维与金融术语学习》一文中，从隐喻视角提供了关于金融术语的认知和理解途径，拓展了记忆、学习金融术语的新思维[15]。 马秀兰在《金融术语英汉翻译单一性信息传导机制的认知辨识》一文中，从认知角度解释术语的语义建构和信息传导本质，辨析术语翻译的单一性[16]。

综观上述研究，从研究数量上看，金融术语翻译的研究远远落后于其他术语翻译的研究。从研究质量上看，研究对象零散、不系统、不全面，缺乏代表性；翻译理论对研究的指导不够，研究结果缺乏说服力；研究方法仍是以理论探讨和方法归纳为主的非实证性研究，较为单一。因此，金融术语英译规范化研究至少在三个方面有拓展空间：

第一，对金融术语汉英翻译的研究鲜有人问津。

学术界对于金融术语的探讨，大多数集中在英汉翻译方面。而伴随着"一带一路"建设的展开，中国金融业对外合作交流的频率日益增加，中国金融业术语的汉英翻译规范化在中国金融业的国际化进程方面，具有非常重要的经济价值。

第二，对金融术语的汉英翻译原则缺乏探讨。

当前对金融术语的翻译探讨，往往流于片面或者囿于个别的翻译任务，过于细碎、零散，缺乏从形而上的层面去归纳适应不同语域、特征、目的的普适性的翻译原则的研究，即缺少系统性的规范化研究。

第三，对金融术语的汉英翻译尚无普适性的模式化研究。

尽管金融术语的领域、专业各有不同，但我们依然可以从中找到一些共同之处，进而探讨相应术语汉英翻译的模式化或公式化翻译路径，以期更加高效地推进中国金融业的国际化进程。

1.2 功能派翻译理论

对于金融术语，虽然目前尚无适合其翻译的定位理论，但鉴于金融领域专有名词和名称的功能性及实用性特点，德国的功能派翻译理论具有明显的适用性和指导意义。西方的翻译理论，在 20 世纪五六十年代，基本是与语言学同步发展的，倾向于从语言学的角度来看翻译，比如：尤金·A. 奈达（Eugene A. Nida）以语言学、信息论和符号学为基础提出"动态对等"理论；彼得·纽马克（Peter Newmark）将翻译纳入语义学研究；罗杰·T. 贝尔

（Roger T. Bell）提出翻译理论研究需要求助于语言学，并根据心理语言学提出翻译的心理模式。而功能派则拓宽了以语言学为依托的翻译研究，将其纳入跨文化交际的研究中。

在德国功能翻译学派中，有三位杰出的学者：凯瑟林娜·雷斯（Katharina Reiss）[17]、汉斯·威密尔（Hans. Vermeer）、贾斯塔·赫滋·曼塔利（Justa Holz Manttari）。1971年，雷斯在她的著作《翻译批评的可能性与限制》（*Possibilities and Limitation of Translation Criticism*）一书中将文本功能作为翻译批评的一个标准，即根据原文、译文两者功能之间的关系来评价译文。雷斯的学生威密尔根据翻译过程的第一准则，提出了功能目的论（Skopos Theory），是功能派翻译理论中影响最大的理论。Skopos一词是希腊语中的"目的"（purpose），这个目的包括译者的目的、译文的交际目的、使用某种翻译手段所要达到的目的，所有翻译遵循的首要法则就是"目的法则"[18]。传统翻译理论关注的是"等价"或"忠诚"的对等原则，而功能目的论的重点，则转移到了目标语言和目标读者，翻译的整个过程和最重要的决定因素是翻译目的，而不是其他因素，可以得出的结论是"翻译目的决定翻译过程"[19]。

对于如何判断翻译目的，威密尔认为："决定翻译目的的是收件人，是接收者或特定文化中目标文本的受众，以及他们的期望和交际需求。"[20] 所以，目的论下的翻译就是"在目的设定下产生文本，以达到既定目的，在目的情境下产生目标接收者可接收的文本"[20]。

文本类型学，是雷斯提出的一种帮助译者指定特定翻译文本所需的适当的语言功能和维度层次的模型。雷斯的文本类型可分为三类："以内容为中心"的信息类文本、"以形式为中心"的表情类文本和"以吸引力为中心"的呼唤类文本。它们的语言维度分别是逻辑、美学和对话[17]。

珍妮特·弗雷泽（Janet Fraser）提出了"翻译纲要"（translation brief）[18]，明确了在翻译任务开始前需要进行的翻译。因为在理想的翻译中，不允许译者随意翻译文本，否则可能会影响有效交流的实现和预期目的。客户应该提供尽可能多的细节，包括下列要素：预期文本功能、目标文本接收者、文本的（潜在的）时间和地点、文本的传播媒介、生产的动机或接收的文本[21]。 尽管在翻译实践中，客户并没有明确提出"翻译要求"，但译者仍应收集足够的信息，推断翻译要求，以确保译文能被目的语读者所接收。

功能目的论中，除了目的性规则（skopos rule）外，还有两个重要的翻译原则：连贯性规则（coherence rule）和忠实性规则（fidelity rule）。 目的性规则在威密尔提出的"目的论三规则"中居首位，"目的性规则旨在解决自由翻译与忠实翻译、动态翻译与形式对等、优秀的译员与盲目的译者等永恒的困境"[21]。 它的意思是"如果一个特定的翻译任务要求'自由'或'忠实'的翻译，或是在这两个极端之间的任何翻译，主要取决于翻译的目的"[21]，即"为了目的不择手段"[21]。 连贯性规则指的是译文必须符合语内连贯（intratextual coherence）的标准，也就是说，译文必须能让接收者理解，并在目的语文化以及使用译文的交际环境中有意义。 忠实性规则指原文与译文之间应该符合语际连贯一致（intertextual coherence）的标准，这类似于通常所说的忠实于原文，而忠实的程度及形式则由译文目的和译者对原文的理解决定。 连贯性规则与忠实性规则，都应当服从于目的性规则。 如果目的性规则要求原文与译文的功能不同，那么忠实性规则就不适用；如果目的性规则需要译文不通顺，即不符合语内连贯，那么连贯性规则就不适用。 目的性规则适用于所有形式的语用翻译，翻译的重点在于翻译目的和目标读者的可接受性，而不是形式或忠于原文。

然而，目的性规则的压倒性作用，可能会导致译者过于自由，导致翻译结果过于自由。 目的论中存在两大缺陷：缺陷一是由不同文化所特有的翻译模式造成的。 人们因各自的文化背景不同，对译文有不同的看法，有的希望看到原文形式的忠实再现，有的喜欢译文体现出原文作者的观点。 缺陷二是由译者与原文作者之间的关系造成的。 倘若目的性规则所要求的译文的交际目的，与原文作者的意图相反，无论译者采取何种翻译策略，都会失衡。 为了保持这一平衡，克里斯蒂安·诺德（Christiane Nord）提出了"功能＋忠诚"原则。 "功能"指的是使译文在目标情境中以预期方式发挥作用的因素，"忠诚"是指译者对作者、发起者和目标接收者的责任。 此处的"忠诚"理论，与传统的"忠实"概念不同。 "忠诚"是人际关系范畴，指的是人与人之间的社会关系[21]，属于道德概念，旨在限制激进的翻译实践中的功能主义或自由。 而传统的"忠实"是指源文本和目标文本之间的关系。

也就是说，译者必须对目标受众、原文作者、客户、发起者甚至是译者本人承担起道德责任，在参与者发生矛盾时进行调解。 在功能目的论的庇护下，在语用翻译中，目的论三规则可以起到"方向盘"的作用，防止翻译方向过度偏离。 因此，英译金融术语时，我们可以将"功能＋忠诚"原则作为补充，以防翻译过程和结果出现随意、不负责任的情况，而这有利于提高翻译的严谨性。

1.3　功能目的论视域下的金融术语翻译原则

功能目的论具有很强的实用价值，特别适用于实用类文本。 因而，本书将功能目的论作为指导金融术语翻译的理论框架，在功能目的论视域下，讨论金融术语的文本类型、功能、翻译要点以及翻译原则。

从文本类型而言，金融术语属于信息类及呼唤类文本，主要功能是传递专业信息。 金融术语是金融业专有的词语，往往有着与该词语在一般语境下的意义所不同的特殊内涵，通常被专业人士用来进行高效的沟通和交流。 根据功能目的论，不同的文本类型应根据语言功能采取不同的翻译策略。 由于金融术语是为了传递丰富而专业的金融信息，帮助接收者了解资讯，以吸引他们的金融投资兴趣，增强他们对金融机构的信任，所以其首要特点是信息性和吸引力。 也就是说，翻译时所采用的策略，应该以翻译行为的目的为导向，以有效传递信息、实现预期交际效果为目标，而不是束缚于语言的表面形式，必要时做适当调整，最终在目标语言与源语言读者之间形成类似的交际效果。

本书中关于金融术语的翻译，主要围绕银行业的术语展开。 银行是经营货币和信用业务的金融机构，通过管理货币流通、发行信用货币、调节资金供求、办理货币存贷与结算，充当信用中介。 银行是现代金融业的主体，是国民经济运转的枢纽。 笔者查阅了当前中国主要商业银行的官方英文网站，选取了其中一些翻译问题比较明显的术语，主要包括存款业务名称、贷款业务名称、银行内部部门或机构名称、银行的奖项和荣誉称号等。

由于翻译要求的主要内容在前文中已经说明，所以此处笔者将直接对银行业金融术语的翻译要求进行具体分析。

第一，预期文本功能。 个人存款业务名称、个人贷款业务名称等专有名称的预期文本功能是让读者了解个人存款、个人贷款业务的功能和性质，从而向潜在客户进行推销。 银行部门名称有助于表明银行的组织机构和各个部门的具体权利及责任，从而赢得潜在客户或投资者的信任。 银行的奖项和荣誉称号旨在宣传银行的良好声誉和荣誉，以树立银行专业、可靠的形象，吸引更多潜在客户和投资者。

第二，目标受众。 这是指国际用户，主要指以英语为母语，有兴趣在中国商业银行进行投资、购买产品的用户。

第三，文本接收的（预期）时间和地点。 由于这些金融文本都在网站上，所以文本接收的时间和地点不受限制。

第四，传播的媒介。 这里是指互联网。

第五，文本的制作或接收动机。 文本的制作或接收动机在于拓展中国商业银行的业务，吸引更多的潜在客户和投资者。

讨论了银行业金融术语翻译要求之后，笔者又根据银行业的行业需要，结合功能目的论，提出金融类术语翻译的原则——"A—B—C"原则，即易懂原则（Apprehensibility）、语言经济原则（Brevity）和专名统一原则（Consistency）。[26]

易懂原则是翻译的最基本要求，即容易理解，它决定了译文文本的可读性。 银行术语的翻译尤其需要遵循这一原则。 因为从目的论的角度来看，翻译好不好是根据翻译的目的来判断的，而不是根据对原文的忠实程度或形式美来判断的。 由于翻译专有名词的主要目的是传递有用的信息，吸引更多的潜在客户的兴趣，并赢得他们的信任，所以翻译的前提是对译文有清晰的理解。 这一原则在处理一些具有中国特色的专有名词时尤为重要，因为在英语中几乎找不到与之对应的文化或政治词语。

语言经济原则强调使用简洁的表达，以达到语言言简意赅的目的。 首先，这是银行业"经济效应"的体现，用最少的文字，传递最多的信息；其次，这也是银行术语本身的语言性质，用行业内专有的语言符号，代表专业化的信息内容，有助于专业人士进行高效沟通；最后，从功能目的论的角度看，如果这些术语不够简洁，阅读过程就会非常耗时，用户由此耗费了极大的精力，使得用户友好度不佳。在竞争激烈的银行业，烦琐冗长的语言将破坏银行的专业形象，甚至有可能将潜在客户拒之门外。

专名统一原则，实际上是最重要的原则，它直接导致中国银行业专有名词翻译混乱问题。笔者在浏览了中国各大商业银行的官方英文网站后，惊讶于不同银行对于同一金融术语的混乱翻译状况，具体情况笔者将在后面深入讨论。从功能目的论的角度来看，译文读者是决定翻译目的、翻译原则和翻译策略的关键。站在外国受众的角度，如果要比较中国不同商业银行的同一种银行产品，在面对不同的英文译名时，他们就会产生疑问：这是否指的是同一种产品。更糟的是，他们可能会得出结论：中国的银行业和服务是无序的、不专业的。因此，为了有效地实现翻译目的和预期效应，保证银行专有名词在英译中的一致性和标准化就显得尤为迫切。

2 银行存款业务名称英译规范化研究

在全球经济萧条的大背景下中国银行业的经营业绩稳步上升，并开始拓展境外市场。 而汉英翻译始终是中国银行业对外宣传的重要媒介，但调查后发现，当前国内银行业务英译问题不少，尤其是译名混乱问题。 译名统一是国际商务交际的基本要求。 银行业务向来以严谨著称，而若英译名杂乱不一，极易引起混淆和误解，造成潜在客户流失和银行专业形象受损，故译名统一至关重要。

2.1 中国银行业存款业务名称英译名称不统一问题

通过对国内主要商业银行（包括中国工商银行、中国银行、中国建设银行、中国农业银行、交通银行、中信银行、招商银行、中国光大银行、兴业银行、中国民生银行、华夏银行、广发银行、平安银行、上海浦东发展银行、北京银行、南京银行、宁波银行）的中文、英文网站的语料调查、整理、分析，笔者发现，当前中国商业银行的存款业务主要分为活期存款与定期存款两类。 尽管存款产品品种丰富，但各银行相关产品的中文名称都较统一，即活期存款、定期存款、整存整取、零存整取、整存零取、存本取息、通知存款、定活两便、活期一本通、定期一本通。 核查它们的英译名后，笔者发现各银行自成一派，全无行业译名规范意识，仅"整存整取"这一业务，其英文译本就多达 13 个，可见当前金融术语译名混乱的问题之严重性。

原文　整存整取⇒

译文1　中国工商银行：Lump Fixed Deposit

译文2　中国银行：Lump-sum Term Deposit

译文3　中国建设银行：Depositing and Withdrawing Both as a Lump Sum

译文4　中国农业银行：Time Deposit with Lump-sum Deposit and Withdrawal

译文5　交通银行：Time Deposit of Fixed Amount and Period

译文6　华夏银行：Time Deposit of Small Savings for Lump-sum Withdrawal

译文7　招商银行：Fixed Time Deposit

译文8　广发银行：Time Savings of Lump-sum Deposit and Withdrawal

译文9　平安银行：Large Sum Time Deposit

译文10　中国光大银行：Lump-sum Deposit & Withdrawal

译文11　上海浦东发展银行：Lump Sum Time Deposit

译文12　北京银行：Lump-sum deposit and withdrawal

译文13　兴业银行：Time Deposit of Lump-sum Deposit and Withdrawal

　　整存整取指开户时储户约定存期，一次性存入，届时一次性支取本息的一种个人存款方式，计息按存入时的约定利率计算，利随本清。这是银行业的同质化术语，但其英译名混乱不堪，缺乏统一，有 time deposit、fixed deposit、term deposit、time saving 等。整存整取为定期储蓄，在西方银行体系中被称为 Time Deposit（a money deposit at a banking institution that cannot be withdrawn for a certain term or period, unless a penalty is paid），而在不同区域，其名称亦有区别：在美国为 Certificate of Deposit，在英国为 Term Deposit。虽然其名称在全球范围内有变化，但在同一国家或地区内是统一的，所以，它在中国也需有一个统一的英译名。 此外，各银行关于整存整取的英译名都呈随意堆砌之状，没有考虑其作为存款名称的语言特征：中国建设银行的译名 Depositing and Withdrawing Both as a Lump Sum 采用动词现在分词形式，强调动作，不适合表达存款名称；中国农业银行、华夏银行、广发银行、兴业银行的译名中，虽用 Lump-sum（a complete payment consisting of a single sum of money）表达整存整取中"整"的概念，却都过长，如 Time Deposit with Lump-sum Deposit and Withdrawal，或重复出现介词、连词，不够简练，如 Time Deposit of Small Savings for Lump-sum Withdrawal。

整存整取英译名的不规范现象反映出当前国内银行业术语译名混乱问题之严重性。 学者及相关部门对译名统一的必要性早已达成共识，但情况始终未得到明显改善。 互联网时代应运而生的翻译软件反而使汉英译名缺乏规范的情况恶化。 原因何在？ 客观上来说，中国银行业权威机构未发布可供参考的术语汉英翻译标准，导致各银行确定术语的英译名时各行其是，放任差异；主观上来说，各银行并未重视其术语译名的统一，译者的英语与金融专业性欠佳，在未厘清术语的内涵与外延的情况下仓促乱译，疏于考证。

2.2 银行业务名称规范化准则

"术语作为语言符号，不同于一般的名词，它在一个学科领域内只能反映一个特定的概念，具有科学技术的准确定义、词义单一、表达明确、便于理解和接受的特点。"[22] "译名的不统一，不必要地增加了读者的负担，人为地造成了某些混乱。"[23] 近年来，译名统一受到诸多学者的重视。 刘法公教授特别强调法规文件译名应遵循"唯一性"原则[6]，组织机构汉英译名的统一则需遵循"名从源主"[7]。 赵忠德也在《关于语言学术语的统一译名问题》中强调了语言学术语译名统一的必要性[4]。 赵南陔在《关于科技译名统一问题的探讨》中着重探讨了译名统一问题的严峻性及武器术语翻译原则[5]。

　　笔者认为，银行业务名旨在向读者传递关于业务性质及特征等有效信息，在一定程度上产生呼唤功能，引导读者进行合理选择，其翻译原则应当与其翻译目的及文本特征相符。 结合当代众多学者提出的术语翻译原则，如"单一性、简洁性、规范性"[24]，"忠实、统一、准确"[25]，以及德国功能派翻译理论的翻译原则，笔者认为银行业务名称的英译可遵循上一章所提出的"A—B—C"原则。 易懂原则即以目的语读者的可理解性为大前提，不可被源语所束缚。 银行业务名称的目的语读者来自社会各阶层，过分深奥必然不利于信息的理解。 语言经济原则即以最少的文字表达最恰当的含义，减少冗词赘言，实现最高效的信息传递。 这既是术语的本质属性，又是在信息时代银行从为客户省力的角度增强自身竞争力的需要。 专名统一原则即避免同质化词语的非同质化翻译，确保一个中文术语对应一个而非多个英译名。

2.3　银行业务名称译名规范化路径

　　要解决当前银行业务英译名称不统一问题，须追本溯源，厘清该业务的内涵及外延，再根据每个业务的具体内容，采取不同的翻译对策。

2.3.1　借译

　　若一个银行业务名称，在英语国家中存在对应译名，则直接套用；若这个业务名称为中国特有，则以国内权威部门的译本为参考，以目的语文化及认知习惯为导向，通过模仿与借鉴英语国家通用类似业务名，进行借译。 我们可以从英语读者的认知视角出发，与西方银行业比照银行术语的惯用表达，尊重其命名方式。 如上文中的整存整取，西方银行业通常用 Fixed Term Deposit（depositing an amount of capital in the account for a fixed period with no partial withdrawal and both capital and interest are paid upon the completion of the tenure contracted），如汇丰银行、花旗银行、西太平洋银行等。 根据功能目的论，衡量译文的标准并不在于原文或原作者，而是翻译的目的及目的语读者。 上述英文名称的目标读者是西方国家的英语读者，所

以应做适当修改以适应目的语读者的语言及认知习惯，故整存整取应参照英
语中已有版本，译为 **Fixed Time Deposit**。

按照同样的翻译路径，笔者将其应用于其他几个银行存款业务名称的汉
英翻译实例中，并进行解析。

原文　活期存款⇒

译文1　中国工商银行：Current Deposit

译文2　中国建设银行：Demand Deposit

译文3　中国农业银行：Demand Deposit

译文4　交通银行：Current Deposit

译文5　华夏银行：Current Deposit

译文6　平安银行：Demand Deposit

译文7　兴业银行：Demand Saving

译文8　中国光大银行：Current Deposit

译文9　招商银行：Current Account

译文10　上海浦东发展银行：Current Account

译文11　北京银行：Current Deposit

活期存款是银行存款的一种，指不规定存款期限，可以随时存取的存款
方式。在存款术语中，Demand Deposit（a type of account held at banks and
financial institutions that may be withdrawn at any time by the customer）和
Current Deposit（a deposit to a bank account or financial institution without a
specified maturity date）与活期存款的性质、功能相符。在西方银行体系中
有四种储蓄账户：交易账户（Checking/Transactional Accounts）、储蓄账户
（Saving Accounts）、货币市场账户（Money Market Accounts）、定期存款
账户（Time Deposit）。Current/Demand Deposit 属于具有支票功能的交易
账户，但在中国的银行体系中，活期存款分为企业活期存款与居民活期储蓄

存款，且只有企业活期存款具有支票功能，若译为 Current/Demand Deposit，极易误导外国读者。此种译名混乱问题一方面是由于多种英译名在英语中是通用的，另一方面是由于中西银行业务体系的差异。为求准确，用 saving 一词替换 deposit 强调其储蓄存款的性质，改译为 **Current/Demand Saving**。

通知存款是一种不约定存期，支取时需提前通知银行，约定支取日期和金额方能支取的存款方式。以下翻译中，中国建设银行的译名 Withdrawing by Notification 的动名词形式不适用于存款名称，而其他银行使用的 Call Deposit 或 Notice Deposit，在西方银行业中都可以使用，两者只有美制与英制的区别，如花旗银行用 **Notice Deposit**，而渣打银行与瑞士银行用 **Call Deposit**。

> **原文** 通知存款⇒
>
> **译文**1 中国工商银行：Call Deposit
>
> **译文**2 中国银行：Call Deposit
>
> **译文**3 中国建设银行：Withdrawing by Notification
>
> **译文**4 中国农业银行：Call Deposit
>
> **译文**5 交通银行：Call Deposit
>
> **译文**6 北京银行：Call Deposit
>
> **译文**7 中国民生银行：Notice Deposit
>
> **译文**8 华夏银行：Call Deposit
>
> **译文**9 广发银行：Call Deposit
>
> **译文**10 平安银行：Call Saving Deposit
>
> **译文**11 兴业银行：Call Deposit
>
> **译文**12 上海浦东发展银行：Notice Deposit

2.3.2 公式化创译

银行业务名称繁多，却不乏统一的命名规律，英译时可寻找其中的规律，并探索出具有共通性的翻译方法，制定英译的共通规则，进行公式化创译。此处以"定期存款"这一银行存款业务名称为例，探讨如何用公式化创译的路径进行翻译。

原文 定期存款⇒

译文1 中国工商银行：Deposit

译文2 中国建设银行：Deposit

译文3 中国农业银行：Deposit

译文4 中国光大银行：Fixed Deposit

译文5 交通银行：Time Deposit

译文6 华夏银行：Time Deposit

译文7 中国民生银行：Saving Account

译文8 北京银行：Fixed Deposit

定期存款是与活期存款相对应的个人储蓄存款，指银行与存款人双方在存款时事先约定期限、利率，到期后支取本息的存款方式。西方银行体系中 Time Deposit 的性质、功能与中国银行体系中的定期存款完全一致，只是英文名称因地区而有所不同，在美国称为 Certificate of Deposit，在新西兰、澳大利亚称为 Term Deposit，在英国称为 Bond，在印度等国家称为 Fixed Deposit。面对如此纷繁多样的英语名称，我们在英译时是否可以随意选用呢？当然不可。虽然不同地区定期存款的英语名称不同，但在同一区域内是统一的，只有这样的唯一性才可以避免纠纷的产生，故中国的英译名也应当统一。那又如何统一呢？此时我们应参考最高权威部门——国务院及中国人民银行采用的译名。国务院《储蓄管理条例》英文版中及中国人民银行官网上，定期存款均译为 Time Deposit，所以此术语英译名应与该权威译本统一，为 **Time Deposit**。

涉及存款业务名称时，笔者提出"翻译公式 1：adjective（feature）＋

noun（deposit type）"[26]，在保持形式统一的同时，又展示了不同存款方式的特征，且保留了存款的中心词地位。 从目的语读者视角看，以上银行的存款英译名称都不符合英语读者的语言习惯。

笔者将选取以下几家银行存款业务名称作为实例，来验证"翻译公式1"的适用性。

原文 活期一本通⇒

译文1 中国工商银行：All-in-one Current Account

译文2 中国银行：Current All-In-One Account

译文3 中国农业银行：RMB and Foreign Currency Demand Deposit Integrated Account Passbook

译文4 交通银行：Time Deposit All-in-one Book

译文5 广发银行：All-in-One Passbook of Time Deposits in Foreign and Home Currencies

译文6 平安银行：Passbook of Current Savings

活期一本通是指通过一本存折管理人民币和多种外币活期储蓄的存款方式。 客户可将自己不同币种的活期储蓄集中在一个活期账户上。 以上英译中，中国农业银行的 RMB and Foreign Currency Demand Deposit Integrated Account Passbook 与广发银行的 All-in-One Passbook of Time Deposits in Foreign and Home Currencies 过于冗长，与术语翻译的语言经济原则相悖。交通银行、平安银行都用了 book 或者 passbook 来表达"一本通"中的"本"，但 book 和 passbook 指的是"存折"，而活期一本通的功能远远超过存折，是集银行卡、手机银行、电话银行、网上银行于一体的存款业务，所以用 passbook 或 book 都太狭隘。 相对而言，中国工商银行的 All-in-one Current Account 更加妥当，因为 all-in-one 体现了各种储蓄的集中性，而 account 一词突破了 passbook 的局限性，保证了其功能多样性的体现，且该形式与上文中提出的"翻译公式1"一致，所以，笔者建议将活期一本通译为

All-in-one Current/Demand Account。

> 原文　定期一本通⇒
>
> 译文1　中国工商银行：All-in-one Fixed Account
>
> 译文2　中国银行：Term All-In-One Account
>
> 译文3　中国农业银行：RMB and Foreign Currency Time Deposit Integrated Account Passbook
>
> 译文4　广发银行：Passbook of Demand Deposits in Foreign and Home Currencies
>
> 译文5　平安银行：Passbook of Time Deposit

定期一本通除了储蓄类型为定期而非活期外，其功能、特点皆与活期一本通一致，所以借鉴上例的翻译方式，可将其译为 **All-in-one Time Deposit**。

当然，银行的存款业务类型较多，对于不同的存款业务，适用的翻译公式也会有所不同。以下，笔者以零存整取为例，探讨公式化创译的路径。零存整取指的是，储户在银行存款时约定存期，每月固定存款，到期一次性支取本息的一种储蓄方式。通过调查国内主要商业银行的官方中英文版本信息，笔者发现，这一存款业务的英译名也很混乱。

> 原文　零存整取⇒
>
> 译文1　中国工商银行：Installment Fixed Deposit
>
> 译文2　中国银行：Installment Fixed Deposit
>
> 译文3　中国建设银行：Depositing at intervals and withdrawing as a lump sum
>
> 译文4　交通银行：Time Deposit of Irregular Savings and Lump-sum Withdrawal
>
> 译文5　中国民生银行：Small Deposit for Lump-sum Withdrawal
>
> 译文6　招商银行：Multi-deposit Time Deposit Service

译文7 广东发展银行：Time Savings of Installment Deposit and Lump-sum Withdrawal

译文8 平安银行：Small Savings for Lump-sum Withdrawal Savings

译文9 中国光大银行：Small Savings for Lump-sum Withdrawal

译文10 上海浦东发展银行：Installment Time Deposit

译文11 北京银行：Fixed deposit by installment

以上英译版本中，中国建设银行用现在分词 Depositing at intervals and withdrawing as a lump sum 强调动作，不适用于存款名。而交通银行的 Time Deposit of Irregular Savings and Lump-sum Withdrawal 犯了技术性错误。零存整取虽然是零散存入，但不是无规律的（irregular），而是按照固定的时间、固定的金额存入。平安银行、中国光大银行都用 Small Saving 表示"零存"，但这个词只是模糊表达了小额存入的概念。招商银行使用的 Multi-deposit 仅表达多次存入的概念。以上这些都无法体现零存整取独有的存款方式。其他银行用了 installment 一词，该词表示分期付款，其方式的确与零存整取类似，指有规律地按期支付一定金额，但 installment 多用于支付债务的情况，如房贷、车贷的分期付款，并不适用于存款。

译者应从目的语读者的认知视角考虑，参照英语语言中已有的形式。英语中，recurring deposit 一词意为 "a special kind of Term Deposits offered by banks in India which help people with regular incomes to deposit a fixed amount every month into their recurring"，但只局限于印度的银行业，并非在全球通用。在参照英美等主流西方发达国家的银行用语后，发现被广泛用于表示"零存整取"这一概念的是 regular saver/saving account，如美国花旗银行、英国巴克莱银行等都用 regular saver 和 regular saving 表示 "the deposit with which the customer can put money aside each month and receive a lump sum is called"。

就银行存款的英译而言，鉴于银行业务的属性及命名特征，笔者提出银行业务名称"翻译公式 2：noun（deposit type）+ proposition + noun （method）"，这样翻译既表达了存款类型，也保留了存款名称的名词属性。基于这一翻译公式，以及英语语言中已有的使用习惯，笔者建议将零存整取译为 **Time Deposit with Regular Saving**。

此公式亦可用于其他银行业务名称，以下笔者将详细探讨。

原文 整存零取 ⇒

译文1 中国工商银行：Annuity Saving Deposit

译文2 中国建设银行：Depositing as a lump sum and withdrawing at intervals

译文3 华夏银行：Time Deposit of Lump-sum for Small Withdrawal

译文4 招商银行：Multi-withdrawal Time Deposit Service

译文5 平安银行：Lump-sum Saving for Small Withdrawal Savings Deposit

译文6 上海浦东发展银行：Annuity Savings Deposit

整存零取定期储蓄指在存款开户时约定存款期限，本金一次存入，固定期限分次支取本金的一种个人存款。以上六个英译版本中，有两家银行都用 for small withdrawal deposit 表示"整存零取"，有一家使用的 annuity 一词并不恰当。annuity 意为"fixed sum of money paid each year to a person for a stated number of years or until death"，"fixed sum of money paid to someone each year，typically for the rest of their life"，即"年金"或"养老金"，是由企业退休金计划提供的养老金。在金融业，的确有一种 annuity（a financial product sold by financial institutions that is designed to accept and grow funds from an individual and then，upon annuitization，pay out a stream of payments to the individual at a later point in time），相当于定期年金保险，即投保人在规定期限内缴纳保险费，被保险人存至一定时期后，依照保险合同的约定按期领取年金，直至合同规定期满时止的年金保险。其按期可领取一定金额的形式与"零取"一致，但除了 payout annuity，所有 annuity 几乎都需要分期存入本金而非一次性存入，与"整存"概念相反。此外，在西方国家，annuity 主要用于确保个人在退休后有稳定收入，如 Massachusetts

Teachers' Retirement System 的 annuity savings account，以及 The Federal Income Taxation of Annuities 的 a savings account annuity 等。 所以用 annuity 表示整存零取的概念并不恰当。

华夏银行、平安银行、招商银行用了 small withdrawal 或 multi-withdrawal 表示"零取"的概念，同上例一样，small withdrawal 只表明取款的数额小，multi-withdrawal 也只是模糊表达了多次取款的概念，无法准确表达其"本金一次存入，固定期限分次支取本金"的特征。 在西方银行业，partial withdrawal 常被用来表示"零取"的概念，如劳埃德银行（Lloyds TSB）的 Partial Withdrawal Fixed Term Deposit、苏格兰银行（Bank of Scotland）的 Partial Withdrawal Fixed Term Deposit 等。 但此处的"零取"并非随意的部分支取，而是按约定间隔支取，如每年、每季度、每月等，所以 partial 一词也不够准确。 参考上例中零存整取的翻译，整存零取也不妨借鉴其形式，译为 **Time Deposit with Regular Withdrawal**。

原文　*存本取息*⇒

译文1　中国工商银行：RMB Renewal & Interest Payment Deposit

译文2　中国银行：Term Deposit with Regular Interest Withdrawal

译文3　中国建设银行：Maintaining the principal and withdrawing interest

译文4　交通银行：Installment Withdrawal of Interest on Fixed Deposit

译文5　中国民生银行：Interest Withdrawal on Principal Deposited

译文6　华夏银行：Principal-receiving and Interest Withdrawing Time Deposit

译文7　招商银行：Withdraw Interest on Fixed Principal

译文8　平安银行：Saving Deposit with Revolving Principal

译文9　中国光大银行：Interest Withdrawal on Principal Deposited

存本取息定期储蓄是指个人将属于其所有的人民币一次性存入较大的金额，分次支取利息，到期支取本金的一种定期储蓄。 而在以上译文中，招商银行用了 Withdraw Interest on Fixed Principal 这样一个动词短语，显然不适合作为存款名称；中国建设银行的 Maintaining the principal and withdrawing interest、华夏银行的 Principal-receiving and Interest Withdrawing Time Deposit、平安银行的 Saving Deposit with Revolving Principal 都用了现在分词形式，也不恰当；而中国民生银行与中国光大银行的 Interest Withdrawal on Principal Deposited，重心都落在了 interest withdrawal 上，无法体现其存款的本质；交通银行译为 Installment Withdrawal of Interest on Fixed Deposit，但 installment 一词不恰当（上文已讨论过）；中国银行的 Term Deposit with Regular Interest Withdrawal 正好与笔者提出的"翻译公式3：noun（deposit type）＋proposition＋adjective（feature）"吻合，是一个结构合理且表达准确的英译本，故笔者建议存本取息译为 **Time Deposit with Regular Interest Withdrawal**。

> 原文 定活两便⇒
>
> 译文1 中国工商银行：Time-Demand Deposit
>
> 译文2 中国银行：Term-current Optional Deposit
>
> 译文3 中国建设银行：Flexible conversion between demand and term deposits
>
> 译文4 中国农业银行：Time or Demand Optional Deposit
>
> 译文5 交通银行：Integrated current and time deposits
>
> 译文6 中国民生银行：Time/Demand Optional Deposits
>
> 译文7 华夏银行：Consolidated Time-demand Deposit
>
> 译文8 招商银行：Fixed-Current Inter-convertible Time Deposit
>
> 译文9 广发银行：Time-demand Saving Deposit
>
> 译文10 平安银行：Deposit with Term Flexibility
>
> 译文11 上海浦东发展银行：Consolidated Time & Savings Deposit

定活两便是一种事先不约定存期，一次性存入、一次性支取的存款方式。

之所以称为定活两便，是因为其兼有定期之利和活期之便，开户时不必约定存期，银行根据存款的实际存期按规定计息。很多银行的译文都犯了同一种错误，就是误译了定活两便的真正内涵，仅仅从字面上理解。中国建设银行将其译为 Flexible conversion between demand and term deposits，招商银行译为 Fixed-Current Inter-convertible Time Deposit，其中的 conversion 和 convertible 都表达了可在定期与活期之间互相转变这一概念。除此之外，中国银行的 Term-current Optional Deposit、中国农业银行的 Time or Demand Optional Deposit、中国民生银行的 Time/Demand Optional Deposits 也都表达了相同的概念，因为 optional 一词表示"可选的"。但实际上，定活两便并非让储户在定期与活期间自由选择，而是指结合了两者的优点，故以上两类翻译都不妥。为了准确表达这种两者兼顾的优势，其他银行也竭力挑选恰当的词，如交通银行译为 Integrated current and time deposits，华夏银行译为 Consolidated Time-demand Deposit，上海浦东发展银行译为 Consolidated Time & Savings Deposit，它们分别用了 integrated 或 consolidated。integrate 意为"综合的，整合的"，consolidated 意为"合并的，统一的"，似乎都能表达兼有定活两利的概念。功能目的论认为，翻译的优劣在于其是否能达到真正的翻译目的，而非表象文字效果。定活两便的实质特征是预期灵活、利率灵活，故翻译时不必纠结于如何将"活期"与"定期"结合这一问题。平安银行将其翻译为 Deposit with Term Flexibility，形式与笔者提出的"翻译公式 3"相符，且 term flexibility 表达了其不约定存期的特征，但这样的翻译又与活期无异，所以需要稍加修改，体现其利率的灵活性，可译为 **Deposit with Flexible Terms and Interest**。

3

银行贷款业务名称英译规范化研究

　　如果说存款业务是银行的兴业之基，那么贷款业务则是银行的利润之源。 贷款是银行或其他金融机构按一定利率和必须归还等条件出借货币资金的一种信用活动形式。 广义的贷款指贷款、贴现、透支等贷出资金的总称。银行通过贷款的方式，将所集中的货币和货币资金投放出去，可以满足社会扩大再生产对补充资金的需要，促进经济的发展；同时，银行也可以由此取得贷款利息收入，增加银行自身的积累。 因而，除上一章中所涉及的银行存款类业务名称的英译问题以外，本书也同样对银行贷款类业务名称的英译规范化问题进行深入的探讨。

3.1　中国银行业贷款业务名称英译不规范问题

　　综观国内各大银行贷款业务的英文翻译，其译名的规范化状况仍然不尽如人意。 以下笔者选取若干具有典型性的贷款业务英译名加以探讨。

　　原文　个人住房贷款⇒

　　译文1　中国建设银行/交通银行/中国银行/中国工商银行/兴业银行：

Personal Housing Loan

译文2 中国农业银行：Personal Residential Housing Loan

译文3 中国光大银行：Housing Mortgage Loan

译文4 招商银行：House Mortgage Loan

随着近年来中国房地产业的蓬勃发展，住房贷款成了中国银行业贷款的主要业务。其中，个人住房贷款指的是银行向借款人发放的用于购买自用普通住房的贷款，借款人申请个人住房贷款时必须提供担保。而在日常生活中，另一个被广泛使用的住房按揭贷款，常常被误认为同一种贷款产品。但实际上，住房按揭贷款与住房贷款并非对等，住房按揭贷款是住房贷款的一种。住房贷款的抵押物包含住房、财产、债券等，而只有当抵押物为贷款购买的房产时，才称为住房按揭贷款。

在对以上两个名称的翻译中，中国光大银行用 Housing Mortgage Loan 翻译个人住房贷款，但 mortgage 意为 "the charging of real（or personal）property by a debtor to a creditor as a security for a debt（especially one incurred by the purchase of the property）, on condition that it shall be returned on payment of the debt within a certain period"，即便在金融领域，mortgage 也指 "money lent on the security of a house or other property owned by the borrower, usually in order to enable the borrower to buy the property"。所以，mortgage 一词直接将范围缩小到"按揭"，不够准确。其他银行，如中国建设银行、交通银行、中国银行、中国工商银行、兴业银行等，都将个人住房贷款译为 Personal Housing Loan，但 housing 一词意为 "the act of providing places for people to live in, or houses and flats considered collectively or the provision of accommodation"。而个人住房贷款指的是银行向个人发放的用于购买住房的贷款，而非房屋的整体概念或者向某人提供住房这一行动，所以用 housing 一词不妥。在西方英语国家，很多银行用 home loan 来表示个人住房贷款这一概念，如澳大利亚联邦银行、美国富国银行等。所以笔者建议不妨直接采纳英语中广为使用的术语，将个人

住房贷款译为 **Home Loan**。

<blockquote>

原文 **住房按揭贷款⇒**

译文1 华夏银行/中国民生银行：Housing Mortgage Loan

译文2 广发银行/北京银行：Mortgage Loan

译文3 上海浦东发展银行：Mortgage

</blockquote>

<blockquote>

原文 **商业用房按揭贷款⇒**

译文 广东发展银行：Mortgage Loans for Commercial Property

</blockquote>

上例中已经讨论过，"按揭"可用 mortgage 一词来翻译，但即便是住房按揭也有不同的种类及功能，其命名及翻译都需要斟酌。 住房类按揭贷款主要分为住房按揭贷款与商业用房按揭贷款两类，即民用与商用。 所以，以上几种翻译都有待商榷。 mortgage 一词只体现了"按揭"这一概念，即便是mortgage loan，也只是指一种按揭贷款，可能属于汽车类按揭贷款，也可能属于住房类按揭贷款，范围过大。 而将住房按揭贷款译为 Housing Mortgage Loan，也是不恰当的。 广发银行对商业用房按揭贷款的翻译 Mortgage Loans for Commercial Property，相对来说是比较准确合理的，Mortgage Loans 体现了贷款的性质，for Commercial Property 体现了按揭的用途，但过于冗长。事实上，英语中有两个术语表示住房贷款与商用房贷款：residential mortgage 与 commercial mortgage。 commercial mortgage "is similar to a residential mortgage, except the collateral is a commercial building or other business real estate, not residential property"，但 commercial mortgage 往往用于商业机构而非个人，为求精准，可以在前面加上 personal 一词进行区分。 所以笔者建议，可以将住房按揭贷款译为 **Residential Mortgage**，而将商业用房按揭贷款译为 **Personal Commercial Mortgage**。

3.2　中国银行业贷款业务名称规范化翻译路径

上一章中，笔者已经讨论过针对银行业存款类业务名称翻译的几种策略，包括借译、公式化创译等。 这些翻译对策同样可适用于银行业贷款业务名称的汉英翻译。 以下笔者将通过实例对这些规范化翻译路径进行探讨。

3.2.1　借译

原文 个人经营性贷款⇒

译文1 兴业银行：Personal Business Loan

译文2 上海浦东发展银行：Entrepreneur Loan

译文3 北京银行：Personal Business Loan

对于个人经营性贷款，上海浦东发展银行的 Entrepreneur Loan 并未体现贷款用途。 而 Personal Business Loan 更适用于表示个人经营性贷款，所以笔者建议将其译为 **Personal Business Loan**。

原文 个人助学贷款⇒

译文1 华夏银行：Personal Study Subsidy Loan

译文2 中国工商银行/北京银行：Personal Student Loan

个人助学贷款指的是银行向借款人发放的用于本人或家庭成员支付特约教育单位除义务教育外所有学历入学、本科（含本科）以上非学历入学所需教育费用（学杂费和生活费）的人民币贷款。 按贷款方式可分为国家助学贷款（信用贷款）和商业助学贷款（担保贷款）。 华夏银行将其译为 Personal Study Subsidy Loan，既不准确也不精练。 首先，subsidy 一词意为 "a sum of money granted by the state or a public body to assist an industry or business so that the price of a commodity or service may remain low or competitive",即"补贴、补助金",但个人助学贷款是一种贷款产品,而非补贴金。 相对而言,中国工商银行及北京银行的 Personal Student Loan（designed to help students pay for university tuition, books, and living expenses. It may differ from other types of loans in that the interest rate may be substantially lower and the repayment schedule may be deferred while the student is still in education）更加符合个人助学贷款的概念。 而在美国,主要有三种助学贷款:federally subsidized student loans（sponsored by the federal government）、unsubsidized student loans（sponsored by the federal government）、private student loans。 其中,"unsubsidized program allows students to borrow money with interest accruing during school",而"subsidized loans allow them to defer interest accrual until they are no longer in school"。 所以,笔者建议,可以将个人助学贷款译为 **Student Loan**,将国家助学贷款译为 **State-subsidized Loan**,而商业助学贷款可译为 **Private Student Loan**。

与房屋相关的贷款主要有两种:房屋抵押贷款和住房抵押贷款。 住房抵押贷款与房屋抵押贷款都用房屋作抵押物,两者最大的区别在于,住房抵押贷款是用贷款购买该房产,而房屋抵押贷款则是将贷款用于其他消费用途。 此处,笔者重点探讨如何把借译作为房屋抵押贷款的英译名规范化翻译路径,而在下一节中则会探讨如何把公式创译法作为住房抵押贷款的英译名规范化翻译路径。

对于房屋抵押贷款,尽管中国各个商业银行的中文名称五花八门,但实质都是一样的,所以在将其翻译成英文时也应该保持统一。 以下就通过房屋抵押贷款的英文翻译进行分析。

原文 房屋抵押贷款⇒

译文1 中国工商银行（个人房屋抵押贷款）:Personal Housing Mortgage Loan

译文2 华夏银行（房贷通）:Housing Loan Link

> **译文3**　平安银行（房产抵押贷款）：Home Equity Loan
>
> **译文4**　北京银行（个人房产抵押消费贷款）：Consumption Loans by Personal Building Property Mortgage
>
> **译文5**　中国民生银行（房产抵押贷款）：Housing Collateralized Mortgage Loan

以上翻译中，中国工商银行的 Personal Housing Mortgage Loan 犯了技术性错误，按照该译法，此贷款的概念就从房屋抵押贷款变为房屋按揭贷款，产品性质与功能完全相反。华夏银行用了房贷通（以您及第三人所有的房产作抵押，我行向您发放的用于购房、购车、综合消费、个人经营等多样用途的个人贷款产品）这个特别的名字表示房屋抵押贷款，但如果按照房贷通的字面意思译为 Housing Loan Link，无法传递真实信息。中国民生银行的 Housing Collateralized Mortgage Loan 中，mortgage 一词错误地表达了按揭与房产抵押贷款的概念，而北京银行的 Consumption Loans by Personal Building Property Mortgage，可以说是对房产抵押贷款最准确的翻译，但是过于复杂。

事实上，房产抵押贷款在英文中是有专用名称的——Home Equity Loan，即 "A home equity loan is a type of loan in which the borrower uses the equity in their home as collateral. Home equity loans are often used to finance major expenses such as home repairs, medical bills or college education. A home equity loan creates a lien against the borrower's house, and reduces actual home equity"。这一译名被国外众多银行广泛使用，所以笔者建议，对于房产抵押贷款的翻译，可以直接使用该英语术语，即 **Home Equity Loan**。

3.2.2　公式化创译

笔者基于对本书中涉及的主要商业银行的贷款业务名称的深入调查，同样提出了适用于该类术语的公式翻译路径："翻译公式 4：noun（loan feature）＋proposition＋noun（loan purpose）"。接下来，笔者将用实例进行分析。

原文 个人综合消费贷款⇒

译文1 中国农业银行/华夏银行/中国工商银行/中国光大银行：

Personal Comprehensive Consumer Loan

译文2 兴业银行：Personal Comprehensive Consumption Loan

译文3 交通银行（个人其他消费贷款）：Personal Loan For Shop Property

译文4 广发银行（个人消费贷款）：Loan for Personal Consumption

译文5 招商银行（个人消费贷款）：Consumption Loans

个人综合消费贷款是指银行向借款人发放的用于指定消费用途的人民币担保贷款。 之所以称为综合消费贷款，是因为其消费用途广泛，可用于大额耐用消费品、住房装修、出国留学等，所以很多银行用了 comprehensive 一词表达"综合"这一特点。 但即便是个人综合消费贷款也并不能用于所有消费（它不能用于购置房屋或者投资金融市场、证券市场），所以用 comprehensive（including or dealing with all or nearly all elements or aspects of something）就显得过于夸张、不切实。 对于简单、实际的外国读者来说，使用该词反而会产生负面印象，所以 comprehensive 一词应当删去。 而另外一些翻译，如交通银行的 Personal Loan for Shop Property 将范围局限在了购物方面。 在英语国家，人们往往用 consumer loan（an amount of money lent to an individual, usually on a nonsecured basis, for personal, family, or household purposes）来表示个人消费贷款，所以笔者建议用 **Consumer Loan** 来翻译这个术语。

原文 个人一手住房贷款⇒

译文1 中国农业银行：Personal First-hand Residential Housing Loan

译文2 中国银行：Personal New Housing Loan

译文3 中国工商银行：Personal Brand New Housing Loan

译文4 兴业银行：Personal First-hand Housing Loan

原文 个人二手住房贷款⇒

译文1 中国农业银行：Personal Second-hand Residential Housing Loan

译文2 北京银行/工商银行：Personal Second-hand Housing Loan

译文3 兴业银行：Personal Pre-owned Residential Loan

房产类贷款种类繁多，除了住房贷款和商用房贷款两大类外，还有一手住房贷款、一手商业用房贷款与二手住房贷款、二手商业用房贷款之分。 而国内银行翻译"一手"和"二手"时，直接按照字面意思翻译为 first-hand 与 second-hand，失之偏颇。 second-hand 意为"（of goods） having had a previous owner； not new"，的确与中文中"二手"的意思一致，表示"用过的，旧的（商品）"。 但 first-hand 意为"（of information or experience） from the original source or personal experience； direct"，主要指信息或经验来自亲身经历或有原始来源，并不适用于商品的新旧。 "一手"就是指"崭新的、没有用过的"，翻译时需要揣摩其内在信息而非表面符号。 以上翻译中，中国银行的 new 一词非常符合中文"一手"的含义，也比中国工商银行的 brand new 言简意赅；而对于"二手"，尽管 second-hand 的确表示"用过的"这一含义，但若该产品已被转手超过两次，则使用 second-hand 就有局限性。 在此，运用笔者提出的"翻译公式 4： noun（loan feature）＋proposition＋noun（loan purpose）"，个人一手住房贷款与个人二手住房贷款就可以译为 **Personal Loan for New House** 和 **Personal Loan for Used House**。

我们不妨将"翻译公式 4"套用于其他贷款业务名称的翻译，来检验其是否具有普遍适用性。

原文 个人商业用房贷款⇒

原译文 北京银行：Personal Loan of Housing for Business

修改版译文 Personal Loan for Commercial Building

原文 个人一手商用房贷款⇒

原译文 兴业银行：Personal First-hand Commercial Property Loan

修改版译文 Personal Loan for New Commercial Building

原文 个人二手商用房贷款⇒

原译文 兴业银行：Personal Pre-owned Commercial Property Loan

修改版译文 Personal Loan for Used Commercial Building

原文 一手住房贷款⇒

原译文1 兴业银行：Mortgage Loan for First-hand Property

原译文2 平安银行：First-hand Mortgage

原译文3 中国民生银行：New Housing Mortgage Loan

原译文4 北京银行：Mortgage Loan for first-hand house

修改版译文 New House Mortgage

原文 二手住房贷款⇒

原译文1 广发银行：Mortgage Loan for First-hand Property

原译文2 平安银行：Second-hand Mortgage

原译文3 中国民生银行：Second-hand Housing Mortgage Loan

原译文4 北京银行：Mortgage Loan for second-hand house

修改版译文 Used House Mortgage

原文 个人自建住房贷款⇒

原译文 中国工商银行：Personal Self-constructed Housing Loan

修改版译文 Personal Loan for Self-constructed House

以上这些银行贷款业务名称的英译版本实例，充分说明对于翻译贷款业务名称这一类金融术语而言，笔者所提出的"翻译公式4"是比较符合其特征的，是具有普遍适用性的。

原文　个人助业贷款⇒

译文1　中国建设银行／中国农业银行：Personal Business Loan

译文2　中国光大银行：Small business owner loan

译文3　广发银行：Loan for Personal Business Start-up

个人助业贷款是向从事合法生产、经营的自然人发放的，用于合法经营活动的贷款。 以上翻译中，中国光大银行的 Small business owner loan 突出的仅仅是贷款对象，而没有体现贷款的用途，且贷款对象也不准确。 small business owner 往往是指小企业主，即法人，而个人助业贷款的对象是自然人，所以此翻译不可取。 而中国建设银行及中国农业银行的 Personal Business Loan 意为 "a type of loan that can be used to assist any type of business with getting support for a variety of costs. It can be used to handle expenses that relate to opening a business or expanding it. Modernization expenses can also be handled. Some types of operating costs can also be taken care of"，其定义及特征更与个人经营性贷款（银行向借款人发放的用于借款人流动资金周转、购置或更新经营设备、支付租赁经营场所租金、商用房装修等合法生产经营活动的贷款）一致，而非个人助业贷款。 相对而言，广发银行的 Loan for Personal Business Start-up 更为准确，business start-up 体现了"助业"的特色。 基于之前提出的"翻译公式4"，笔者建议把个人助业贷款译为 **Personal Loan for Start-up Business**。

原文　个人消费类汽车贷款⇒

译文1　中国银行（个人消费类汽车贷款）：Personal Loan for Consumptive Car

译文2　中国工商银行（个人自用车贷款）：Personal Private Car Loan

> **译文3** 招商银行（个人汽车贷款）：Automobile Consumption Loan
>
> **译文4** 中国光大银行（个人汽车消费贷款）：Auto Loan
>
> **译文5** 中国民生银行（汽车消费贷款）：Auto Consumption Loan
>
> **译文6** 交通银行（个人汽车消费贷款）：Personal Vehicle Loan

个人消费类汽车贷款是指借款人在购买消费类自用车（不含二手车）时已支付一定比例金额的首期款项，不足部分由银行向其发放并直接支付给汽车经销商的人民币贷款。 交通银行用 vehicle 来翻译汽车，而 vehicle 指运载工具（something in or on which people or goods can be carried from one place to another），可能是汽车的 vehicle，也可能是太空舱的 vehicle，而此处指的是路上的运载工具，用 vehicle 则范围太大。 相对而言，car（a road vehicle, typically with four wheels， powered by an internal-combustion engine and able to carry a small number of people）或 automobile（a motor car），更加符合汽车的概念。 我们可以套用"翻译公式4"，将个人消费类汽车贷款译为 **Personal Auto/Car Loan for Consumption**。

> **原文** 个人营运（商用）汽车贷款⇒
>
> **译文1** 中国银行（个人营运类汽车贷款）：Personal Loan for Commercial Car
>
> **译文2** 中国工商银行（个人商用车贷款）：Personal Commercial Vehicle Loan

个人营运（商用）汽车贷款是指银行向自然人借款人发放的用于购买以盈利为目的，从事正当的生产经营活动的汽车贷款。 基于上文中的分析和探讨，只需要将贷款用途稍做修改，就可将其译为 **Personal Auto Loan for Business**。

除了以上基本贷款产品外，还有一些贷款衍生产品，以下就选取若干典型例子一起分析讨论。

原文　××质押贷款⇒

译文1　中国银行(个人存单质押贷款)：Personal Deposits Pledge Loans

译文2　广发银行(保单质押贷款)：Insurance Policy-backed Loan

译文3　华夏银行(股票质押贷款)：Stock Pledged Loan

译文4　华夏银行(外汇质押贷款)：Foreign Currency Pledged Loan

译文5　华夏银行(黄金质押贷款)：Gold Pledge Loan

译文6　华夏银行(个人定期储蓄小额质押贷款)：Small Pledge Loan under Personal Time Deposit

译文7　华夏银行(个人凭证式国债质押贷款)：Pledge Loan under Personal Certificate Treasury

以上是质押贷款的各类衍生产品的翻译，但每一种质押贷款的翻译都不相同，需做修改。 中国银行用 Personal Deposits Pledge Loans 翻译个人存单质押贷款，该译文形式过于松散，没有重点，难以抓住读者的注意力。 相较而言，华夏银行个人定期储蓄小额质押贷款的译文 Small Pledge Loan under Personal Time Deposit 及个人凭证式国债质押贷款的译文 Pledge Loan under Personal Certificate Treasury 都用了 "noun＋proposition＋noun" 的形式，既保证了结构的平衡，又突出了重点，非常值得我们借鉴。 所以，笔者建议用"翻译公式 4"来翻译各种质押类贷款，以上这些例子按照该翻译公式修改后，可以译为：

个人存单质押贷款：Personal Pledge Loan under Deposit

保单质押贷款：Pledge Loan under Insurance Policy

股票质押贷款：Pledge Loan under Stock

外汇质押贷款：Pledge Loan under Foreign Currency

黄金质押贷款：Pledge Loan under Gold

4 金融组织机构名称英译研究

银行作为金融体系中经营货币信贷业务的机构，具有高度权威性和专业严谨性，其组织机构按国家标准系统化设置、规范化命名。每家银行的简介中，都有"组织架构图"，如图 4-1、图 4-2 所示，其形象地反映了组织内各机构相互之间的关系。

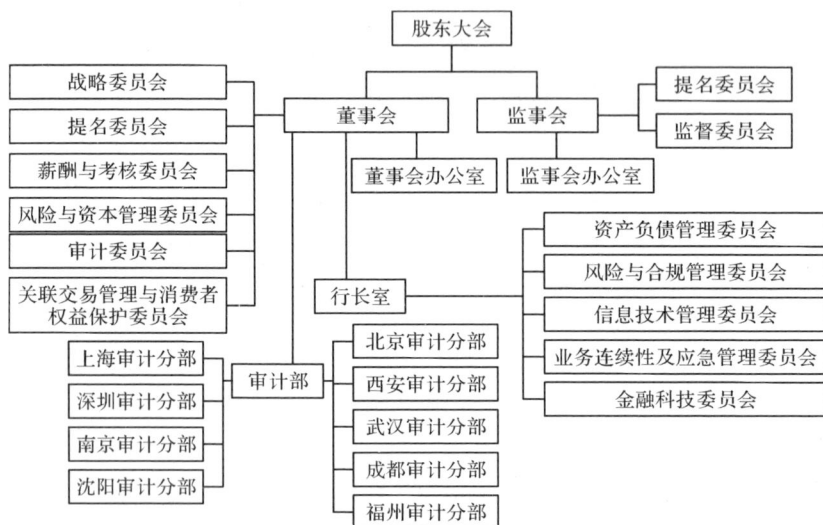

图 4-1 招商银行组织架构图(部分)中文版①

---

① 来源:http://www.cmbchina.com/CmbInfo/aboutcmb/default.aspx? guid=7afe9061－8ed5－436e－9246－40a60708dfad。

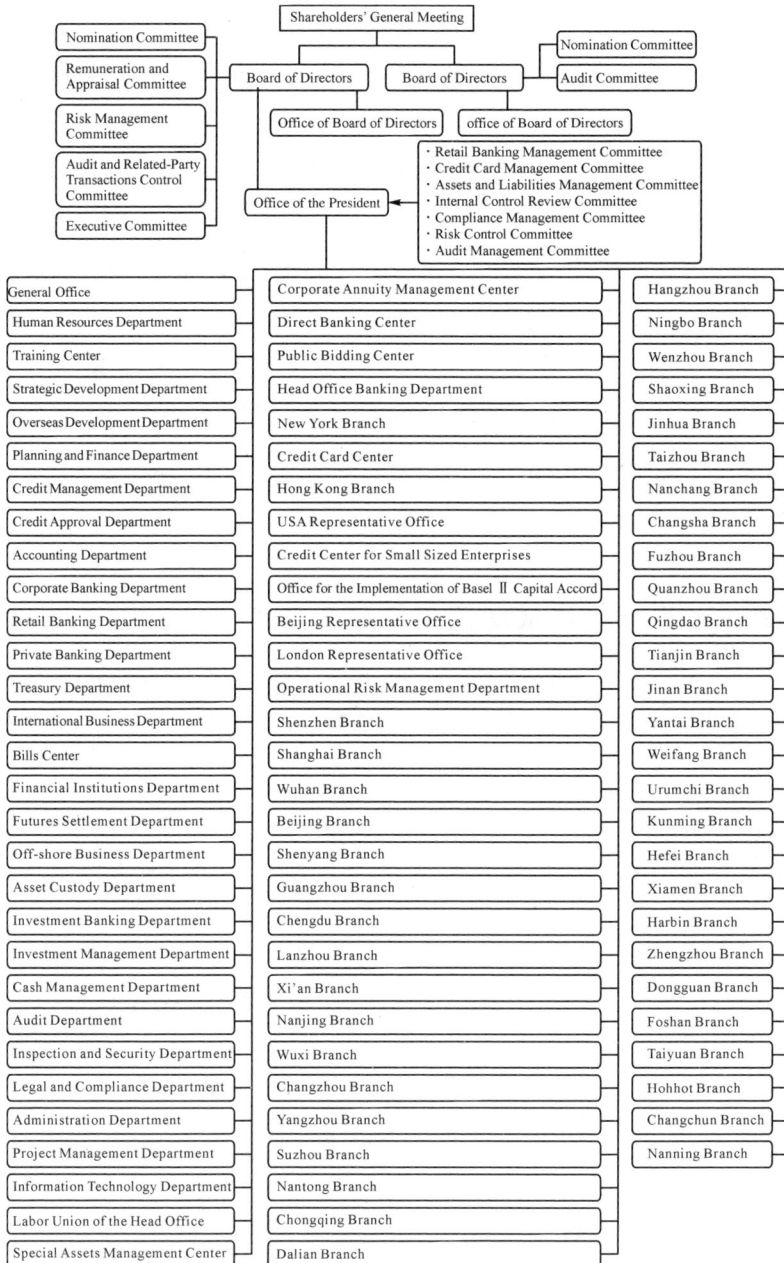

图 4-2　招商银行组织架构图（部分）中文版①

Shareholders' General Meeting

Nomination Committee
Remuneration and Appraisal Committee
Risk Management Committee
Audit and Related-Party Transactions Control Committee
Executive Committee

Board of Directors
Office of Board of Directors

Board of Directors
Nomination Committee
Audit Committee
office of Board of Directors

Office of the President
· Retail Banking Management Committee
· Credit Card Management Committee
· Assets and Liabilities Management Committee
· Internal Control Review Committee
· Compliance Management Committee
· Risk Control Committee
· Audit Management Committee

General Office
Human Resources Department
Training Center
Strategic Development Department
Overseas Development Department
Planning and Finance Department
Credit Management Department
Credit Approval Department
Accounting Department
Corporate Banking Department
Retail Banking Department
Private Banking Department
Treasury Department
International Business Department
Bills Center
Financial Institutions Department
Futures Settlement Department
Off-shore Business Department
Asset Custody Department
Investment Banking Department
Investment Management Department
Cash Management Department
Audit Department
Inspection and Security Department
Legal and Compliance Department
Administration Department
Project Management Department
Information Technology Department
Labor Union of the Head Office
Special Assets Management Center

Corporate Annuity Management Center
Direct Banking Center
Public Bidding Center
Head Office Banking Department
New York Branch
Credit Card Center
Hong Kong Branch
USA Representative Office
Credit Center for Small Sized Enterprises
Office for the Implementation of Basel Ⅱ Capital Accord
Beijing Representative Office
London Representative Office
Operational Risk Management Department
Shenzhen Branch
Shanghai Branch
Wuhan Branch
Beijing Branch
Shenyang Branch
Guangzhou Branch
Chengdu Branch
Lanzhou Branch
Xi'an Branch
Nanjing Branch
Wuxi Branch
Changzhou Branch
Yangzhou Branch
Suzhou Branch
Nantong Branch
Chongqing Branch
Dalian Branch

Hangzhou Branch
Ningbo Branch
Wenzhou Branch
Shaoxing Branch
Jinhua Branch
Taizhou Branch
Nanchang Branch
Changsha Branch
Fuzhou Branch
Quanzhou Branch
Qingdao Branch
Tianjin Branch
Jinan Branch
Yantai Branch
Weifang Branch
Urumchi Branch
Kunming Branch
Hefei Branch
Xiamen Branch
Harbin Branch
Zhengzhou Branch
Dongguan Branch
Foshan Branch
Taiyuan Branch
Hohhot Branch
Changchun Branch
Nanning Branch

① 来源：http://www.cmbchina.com/CmbInfo/aboutcmb/default.aspx？guid＝7afe9061－8ed5－436e－9246－40a60708dfad。

组织架构图是组织结构的直观反映，也是对该组织功能的一种侧面诠释。 中国各商业银行的组织架构图基本大同小异，然观其英译名却毫无规范性，同一组织机构英译名不统一、错译、误译、中式英语等现象屡见不鲜，成为英语读者了解其职能的一大障碍，这不利于中国银行业树立国际化、专业化形象。

本章以国内主要商业银行组织机构英译名为研究对象，首先通过分析当前国内商业银行组织机构英译名称实例，探讨当前银行业组织机构译名规范化的问题，进而以丁衡祁先生的"Adapt-Borrow-Create"实用翻译主张为启发，以 GloWbE 语料库为支撑，探索一种能解决银行机构英译名规范化问题的，操作性强、适用性广的翻译路径。

4.1 银行业组织机构名称英译不规范问题

组织机构是指组织发展、完善到一定程度，在其内部形成的结构严密、相对独立，并彼此传递或转换能量、物质和信息的系统。 笔者搜索了国内 10 多家商业银行官网上的组织架构图中所展示的机构名称，通过比较其中文和英文两个版本，将其中一些较有规范化研究价值的实例罗列出来进行分析、探讨。

原文 股东大会⇒

译文1 南京银行：General Meeting

译文2 宁波银行：Shareholders' Meeting

译文3 中国光大银行：The General Meeting of Shareholders

译文4 华夏银行/兴业银行：General Shareholders' Meeting

译文5 中国工商银行/中国建设银行：Shareholders' General Meeting

译文6 中国农业银行/中国银行/广发银行/中国民生银行：General
Meeting of Shareholders

股东大会是公司的最高权力机关，它由全体股东组成，对公司重大事项进行决策，有权选任和解除董事，并对公司的经营管理有广泛的决定权。 股东大会既是一种定期或临时举行的由全体股东出席的会议，又是一种非常设的由全体股东所组成的公司制企业的最高权力机关。 而在银行组织机构中，股东大会的含义就是后者——银行的最高权力机关。 而在以上翻译中，南京银行的 General Meeting 显然过于泛化，general meeting 指"全体大会"，但没有指明是何种群体的全体大会。 也就是说，"股东"这一信息是绝对不允许缺失的。 了解到瑞士银行、汇丰银行、太平洋联合发展银行等国外知名银行都用 shareholders 来表示这一信息，所以用 Shareholders' General Meeting 或 General Meeting of Shareholders 表示股东大会都是可行的。 由于该词本义为"股东"，为了凸显"股东大会"在此处作为最高权力机关而非会议的性质，笔者建议在前面加定冠词 the 以示区别，所以"股东大会"可译为 **The Shareholders' General Meeting/The General Meeting of Shareholders**。

原文 关联交易控制委员会⇒

译文1 宁波银行：Connected TranSaction Control Committee

译文2 中国工商银行/南京银行：Related Party Transactions Control Committee

译文3 中国农业银行：Related Party Transactions Management Committee

译文4 中国银行：Connected Transactions Control Committee

译文5 广发银行：Connected Transactions Control Committee

译文6 华夏银行：Related Transactions Control Committee

译文7 中国光大银行：Connected Transaction Committee

译文8 中国民生银行：Related Party Transactions Supervision Committee

译文9 招商银行：Related-Party Transactions Control Committee

关联交易控制委员会是董事会专门工作机构，其主要职能是负责本公司关联人的确认，对本公司关联交易的审核、控制和日常管理负责，并对董事会负责。 对于关联交易控制委员会的英文翻译，我们在此不讨论诸如 TranSaction 大小写拼写错误这样的小问题，值得我们重视的是对于这样一个专门委员会术语的英文翻译，竟然有如此多不同的译本，可见银行业术语翻译的不统一问题亟须解决。 关联交易是指"公司或附属公司与在本公司直接或间接占有权益、存在利害关系的关联方之间所进行的交易。 关联方包括自然人和法人，主要指上市公司的发起人、主要股东、董事、监事、高级行政管理人员，以及其家属和上述各方所控股的公司"。 以上各译本中的 Related Party Transaction 或 Connected Transactions（a business deal or arrangement between two parties who are joined by a special relationship prior to the deal），正好可以表达关联交易的内涵。 但对于控制委员会的翻译，Control Committee、Management Committee 以及 Supervision Committee 并非都能通用。 若追本溯源，关联交易控制委员会是根据 2004 年 4 月 2 日中国银监会发布的《商业银行与内部人和股东关联交易管理办法》（Administrative Rules Governing the Connected Lending Between Commercial Banks and Their Insiders/Shareholders）成立的银行部门，其目的是"加强审慎监管，规范商业银行关联交易行为，控制关联交易风险，促进商业银行安全、稳健运行"，即 control the risks in connected-party transactions，所以用 control committee 来翻译控制委员会是可取的。 另外，在国际杂志 *China Law & Practice*[①] 中，有一篇关于中国商业银行关联交易的文章 "Commercial Banks' Related Transactions"，其中用了 a related party transactions' control committee 来表示关联交易控制委员会，可见这个形式在英语中也是具有权威认知度的。 基于以上几点，笔者认为关联交易控制委员会可统一译为 **Related-party Transactions' Control Committee** 或 **Connected Transactions' Control Committee**。

---

① *China Law & Practice* 是 Euromoney Institutional Investor's Legal Media Group 旗下有着 20 年校对、翻译、评论中国法律经验的英文杂志。

原文　三农金融发展委员会⇒

　　　　三农金融部管理委员会⇒

译文　中国农业银行：County Area Banking Business Development Committee

　　　　County Area Banking Business Management Committee

　　三农金融发展委员会是中国农业银行下属的一个机构，其主要职责是审议本行三农业务发展战略规划、三农业务的政策和基本管理制度、三农业务风险战略规划和其他有关三农业务发展的重大事项，监督本行三农业务发展战略规划、政策和基本管理制度的落实，对服务三农效果进行评估，并向董事会提出建议。"三农"是一个非常具有中国特色的词汇，指"农村、农业和农民"，三农问题是中国为实现国富民强所亟须解决的问题。中国农业银行将三农金融发展委员会译为 County Area Banking Business Development Committee 显然是不恰当的。county 是一个行政单位，相当于英国的"郡"、美国的"县"，那么 County Area 也就是"郡"级别的区域，与"三农"的内涵相去甚远。事实上，就"三农"的翻译而言，目前已经有各种不同的译法，如"Farmer, Agriculture and Countryside""Farm, Farming and Farmers""Three Rural""Three Agriculture"等，其中以 *China Daily* 的"Agriculture, Farmers and Rural Areas"最具权威性。

　　但是，真的有必要将"三农"完整翻译出来吗？功能目的论认为，原文只是一种信息源，译者可根据翻译目的适当修改原文信息，以便被目的语读者接受。对于中国人来说，"三农"的准确内涵并非人人皆知，更何况是对中国国情知之甚少的英语读者。所以，在此状况下，笔者建议用"模糊化"的翻译策略来处理这个具有特殊政治文化内涵的信息。既然"三农"都与"农"有关，那么不妨将其译为 agro-related，"agro-"表示"与农业有关的"，言简意赅地传递了三农金融发展委员会真实的服务对象和领域。所以，笔者建议将三农金融发展委员会译为 **Development Committee for Agro-related Finance**，相应地，三农金融部管理委员会可译为 **Management Committee for Agro-related Finance**。

原文 财务审查委员会⇒

译文1 中国工商银行/交通银行：Financial Approval Committee

译文2 中国农业银行：Financial Review Committee

译文3 广发银行：Financial Examination Committee

财务审查委员会是银行的财务事项审查机构，负责对银行重大财务开支事项的必要性、合理性、合规性进行审查，为业务发展合理配置财务资源，有效节约财务开支。 以上三种翻译版本中，中国工商银行及交通银行将其译为 Financial Approval Committee，但 approval 意为 "the action of officially agreeing to something or accepting something as satisfactory"，更接近于 "审批、批准" 的意思；那么 Approval Committee 就成了审批委员会，与审查委员会的职能相比范围要小很多。 而 Examination Committee 更加适用于考试委员会而非审查委员会。 review 一词指 "an examination of sth.， with the intention of changing it if necessary"，恰好是 "审查" 的意思。 且在诸多国外知名银行里，如加拿大银行、英格兰银行等，Financial Review Committee 是被广泛使用的。 所以笔者建议，财务审查委员会应当译为 **Financial Review Committee**。

4.2 实用翻译主张的发展及语料库工具的辅助

从唐代的佛经翻译，到明清时期的西学翻译、近代科技翻译，中国的翻译史基本都与译名翻译密不可分。 早在佛经翻译时期，僧睿就发现了译名名实不符的问题，提出翻译的 "名" "实" 观点， "名" 指名称， "实" 为其所指代的内容或事物，认为 "而经来兹土，乃以秦言译之，典谟乖于殊制，名实丧于不谨。 致使求之弥至，而失之弥远；顿辔重关，而穷路转广。 不遇渊匠，殆将坠矣"[27]。 时至文化交流如此畅通的互联网时代，名实不符依然是翻译界的顽疾。 而对于译名之法，玄奘在梵文佛经翻译实践中提出 "五不翻"

的翻译策略。 唐末的景霄在此基础上提出"正翻"和"义翻"，"正翻"指两种语言中对同一事物均有名称指代，可直接翻译；而"义翻"指源语中有但汉语中无的事物，可找一个与之类似的事物去"虚假"对等的翻译。 明代西学翻译时期，李之藻提出"创译"——"乃先就诸有形之类，摘取形天土水气火所名五大有者而创译焉"[28]，以"词能达意"为原则创译新词，乃译法的一大突破。 到晚清及当代的科技翻译时期，朱自清对历史上各译名之法加以总结，著《译名论》，提出"音译""义译""音义分译""音义兼译""造译"五种翻译策略。

实用翻译日趋繁荣的现代，翻译思想与时俱进，有了突破。 林克难先生在 2003 年全国应用翻译研讨会中，提出了"看译写"（后改为"看易写"）的实用翻译原则。 所谓"看"，是指翻译前应大量阅读英语国家的真实语料；"易"指的是应当仿照同类英语文本的特点、格式甚至措辞去翻译，更注重读者反应及译文效果；"写"则是实用翻译的最高境界，指根据英语同类文本的格式直接用英语撰写实用英语文本。[29] 在此基础上，丁衡祁先生又提出了"ABC"（Adapt-Borrow-Create）翻译主张，即"模仿—借用—创新"。这些思想对于银行组织机构名称的翻译，极具启示和指导作用。[30]

同时，GloWbE 语料库（the Corpus of Global Web-based English）由来自 20 个国家的 180 万个网页收集的 19 亿个词组成，美国杨百翰大学的 Mark Davies 教授创建，并于 2013 年 4 月在国际互联网上发布，供语言研究者免费使用，库容是 COCA 的 4 倍、BNC 的 20 倍，这一语料库为实用翻译提供了真实可靠的语料和全面的检索方式。 我们不妨将"ABC"翻译主张和 GloWbE 语料库结合起来，运用"ABC＋GloWbE"的翻译策略[31]，即先用 GloWbE 来"看"，分析银行组织机构名的语料库生存状态，再选择用"ABC"中的某个方式进行翻译。

4.3 "ABC＋GloWbE"的翻译路径探讨

在对国内商业银行组织机构名称英译问题的一些实例进行分析说明后，

基于对语料库中的机构名称的语言结构、特征的分析、归纳，笔者尝试运用
"ABC＋GloWbE"的翻译策略，针对不同类型的机构名称，提出对应的翻译
策略。

4.3.1　银行组织机构通名英译

银行组织机构通名反映组织机构等级类别，主要有董事会、部、委员会、
办公室等。比较国内主要商业银行组织机构通名的英译，总体来说符合国际
标准，但同一个机构通名包含不同的级别意义，翻译时需仔细斟酌其等级内
涵，译者可通过 GloWbE 语料库"看"英文译名是否与英语国家的行政等级
对等，切忌混淆。以下以"部"这一通名为例进行分析。

原文　审计部⇒

译文　北京银行：Ministry of Audit

审计部负责在银行内对各项业务进行审计、评价和监督，配合国家审计
机关及董事会对公司进行审计，及时制止严重损害企业利益及违反国家规定
的行为。需要特别指出的是，此"部"只是银行众多职能部门中的一个，而
非国家行政部门。北京银行将审计部译为 Ministry of Audit，ministry 意为
"a government department headed by a minister"，这就把一个银行内部的职
能部门抬升至国家行政部门层面，与 Ministry of Education 类似，等级被颠
覆，这种错误不容小觑。故笔者建议改用 **department**（a division of an
organization such as a government, university, business, or shop, dealing
with a specific subject, commodity, or area of activity），更符合其在银行内
的职能属性。

银行据其规模及职责被划分为不同等级，如总行、分行、支行等，但如此
明晰的机构类别通名，英译名仍无法统一。下文将以以下几个机构名的通名
为例进行探讨。

原文 分行⇒

译文1 招商银行/宁波银行/中国工商银行/华夏银行/中国光大银行/中国民生银行：Branch

译文2 北京银行：Subsidiary Bank

原文 一级分行；二级分行⇒

译文1 中信银行：tier-one banks；tier-two banks

译文2 中国工商银行：Tier-one Branches；Tier-two Branches

原文 一级支行；二级支行⇒

译文1 中国农业银行/中国工商银行：Tier-one Sub-branch；Tier-two Sub-branch

译文2 宁波银行：Level-A Sub-branch；Level-B Sub-branch

所有银行都有等级，其等级是根据其规模统一划分的。 除了一般划分的总行、分行、支行外，银行还可细分为一级分行、二级分行、一级支行、二级支行。 对以上几种银行机构的翻译，版本多种多样。 即便对于同一级的银行，其英文翻译也各不相同。 如分行一词，招商银行、宁波银行、中国工商银行、华夏银行、中国光大银行、中国民生银行等译为 Branch，意义相符；而北京银行译为 Subsidiary Bank，其意义与分行大相径庭。 Subsidiary Bank 意为 "A type of foreign bank that is incorporated in the host country but is considered to be owned by a foreign parent bank. The subsidiary bank only needs to operate under the host country's regulations"，即 "子银行"，这是商业银行为了扩大其在境外的业务网络，但又不能直接在某些国家设置分支机构，故采用收购外国银行的全部股份或大部分股份的方法，设置其在国外的各种附属机构。 在 GloWbE 语料库中，全球英语中 subsidiary bank 只出现了 6 次，如 "China Construction Bank opened a subsidiary bank in London and a branch in New York in June, bringing its total"。 分行是以省级为单位建立的，主要负责全省所辖的支行的业务统筹和行政管理，因此译为 subsidiary bank 不妥。 参考渣打银行、汇丰银行等国际银行的惯例，银行体系主要分为总行、分行、支行，分别对应英语中的 **head office**、**branch** 及 **sub-branch**，所以银行这三个等级的名称应当统一如上。

中信银行将一级分行译为 Tier-one banks，中国工商银行译为 Tier-one Branches，暂且不讨论"一级""二级"该如何翻译，就"分行"这一概念，我们应遵循上文中提到的国际惯例译为 branch，支行译为 sub-branch。 至于"一级"跟"二级"，有些译为 Tier-one、Tier-two，有些译为 Level-A、Level-B。 根据 GloWbE 的检索结果，在西方国家，Level-A/B/C 是一种优劣评估，如同成绩分为 A、B、C、D、E 等级，英语读者对 Level-A/B/C 的解读就是 Level-A 优于 Level-B，是对银行综合实力的评估；而实际上一级支行或者二级支行只是管理等级的层次，无关优劣评价，故用 Level-A/B/C 反而会让读者产生误解。 tier 一词意为"a level or grade within the hierarchy of an organization or system"，如 tier-one suppliers，正好符合同一银行系统内不同等级的概念，故建议将其译为 **Tier-one/Tier-two Branch**（**Sub-branch**）。

4.3.2 银行组织机构职能词汇翻译

银行内每个机构都有其特定职能，中国银行体系虽然参考了西方企业制度，但并非一一对应，翻译时要注意银行专业词的泛化与专业化混淆问题，必要时进行 Borrow 与 Adapt。 例如，履职尽责监督委员会是银行监事会下设的一个部门，对银行董事会、高级管理层及其成员的履职尽职情况进行监督、评价，并向监事会提出建议。 我们来看下不同银行对该机构名称的英译版本。

原文 履职尽责监督委员会⇒

译文1 中国农业银行：Due Diligence Supervision Committee

译文2 北京银行：Duty Performance and Due Diligence Supervision Committee

　　仅从字面上看，Duty Performance 和 Due Diligence 分别表达"履职"及"尽责"两个含义，然翻译并非做加法，两个词的叠加并不等同于整体内涵，尤其是金融业词汇，往往有特定专业含义。 Due Diligence 是《中华人民共和国海商法》中的专有名词，译作"恪尽职守"或"谨慎处理"；在金融领域中意为"The investigation of an asset, investment, or anything else to ensure that everything is as it seems. Due diligence helps a buyer or investor make sure that there are no unexpected problems with the asset or investment and that he/she does not overpay. Due diligence can be a complex and formalized process in the acquisition of a company"，即"合法清查、正当查账"，是公司并购的一个重要的、基础性的环节和程序，是由收购方委托律师对被收购的目标公司资信、债权债务等进行的全面调查，用在此处歧义很大。 既然履职尽责监督委员会的主要职责是监督银行高管的履职尽责情况，那么笔者建议删去 Due Diligence，用 Adapt 策略，译为 **Duty Performance Supervision Committee**。

　　类似的还有薪酬与考核委员会，薪酬与考核委员会一般为公司董事会的常设机构，由 4—6 名董事会任命的董事委员（大多为独立董事）组成，通过薪酬委员会会议行使职权，其主要职能有：评估经理绩效，制定和监督经理薪酬计划，制定员工退休金、利润分享等收益计划，对公司员工薪酬计划提出意见，披露和解释高管人员薪酬状况。 而能否制定有效的报酬契约，通过薪酬激励解决代理问题，成为衡量薪酬委员会是否起作用的重要标准。 国内银行关于该机构的翻译主要有以下几种。

　　原文　薪酬与考核委员会⇒

　　译文1　兴业银行：Remuneration and Examination Committee

　　译文2　中国民生银行/招商银行：Remuneration and Appraisal Committee

　　译文3　华夏银行：Compensation and Appraisal Committee

　　笔者查阅了一些国外知名银行的机构名称，如瑞士银行、巴克莱银行、渣打银行等；同时借助 GloWbE 语料库，发现 compensation committee（277 个频次，北美地区频次最高）或 remuneration committee（899 个频次，马来西亚频次最高）都可表示薪酬委员会，但兴业银行对考核委员会的翻译 Examination Committee 并不适用。 Examination Committee 一般用在教育机构，是专门用于指定或执行考试或教育规定的部门，即考试委员会，与此处的"考核"是有差别的。 appraisal 一词意为"a judgement of the value, performance or nature of sb. /sth."，该词更加准确恰当地表达了"考核"的意义。 根据 GloWeb 与相关词典，笔者建议将其译为 **Remuneration/ Compensation and Appraisal Committee**。

为凸显银行内部机构职能的专业性，英译时应避免泛化。 例如，保密委员会，是银行为保守国家秘密、银行商业秘密及客户秘密而成立的专门委员会。 国内商业银行对该机构名称的英译版本如下。

> 原文 保密委员会⇒
>
> 译文1 广发银行：Secrets Protection Committee
>
> 译文2 国家开发银行：Committee of confidentiality

对于这个部门名称，广发银行的译文 Secrets Protection Committee 显得过于笼统，银行的保密委员会主要针对银行及客户的一些商业及金融机密，单单用 secrets 太过宽泛。 而国家开发银行所用的 confidentiality 表示"机密性、保密性"，这一表达在很多领域都适用，如道德和保密委员会（Ethics and Confidentiality Committee，ECC）以及数据存取保密委员会（The Data Access and Confidentiality Committee，DACC）等。 但为了凸显银行保密的特殊性，我们应当选用更加专业的词汇。 银行业有"银行保密制度"（Bank Secrecy），其中尤以瑞士银行 1934 年制定的最为著名，该制度成为瑞士银行业的立业之本。 通过搜索 GloWbE 语料库，我们发现 bank secrecy 出现了 217 个频次，说明该英文表达比较普遍。 基于以上观点，笔者建议将保密委员会译为（**Bank**）**Secrecy Committee**。

4.3.3　银行组织机构中国特色词汇翻译

中国特有的经济文化背景使国内银行出现很多蕴含中国特色的机构名称，但东西方文化和社会经济体制的巨大差异，导致英译时出现很多政治文化信息空缺词。 此时我们可以以 Create 为思路，以读者反应与接受度为导向进行创译，必要时增删信息。

例如，党委办公室是非常具有中国特色的企事业部门，其作为党委日常工作综合办事机构和领导部门，主要功能是根据党组织指示宣传、组织各类活动，协调组织内部各部门的工作。 其英文译本如下。

原文　党委办公室⇒

译文　北京银行：the Party Committee's Office

此处的"党"专指中国共产党，而非其他政党。 这是由中国的政党制度——中国共产党领导的多党合作和政治协商制度，即只有中国共产党是执政党，其他八个民主党派只是参政党决定的。 而在西方，很多国家实行两党制或者多党制。 翻译时仅仅用"党"表示"中国共产党"，将"党委"译为 party committee，无法达到准确的信息传递效果，因为对于不了解中国政治背景的读者来说，这个"党"指涉不明确。 除此之外，party 一词在英语中有一个使用更广的意思——"派对"。 所以，若译为 party committee，很可能被国外读者误认为是"派对委员会"，这样就完全曲解了其职能含义。 在 GloWbE 语料库中，英美国家在 party committee 前往往加上 republic 或 political 等修饰词，故此处的 party 需要明确，译为 **CPC（Communist Party of China）Committee Office**。

与此类似的还有党群工作部门，该部门主要负责党务及群众工作，包括党支部建设、党员教育管理、党工作计划总结以及人民群众来访工作等，工作重点在于处理好企业内部党组织工作及与群众的和谐关系，使党群关系朝着有利于企业健康发展的方向前进。

原文 党群工作部⇒

译文 中国民生银行：Party and Mass Affairs Department

译例中，该部门名称的翻译犯了与上例类似的错误。 "党"在此专指"中国共产党"，而"群"指的是"群众"。 显然，这是一个触及国外读者文化盲区的翻译——对于"党"意义的专指性，以及对于"党群"含义的确切理解。 中国民生银行将其译为 Party and Mass Affairs Department，这一译文根本无法达到有效的信息传递效果。 party 一词在上例中已经讨论过，太过宽泛。 对于此类具有中国特色的文化负载词，最佳的翻译策略就是在目的语文化中寻找对等功能的语言形式。 笔者建议用文化替代的借译方式，借鉴"义翻"策略，"以此比彼"将之转化为外国读者熟悉的"等效物"。 通过GloWbE 语料库的检索，我们发现在西方企业中，有一个叫作 Public Relation Department 或 Public Liaison Relation 的部门，即公共关系部，它是企业内部组织为处理、协调、发展本组织与社会公众和组织内部公众关系而设立的专门职能机构，与中国的党群工作部职能类似，也更加符合西方英语读者对于银行性质的认同。 所以笔者建议将党群工作部译为 **Public Relation/Liaison Office**。

银行机构名称英译关乎银行外宣形象及国际化发展，面对当前严峻的翻译现状，本章结合语料库这一大数据资源，针对银行组织机构通名、职能词汇以及中国特色词汇三大类型词汇的翻译问题，构建出"ABC＋GloWbE"这一具有可操作性的、与时俱进的翻译对策，以期为实用翻译开拓新的思路。

5

金融奖项荣誉称号的英译规范化研究

　　荣誉称号及奖项，通常是由外部机构（比较权威的组织）所授予的具有光荣名誉性质的名称，它意味着某种肯定、认可或鼓励。 金融类的奖项和荣誉，是对金融机构杰出成就的认可和标识，是对其专业度及可信度的评估；尤其是对于潜在客户及投资者来说，这是他们了解金融机构优质业绩水平及发展潜力的标志。 因而本章的研究重点，是对金融机构所获得的奖项荣誉的英译规范化研究。

5.1　金融奖项荣誉称号英文名称的语言特征——理性简洁

　　金融类奖项荣誉的称号，可谓五花八门，可能是金融权威行业协会或者金融监管机构颁发的对其专业度的认定荣誉，也可能是一些商业协会或者财经媒体对某一领域内的荣誉评级，或者一些社会团体、非政府组织、公益慈善组织等对企业社会责任行为的荣誉褒奖。 奖项荣誉的多样性，意味着其名称的复杂性。 尤其是将其翻译成英文的时候，两种语码体系的差异会导致英文译文的语言结构更加复杂。 但是奖项名称，与其他术语一样，在语言特征上要保持简洁性的特点。 理性简洁这一特征并非为了追求简短的形式而删减信息，而是为了最高效地传达信息实现交际而进行简洁化处理。 以下笔者用一些实例进行分析。

> 原文 广州亚运会合作伙伴杰出贡献奖⇒
>
> 广州亚残运会赞助商杰出贡献奖⇒
>
> 译文 中国工商银行：Guangzhou Asian Games Banking Partner Outstanding Contribution Award
>
> Guangzhou Asian Para Games Sponsor Outstanding Contribution Award

在 2010 年的上海世博会和广州亚运会的金融服务中，中国工商银行实现了"零业务差错、零安全事故、零责任投诉"的高标准目标，以安全、专业、高效的金融服务为世博会和亚运会增光添彩，向全世界展现了中国银行业的良好形象，被广州亚组委授予"广州亚运会合作伙伴杰出贡献奖"和"广州亚残运会赞助商杰出贡献奖"。但是中国工商银行对该奖项的英文翻译，不免使该行的专业形象大打折扣。以上翻译看起来似乎是字对字的机械翻译，完全不符合英语语法规则和逻辑，只是把一大堆单词拼凑在一起，内部的语义逻辑混乱，根本无法令英语读者理解。所以，基于奖项名称翻译的简洁性及易懂性特征，笔者建议将此翻译做大幅度修改，译为 **Outstanding Banking Partner in Guangzhou Asian Games**（广州亚运会合作伙伴杰出贡献奖）、**Outstanding Sponsor in Guangzhou Asian Para Games**（广州亚残运会赞助商杰出贡献奖）。

> 原文 中国银行卡服务市场消费者（用户）最满意最喜爱品牌⇒
>
> 译文 广发银行：Brand that the Consumers（Customers）of Chinese Bankcard Service Market are Most Satisfied with and Most Favor

在首届"中国银行卡服务市场消费者（用户）最满意最喜爱品牌"大型公益民意调查中，广发银行的广发卡在服务信誉、企业形象、客户满意度、安全便捷、市场竞争力等诸多方面名列前茅，被全国消费者（用户）推选为"中国银行卡服务市场消费者（用户）最满意最喜爱品牌"。尽管广发银行获此殊荣，但不得不说其翻译确实不尽如人意。广发银行将其译为 Brand that the Consumers（Customers）of Chinese Bankcard Service Market are Most Satisfied with and Most Favor，这种"a noun＋a long attributive clause"的形式，作为一个长句是可以被接受的，但作为一个奖项名称非常不合适。奖项名称力求精简易懂，所以一些冗余信息能删则删。汉语中"最满意最喜爱"是一种修辞手法，两个"最"的内涵是相同的，用两个不同的词只是为了达到增强气势的修辞效果，翻译时不必将两个"最"都译出来。事实上，favorite 一词足以涵盖"最满意最喜爱"这层含义。而就银行卡服务市场的翻译，service market 也是多余的，bankcard 就可以表现其服务的范畴，所以必要时可以对冗余信息进行删减。此外，brand、customer 以及 bankcard 的排列也不符合英语语法规则，需稍做调整。基于以上观点，笔者认为，该奖项可译作 **Customer's Favorite Bankcard Brand in China**，言简意赅。

5.2　金融奖项荣誉称号的翻译原则——把握"忠诚"与"自由"的平衡

仔细观察国内各主要商业银行对于奖项或荣誉称号的英译后，笔者发现，即便是字数较少的荣誉称号及奖项，其翻译状况亦不容乐观，不仅不同金融机构对同一个荣誉称号的翻译有所不同，即便是同一个金融机构，不同时期对同一个荣誉称号的英文翻译也并不统一。在前面的章节中，我们已经针对各类金融术语的文本类型，讨论了其共同适用的一些原则及策略。而关于金融类奖项荣誉称号，其文本类型具有特殊性及多样性。其文本功能除传递信息之外，更重要的是，为这些金融机构背书了专业优质的服务、可信赖的品牌度、良好的社会责任等正面积极的企业形象。因而这一类文本，兼具信息类文本与呼唤类文本的功能。从功能目的论的视角来看，翻译该类文本，既要保持对原文信息的忠实，又要权衡译文能否引起译文读者的情感共鸣。翻译时应适当给予一定的自由度，以交际目的为导向，寻求一种平衡，在对原文语言的适当修改或者调整的基础上，采取灵活的翻译策略。 以下就选取若干典型例子加以讨论。

> **原文** 中国银行业文明规范服务示范单位⇒
>
> **译文1** 中国银行：China Banking Service Excellence
>
> **译文2** 中国农业银行：Model Service Providers in Chinese Banking Industry
>
> **译文3** 广发银行：Model Unit of Civilized and Standardized Service in Chinese Banking Industry
>
> **译文4** 上海浦东发展银行：2008 Examplar of Civilization and Normalization in the Banking Industry of China
>
> **译文5** 上海浦东发展银行：Best Model Units for Disciplined Service in China Banking Industry in 2010

　　"中国银行业文明规范服务示范单位"是由中国银行协会组织评比和认定的，具有严格的内部服务管理机制和良好的外部服务形象，依法合规，安全诚信，高效便捷，体现高度行业文明，有一流服务水平和良好经营业绩，被业内和社会公众认可的银行经营机构中文明规范服务先进单位或集体。 对于这一个荣誉称号，不同银行的英译版本却各不相同，且翻译质量都不尽如人意。

　　上海浦东发展银行在 2008 年及 2010 年都被授予了"中国银行业文明规范服务示范单位"，但两个英文翻译并不一样。 2008 年的版本中，上海浦东发展银行将其译为 2008 Examplar of Civilization and Normalization in the Banking Industry of China，其中 civilization 与 normalization 两个词都太抽象、太宏大，civilization 意为 "a state of human society that is very developed and organized"，normalization 意为 "the imposition of standards or regulations"或者"the act or process of normalizing"。 以上两个解释说明，不论是 civilization，还是 normalization，都不适合形容银行这样一个具体的金融机构。 且 examplar 一词为古英语，等同于现代英语中的 exemple，意为 "a person or thing serving as a typical example or appropriate model"。 暂且不讨论 exemplar 的含义是否适合用在银行单位，examplar 作为古英语在此显然不合适。 而在 2010 年的版本中，上海浦东发展银行将其译为 Best Model Units for Disciplined Service in China Banking Industry in 2010，其中 disciplined 一词意为"showing a controlled form of behavior or way of working"，即"守纪律的"，显然不符合银行服务的特点。 此外，上海浦东发展银行用 Best Model Units 表示"示范单位"，但"单位"一词在中国除了表示计量单位外，还指机关、团体或者企业上班的地方，此处的"单位"就是后者，而 unit 在英语中是指"a single thing, person or group that is complete by itself but can also form part of sth. larger"，并非"工作单位"，所以用 unit 一词翻译"单位"不合适。

广发银行将其翻译为 Model Unit of Civilized and Standardized Service in Chinese Banking Industry，客观来说，除了 unit 一词外，Civilized and Standardized Service in Chinese Banking Industry 这一表达将"中国银行业文明规范服务"中的"文明"与"规范"都逐个翻译了出来，算是完整保留了原文信息。 但功能目的论认为，翻译所看重的并非原文，而是翻译目的及目的语读者的解读。 "文明规范"这个词，本身是中国各行业用来形容服务规范专业的一个词，若将其逐字翻译为 civilized and standardized，对于英语读者来说反而达不到预期的呼唤作用。 因为对于西方英语读者来说，civilized（文明）是每一个公民应当做到的基本行为准则，而 standardized service 也未能表达出银行服务的优质之处。

与广发银行过于忠实的翻译风格相反，中国银行及中国农业银行的翻译就显得过于自由：中国农业银行译为 Model Service Providers in Chinese Banking Industry，用 Model Service Providers 表示"文明规范服务示范单位"；中国银行则译为 China Banking Service Excellence，直接把"示范单位"省去。

根据功能目的论，目的性原则是翻译原则中最重要的原则，可以帮助译者在翻译过程中摆脱原文的枷锁。 但太过自由也会影响原文意思的传递。所以后来又提出了"功能＋忠诚"原则，以帮助译者把握好忠诚与自由的平衡，达到最佳翻译效果。 既然此荣誉称号是专门针对银行的，那么"示范单位"不可省略，而逐字对"文明规范服务"的翻译过于累赘，无法对目的语读者产生有效的呼唤作用。 英语中的另一个词 professional 意为"having or showing the skill appropriate to a professional person; competent or skillful"，则常常在西方英语国家中被用来衡量各行业工作和服务的标准，所以，笔者建议将"文明规范服务示范单位"译为 **Model Bank of Professional Banking Service in China**。

> 原文 中国少年儿童基金会"最佳热爱儿童爱心单位"⟹
>
> 译文1 中国银行：China Children and Teenagers' Fund：Gracious Support
>
> 译文2 中国建设银行：Best Unit with Greatest Passion for Children

受中国少年儿童基金会委托，中国银行及中国建设银行拨出专款制作了"爱心募捐箱"，并投放到位于全国大中城市条件良好的营业网点里，用于中国少年儿童基金会"零钱慈善"善款募集活动。 活动募集的善款用于发展我国的少年儿童教育福利事业，特别是贫困地区和少数民族地区少年儿童教育福利事业。 由于在"零钱慈善"中的突出贡献，两家银行被授予"最佳热爱儿童爱心单位"称号。 但两个银行对该奖项的翻译风格迥然，中国银行的"China Children and Teenagers' Fund：Gracious Support"太过随意，而中国建设银行的 Best Unit with Greatest Passion for Children 则过于死板。 就中国建设银行的翻译而言，unit 一词用在这里不恰当，上文中已经讨论过；而 Greatest Passion for Children 指对儿童的热爱，仅仅是一种情感偏好，没有体现中国建设银行在儿童慈善方面所采取的实质行动与贡献。 而中国银行的版本中，Gracious Support 的确可以体现中国银行对中国少年儿童基金会的支持，但过于宽泛，没有体现其对儿童慈善的贡献。 "最佳热爱儿童爱心单位"称号重在强调单位对儿童慈善事业的支持，而不是对儿童的热爱，所以，从英语读者的角度出发，我们可以用 dedicated 一词，该词意为"very interested in or working very hard for an idea, purpose, etc."，足以表达这层含义。 那么，该奖项就可以译为 **Most Dedicated Corporate to Children Charity**。

5.3　金融奖项荣誉称号的英译规范化路径——"追根溯源"

大多数金融奖项及荣誉称号，都是由权威部门，例如党政机关、金融行业协会、新闻媒体等授予金融机构的，这也是为何诸多不同的金融机构，都获得了某些荣誉奖项。 这些奖项名称的英译版本，之所以会出现很多不规范、不统一的现象，本质上还是因为这些金融机构本身缺乏严谨的翻译态度，毫无根据地胡乱翻译。 其实，对于这些权威机构颁发的具有统一性和持续性的奖项，保证其英译名规范化的一大准则，就是坚持"追根溯源"，即追溯该奖项的颁发机构，以准确把握该奖项的实际内涵，甚至可以查阅某些奖项的原始英文译名。 以下用几个实例来进一步说明。

> 原文 "大地之爱　母亲水窖"突出贡献奖⇒
>
> 译文 中国银行：All-China Women's Federation：Prominent Contribution Award of "A Well for Mother" Program

"大地之爱　母亲水窖"是在全国妇联的领导下，中国妇女发展基金会针对中国西北地区的人们，特别是妇女迅速摆脱严重缺水带来的贫困和落后问题而实施的专项扶助行动，即向社会募集善款，为西北缺水地区捐修混凝土构造的水窖，使她们能利用屋面、场院、沟坡等集流设施，有效地蓄集有限的雨水，以供一年之基本饮用。 而该奖项是对那些对这一慈善活动做出突出贡献的单位或个人给予的表彰，属于慈善公益及企业社会责任类的荣誉奖项。水窖是中国特定区域产生的特有名词，指的是修建于地下的用以蓄积雨水的罐状（缸状、瓶状等）容器，与传统意义上的"井"是不同的。 中国银行将其译为 A Well for Mother，这显然是不准确的。 "井"指的是从地面向下挖成的能取水的深洞，其本身是与地下水相通的，能源源不断供应井水。 而"水窖"并不是与地下水相通的，仅仅是位于地下的一个蓄积雨水的容器，其功能、结构以及水源都与地下水不同。 因此用 well 一词来翻译"水窖"，是非常不准确的。

刘法公教授在《商贸汉英翻译的原则探索》一文中，提出了"忠实""准确""统一"的六字翻译原则，并详细阐述了该原则的具体内容。 同时，刘教授在《论商贸译名翻译的统一问题》中指出："组织机构名称的英文译名，无论是自己选的，还是他人翻译的，一旦确定并使用起来就变成了既定译名，不能随意改变。"也就是说，面对某些专有机构或项目的专有名词，译者必须忠实于原始的官方译本。 这一准则，也适用于金融类荣誉奖项的英文翻译，因为这也属于一种已经由权威机构确定并使用的专有表达，是一种既定的译名，不得随意篡改，所以应该坚持"追根溯源""名从原主"的准则。 通过查阅"大地之爱 母亲水窖"官方网站及中国妇女发展基金会官网，笔者找到了其官方英译版本——Water Cellar for Mothers，而不是中国银行翻译的 A Well for Mother。 所以，笔者建议按照"追根溯源"的路径，"名从原主"，将此奖项译为 **Prominent Contribution Award for "Water Cellar for Mothers"**。

> 原文 联合整治银行卡违法犯罪专项行动风险防范奖⇒

> 译文1 广发银行：Prize for Risk Prevention in the Special Campaign of Joint Cracking Down on the Law-breaking Crimes Involving Bankcards

> 译文2 中国工商银行：Risk Aversion Award of Joint-mission in Cracking Bank Card Crimes

对在针对银行卡案件防控的严峻形势和确保奥运会期间银行卡安全支付工作目标而联合开展的整治银行卡违法犯罪专项行动中做出杰出贡献的银行，中国人民银行及公安部颁发"联合整治银行卡违法犯罪专项行动风险防范奖"。 广发银行与中国工商银行都被授予此荣誉称号，但两家银行对于此奖项的翻译大不相同。 仅仅从两个译本本身来看，中国工商银行的翻译显得更加简单，便于读者理解；广发银行的英文译本就显得非常冗长累赘，一个荣誉的称号中，包含了 prize for、prevention in、campaign of、cracking down on、crimes involving 这样五个介词短语，其语言的层次过多，语义过于复杂，令人费解，读者的友好度极低。 作为荣誉奖项名称，其应该同其他术语一样，保持简洁性特征，力求言简意赅，用最少的语言符号传递最多的信息。相对来说，中国工商银行的英文译本更容易令读者抓到这个语言表达的核心信息，分清主次，把握奖项名称的内涵。

2008 年，中国银行被授予"联合整治银行卡违法犯罪专项行动杰出贡献奖"（Outstanding Contribution Award in the Special Campaign to Jointly Combat Bankcard Illegal Crimes），可见，对于"联合整治银行卡违法犯罪专项行动"，已经有三个不同的译本：Risk Prevention in the Special Campaign of Joint Cracking Down on the Law-breaking Crimes Involving Bankcards（广发银行）、Joint-mission in Cracking Bank Card Crimes（中国工商银行），以及 the Special Campaign to Jointly Combat Bankcard Illegal Crimes（中国银行）。

究竟哪个版本更合适？ 为求准确性及权威性，我们应该坚持上文中提及的"追根溯源""名从原主"的原则，去寻找相关官方机构所公布的权威译本，以做确认。 在中国人民银行官网上，"联合整治银行卡违法犯罪专项行动"的官方翻译应当是 The Dedicated Campaign to Concertedly Strike Bankcard-Related Crimes。 对于官方译本，若存在若干个权威机构的版本，笔者认为，应当以最高权威机构的版本为准。 因而，对于"联合整治银行卡违法犯罪专项行动杰出贡献奖"这一奖项，应当以中国银行体系中最高级别的中国人民银行的版本为标准。 至于"风险防范"，广发银行的 Risk Aversion 并不合适，因为 aversion 意为 "strong dislike or disinclination"，即"厌恶、嫌恶"，而非"防范"。 所以笔者建议将"联合整治银行卡违法犯罪专项行动风险防范奖"译为 **Risk Prevention Award/Prize in the Dedicated Campaign to Concertedly Strike Bankcard-Related Crimes**。

5.4 文化意象类金融奖项荣誉的英译规范化策略——"引进＋借鉴"

　　同组织机构名称一样，中国金融业的很多奖项荣誉名称也会带有独特的中国文化意象内涵，而这些文化意象在国际社会中可能并不是一一对应的，或者同一个符号在不同文化语境中的意象与内涵会有所偏差。面对这一类金融术语的英文翻译，我们需要调动更加广泛的国际文化资源，根据具体的意象，采取"引进＋借鉴"的翻译策略。以下用几个实例加以解析。

> **原文** 中国上市公司百强金牛奖⇒
>
> **译文1** 兴业银行：the Golden OX Prize of the Top 100 Chinese Listed Companies
>
> **译文2** 中国工商银行：Top 100 Listed Companies of China：Gold Bull Award

　　"中国上市公司百强金牛奖"是《中国证券报》根据规模、市值、成长情况和股东回报这四个方面的评价指标，对所有 A 股上市公司进行考察，选取最具竞争力的百强企业，并授予其"金牛奖"。兴业银行与中国工商银行都获此殊荣，但两家银行对"金牛"的翻译不同：兴业银行译作 Golden OX，而中国工商银行则译为 Gold Bull。虽然 bull 与 ox 都是"牛"的意思，但内涵大不相同：bull 指"the male of any animal in the cow family"，即"公牛"，如著名的 NBA 芝加哥公牛队（Chicago Bulls）；而 ox 指"a bull that has been castrated"，是指被阉割的牛，意义完全不同，所以用 ox 来翻译"牛"不妥。对于"金"字，gold 跟 golden 也不可随意混用。尽管 gold 与 golden 都含有"made of gold"或者"of the colour of gold"的含义，但 golden 一词还有另外一层含义，即"very successful or having qualities that promise future success"。丁衡祁教授就经贸方面的译名不统一问题，曾撰文提出"引进、模仿、修改、创新"的翻译方针[30]，所谓"引进"，就是对国际通用的术语完全照搬；对于那些不尽相同但又有近似内涵的术语，可以采取"模仿"的方式。 "金"这个词的译法，笔者建议，可以采用丁教授的"引进""模仿"方式，参照当前国际社会上已有的一些类似奖项的英文名称，如果表达与内涵都相同，可直接引进；如果有不同，则可以借鉴模仿。 通过调查许多国际上的奖项荣誉名称，笔者发现很多奖项都用了 golden 一词，如金球奖（Golden Globe Awards）、金曲奖（Golden Melody Awards）、金狮奖（Golden Lion Award）等。 这说明 golden 这一表达，在奖项荣誉称号中是全球通用的，可直接"引进"。 此外，笔者通过调查，发现马来西亚就有一个类似的商业奖项，叫作"金牛奖"，英文名称为 Golden Bull Award，这亦可作为我们参考的既定名称。 所以，笔者建议将该奖项译为 **Top 100 Listed Companies of China：Golden Bull Award**。

原文 金鼎奖⇒

译文1 兴业银行：the Golden Tripod Award

译文2 中国工商银行：Golden Censer Award

"金鼎奖"是《证券日报》授予那些具有一流的经营业绩、良好的社会形象和广受赞誉的社会责任感的蓝筹上市公司的荣誉，具有较高的权威性。 许多在证券市场中起着中流砥柱作用的蓝筹公司都曾获此殊荣，包括兴业银行及中国工商银行，但两个银行的翻译并不一致。 中国工商银行将其译作 Golden Censer Award，但 censer 一词意为 "a container in which incense is burnt，typically during a religious ceremony"，即"香炉"，与"鼎"的文化内涵相去甚远。 "香炉"是各类祭祀仪式中用来焚香的器具，而"鼎"在中国文化中被视为立国的重器，是承诺与政权的象征。 这是中国特有的一种文化意象，也正是这种文化独特性使得对其的翻译变得更加困难，因为在西方文化中找不到相同意象的对等物。 相对而言，兴业银行的 the Golden Tripod Award 更接近中国"鼎"的含义，tripod 除了表示 "a three-legged stand for supporting a camera or other apparatus"的意思，还有另外一层含义

"the bronze altar at Delphi on which a priestess sat to utter oracles"，这层含义类似于"鼎"的内涵。 在维基百科中，tripod 也被认为具有特殊的文化用途， "a Chinese sacrificial vessel symbolizing unity and power"。 所以 tripod 一词更加符合"鼎"的内涵，且其已然在国际社会中被广泛认知。 因此，笔者建议，应该使用约定俗成的表达方式，将"金鼎奖"翻译为 **Golden Tripod Award**。

> **原文** 金貔貅奖：2011 年度金牌零售银行家⇒
>
> 　　　2011 年度金牌影响力品牌⇒
>
> **译文** 中国农业银行：Golden Pixiu Awards：2011 Gold Medal Retail Banker
>
> 　　　2011 Gold Medal Influence Brand

"金貔貅奖"是 2011 年 *Financial Money* 杂志授予中国农业银行的理财项目的系列奖项名称，中国农业银行荣获了该系列下的五项大奖。 此处只选取了两个奖项，因为这两个奖项的英译问题非常具有典型性。 "貔貅"是一个具有丰富中国文化内涵的意象，是传说中的一种凶猛的瑞兽，能吞万物而不泄，故有纳食四方之财的寓意，有驱赶邪气、带来欢乐及好运的作用。 所以，金貔貅被认为是最佳的招财、守财的神兽，在商界广受欢迎，尤其是在金融领域，这大概就是"金貔貅奖"命名的由来。 但"貔貅"在西方英语读者中是一个文化盲点，如果按照上面的译文拼音 Pixiu，显然无益于英语读者的理解。 功能目的论认为，任何翻译行为都应该以翻译目的及目的语读者的认知为导向。 所以，当我们处理"貔貅"这类具有独特中国内涵的文化负载词时，不妨在目的语文化中寻找具有类似内涵的对等词。 在西方英语文化中，mink（貂）被视为是 "a symbol of wealth, good luck, and good health"，与中国"貔貅"的文化内涵有异曲同工之处。 所以笔者建议，借鉴西方文化中已有的相似意象的 mink，以更好地在西方读者的认知中唤起相似的文化符号的联想。 故笔者建议此处将"貔貅"译为 mink。

此外，对于"金牌零售银行家"及"金牌影响力品牌"这两个表达，中国农业银行的翻译就显得过于字面化。 在此例中，"金牌"并不是体育赛事中的"金牌"，而是一种比喻，在汉语中意为"最好的、最佳的"。 如果按照中国农业银行的译法 Gold Medal Retail Banker，国外读者很可能误解为出售金牌的零售银行，完全背离了"金牌"的实质内涵。 所以笔者建议，只需将"金牌"所包含的"最好的、最佳的"的内涵表达出来即可，不妨意译为 the best，即可达到有效的沟通效果，避免歧义。 事实上，很多国际奖项中，the best 的表达非常普遍，如 The Oscars——奥斯卡奖，这个奖项的全名是 The Academy Awards（美国电影艺术与科学学院奖），由美国的影艺院（The American Academy of Motion Picture Arts and Sciences）颁发。 该奖项下的很多项目，如最佳影片（Best Motion Picture of the Year）、年度最佳外语片奖（Best Foreign Language Film of the Year）、最佳动画长片（Best Animated Feature Film of the Year）、最佳纪录长片（Best Documentary Feature）等，都用了 best。 而对于"影响力品牌"，中国农业银行将其译为 Influence Brand，这一翻译有严重的语法错误，influence 是名词，意为"the effect that sb. /sth. has on the way a person thinks or behaves or on the way that sth. works or develops"，用来修饰名词 brand 不恰当，此时应当用 influential 一词，意为"having a lot of influence on sb. /sth."，即"有影响力的"，该词才能准确传递其意义。 综上所述，笔者建议将"金貔貅奖：2011 年度金牌零售银行家"，译为 **Golden Mink Awards： 2011 Best Retail Banker**，将"2011 年度金牌影响力品牌"译为 **2011 Most Influential Brand**。

原文 2010 中国低碳新锐银行⇒

译文1 中国农业银行：China's Emerging Low-Carbon Bank 2010

译文2 中国工商银行：The New Low Carbon Bank in China

在中国高新技术产业开发区协会、《金融时报》等多家单位联合主办的"中国低碳经济论坛——2010 中国低碳新锐榜评选"活动中，中国工商银行与中国农业银行凭借其在低碳理念推广和低碳金融服务创新领域取得的突出业绩获评"中国低碳新锐银行",但两个银行对该奖项的翻译不尽相同。 中国农业银行用 emerging 来表达"新锐",而中国工商银行则用 new 来表达。"新锐"一词的真正含义是"各个领域的后起之秀,他们具有打破陈规的勇气和实力,是将来这个领域的栋梁之材",这体现出其重点不仅在于"新",更在于其敢于打破陈规的精神。 而说到"新锐"一词的出处,则可追溯到 2000 年在中国香港召开的第三届全球华人物理学大会上,诺贝尔奖得主杨振宁教授在英文演讲中提到 aggressive,他将该词总结为"勇敢提出新的看法,敢于挑战学术权威"。 aggressive 在英文里有"具有侵略性的、敢作敢为、锐意进取"的含义,可以概括为"个人奋斗的威猛作风"。 后来"新锐"一词流传开来,各种新锐榜上榜人物皆具有 aggressive 的精神、作风和态度。 所以,追根溯源,笔者认为对"新锐"一词的翻译可以用 aggressive,那么该奖项就可以译作 **Aggressive Low Carbon Bank in China**。

本章围绕金融类荣誉奖项名称的英译规范化问题,探讨了金融类荣誉奖项名称翻译的语言特征。 笔者认为,应该保持"理性简洁"的原则,对于一些冗余信息,需要适当删减,并调整结构,以确保国外读者的信息接收有效度。 在荣誉奖项名称的翻译上,应该根据具体语境,以实现最佳的交际效果为目的,把握好"忠诚"与"自由"之间的平衡。 在实现荣誉奖项英译的翻译路径上,可以遵循"追根溯源""名从原主"的准则,从最初的官方授奖机构追溯具体奖项的名称内涵甚至是英文版译名,确保奖项名称的规范、统一。对于具有中国文化意象的荣誉称号,采用"引进+借鉴"的策略,要在源语与目的语语境下,寻找可以匹配关联的意象,进行适当借鉴或者修改。

6

中国证券业网站国际化行为研究概述

随着经济全球化和金融自由化国际浪潮的推动，欧盟、北美、东盟等区域经济一体化组织如雨后春笋般出现，国际金融市场交易的空前活跃和金融行业的境外扩张推动了发达国家大型证券公司的全球化经营。自 20 世纪 90 年代以来，韩国、巴西、印度和南非等新兴经济体的部分证券公司也开启了自身的国际化进程，通过纽约和伦敦两大全球金融中心及邻近国家，追逐本国企业跨国经营活动带来的业务机会。证券公司（俗称"券商"）在国内，是指依照《中华人民共和国公司法》的规定，经国务院证券监督管理机构审查批准，从事证券经营业务的有限责任公司或者股份有限公司。它是非银行金融机构的一种，是从事证券经营业务的法定组织形式，是专门从事有价证券买卖的法人企业。其主要业务包含证券承销业务、证券经纪业务、证券自营业务，即证券公司代理证券发行人发行证券、接受投资者委托代理其买卖证券、为本机构投资买卖证券的行为[32]。在中国和日本，其被称为证券公司；而在西欧跟北美，更多的是以投资银行的形式存在。因此在本书中，笔者将其统称为证券公司，包括国内的证券公司与国外的投资银行。

经过 40 多年的改革开放，尤其是"引进来"战略的实施，许多国外的先进科技、人才和领先的管理理念，都被吸收、完善、提高，为中国各个行业注入了活力，中国证券市场的开放程度也达到了新的高度。未来我国资本市场的对外开放政策将继续稳步实施，境内外市场互联互通程度将持续加深，证券公司的国际化发展将是必经之路。 证券公司国际化，是指一国证券经营机构业务对外开放，即一国证券经营主体实现了跨越国界的运作，国外证券经营机构可以进入国内证券市场从事证券业务，本国证券经营机构也可以进入国外证券市场进行证券活动。 当前世界知名证券公司摩根大通和野村东方等纷纷在中国设立控股券商，抢占中国市场。 同时，国内几大证券公司也纷纷开启了"出海"浪潮。

目前，中国证券业在国际金融舞台上的影响力日趋增强。 根据美国彭博新闻社 2020 年 8 月的数据，全球前 10 位最具市场价值的证券公司中，中国证券公司占 7 位[33]，分别是中信建投证券（CSC Financial）、中信证券（Citic Securities）、东方财富（East Money Lnformation）、华泰证券（Huatai Securities）、海通证券（Haitong Securities）、招商证券（China Merchants Securities）、国泰君安证券（Guotai Junan Securities），如图 6-1 所示。 但我国证券公司的国际化进程目前尚处于以国内市场为依托的国际化发展初级阶段，地域上主要集中在我国香港地区。 香港已成为中资证券公司国际化战略的首选基地，包括中金公司、中信证券、国泰君安、海通证券等在内的 20 多家内地证券公司在香港设立了分公司或子公司。 除此之外，美国、新加坡、英国、德国、法国、日本等也成为很多国内券商的选择。

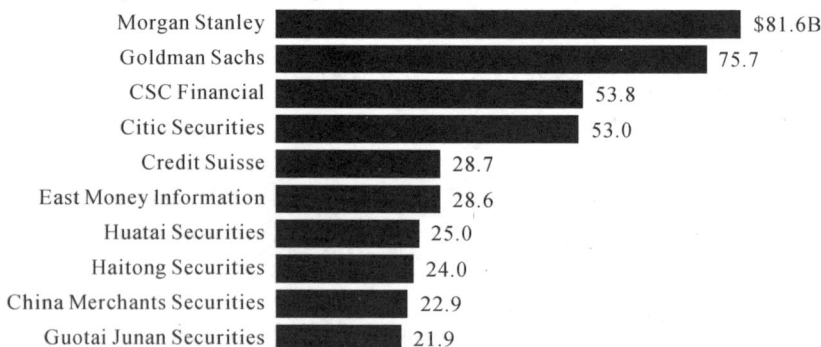

■ Market capitalization as of Aug.12

Morgan Stanley	$81.6B
Goldman Sachs	75.7
CSC Financial	53.8
Citic Securities	53.0
Credit Suisse	28.7
East Money Information	28.6
Huatai Securities	25.0
Haitong Securities	24.0
China Merchants Securities	22.9
Guotai Junan Securities	21.9

Source:Bloomberg

图 6-1　全球前 10 位最具市场价值的证券公司（2020 年 8 月彭博新闻社数据）

伴随着证券市场的双向开放，面对新的国际竞争环境，中国的证券业必须加快提升跨境服务能力，提升国际业务水平。在互联网时代，中国证券公司外文门户网站是一个集各类信息咨询及业务资源于一体的平台，是支撑企业国际业务、拓展企业国际市场的重要途径，是境外客户、投资人、金融评估机构、政府组织等主体了解中国证券行业的重要窗口。因此，证券公司外文官网的国际化水平，成为中国证券行业品牌国际化中的重要内容。本章将对国内证券行业中具有代表性的证券公司的网站进行国际化水平行为研究，助力国内证券公司接轨国际标准，加深国际业务影响力与渗透力，向区域及全球客户提供协同服务，树立专业、可信赖、国际化的中国证券业形象。

6.1 研究样本梳理

为确保此次样本具有代表性，笔者查询了《中国证券业协会发布 2019 年证券公司经营业绩排名情况》，从中选取了 2019 年度总资产排名前 30 的证券公司，如表 6-1 所示。其中，中信证券、海通证券、国泰君安证券，在 2019 年《财富》中国 500 强的领军证券公司中，分别以总营收位列第一（372.2 亿元）、第二（237.7 亿元）、第三（227.2 亿元）。[34] 这些证券公司资产规模大、业绩突出、影响力大，是中国证券业国际化进程中的领军代表，非常适合作为中国证券公司网站国际化行为研究的对象。对它们的研究，有助于我们了解中国证券业在网络平台的国际化形象建构过程中的普适性问题，进而共同探讨应对策略及意见主张。

当前中国证券业国际化发展的首选基地是香港，国内证券公司中文官网的目标客户是国内居民，而其国际门户网站的目标客户为境外群体。本章将对 2019 年度总资产排名前 30 的证券公司官网进行调研，分析其外文版本的网站建设状况；同时选取全球知名的证券公司（如表 6-2 所示），包括美国的 Morgan Stanley（摩根士丹利）、Goldman Sachs（高盛）、J. P. Morgan（摩根大通）、Bank of America Merrill Lynch（美林美银），英国的 Standard Chartered（渣打）、HSBC（汇丰证券），日本的 Nomura（野村证券）和

Daiwa（大和证券），瑞士的 Suisse Credit（瑞士信贷银行）和 Union Bank of Switzerland（瑞银证券），作为全球知名证券公司平行对比语料组，进行横向比较。 通过对比研究的方式，我们可以更直观地了解国内证券业同国际证券业在网站国际化水平上的差距，进而探讨有效的提升策略，更好地帮助中国证券业接轨国际水准。

表 6-1　2019 年度总资产排名前 30 的证券公司中外文网站汇总

（截止到 2020 年 9 月）

序号	证券公司	中文官网主页	英文官网主页
1	中信证券	http://www. cs. ecitic. com/newsite/	http://www. cs. ecitic. com/newsite/en/CorporateInformation/aboutciticsecurities/201710/t20171016_61176. html
2	海通证券	http://www. htsec. com/ChannelHome/index. shtml	https://www. htsec. com/ChannelHome/4793976/index. shtml
3	国泰君安证券	https://www. gtja. com/	https://www. gtja. com/content/gtja_en/home. html
4	华泰证券	https://www. htsc. com. cn/htzq/index/index. jsp	https://www. htsc. com. cn/htzq/investor/en/index. jsp
5	招商证券	https://www. newone. com. cn/	http://www. newone. com. cn/en
6	广发证券	http://www. gf. com. cn/	http://en. gf. com. cn/
7	申万宏源	http://www. swhysc. com/index. jsp	无
8	银河证券	https://www. chinastock. com. cn/	http://www. chinastock. com. cn/en/index. shtml
9	中信建投	https://wwwbj. csc108. com/#	https://wwwbj. csc108. com/prospectusNew/ListAShare. jspx
10	中金公司	https://www. cicc. com/	https://en. cicc. com/
11	东方证券	https://www. dfzq. com. cn/osoa/views/main/aboutus/companyprofile/index. shtml	https://www. dfzq. com. cn/osoa/views/english/home/index. shtml
12	国信证券	https://www. guosen. com. cn/gs/	无

序号	证券公司	中文官网主页	英文官网主页
13	光大证券	http://www.ebscn.com/main/index/index.html	http://www.ebscn.com/english/InvestorRelations/index.html
14	平安证券	https://stock.pingan.com/	无
15	兴业证券	https://www.xyzq.com.cn/xyzq/index.html	无
16	安信证券	http://www.essence.com.cn/	无
17	中泰证券	http://www.zts.com.cn/	无
18	方正证券	https://www.foundersc.com/	无
19	长江证券	http://www.cjsc.com.cn/	服务器升级中
20	东吴证券	http://www.dwjq.com.cn/index	http://www.dwjq.com.cn/
21	国元证券	http://www.gyzq.com.cn/main/wangting/software_download/index.html	无
22	东兴证券	http://www.dxzq.net/main/index.shtml	无
23	华西证券	http://www.hx168.com.cn/hxzq/hxindex.html	无
24	东北证券	http://www.nesc.cn/	无
25	财通证券	http://www.ctsec.com/	无
26	西南证券	https://www.swsc.com.cn/	无
27	国海证券	http://www.ghzq.com.cn/ghzq/index.html	无
28	浙商证券	https://www.stocke.com.cn/main/index/index.shtml	https://www.stocke.com.cn/en_main/about_us/index.shtml
29	长城证券	http://www.cgws.com/cczq/	http://www.cgws.com/cczq/greatWall/
30	渤海证券	http://www.ewww.com.cn/	无

表 6-2 国际知名证券公司信息汇总

国际知名证券公司	Name	国家	Official Website
摩根士丹利	Morgan Stanley	美国	https://www.morganstanley.com/
高盛	Goldman Sachs	美国	https://www.goldmansachs.com/index.html
摩根大通	J. P. Morgan	美国	https://www.jpmorgan.com/securities
美林美银	Bank of America Merrill Lynch	美国	https://www.ml.com/
瑞士信贷银行	Credit Suisse	瑞士	https://www.credit-suisse.com/international/en.html
瑞银证券	Union Bank of Switzerland	瑞士	https://www.ubs.com/global/en.html
渣打证券	Standard Chartered	英国	https://www.sc.com/en/
汇丰证券	HSBC	英国	https://www.hsbc.com/
野村证券	Nomura	日本	https://www.nomura.com/
大和证券	Daiwa	日本	https://www.daiwa-grp.jp/english/

    仔细调查该数据样本中每个证券公司实际的网站建设情况后，笔者发现，2019 年度总资产排名前 30 的证券公司中，仅有 15 家建立了外文网站，其中长江证券的英文网站处于服务器升级状态，其英文网站实际宣传效果几乎等同于没有英文网站的公司，因而没有被计算在本次的样本数据中。经过筛选梳理，本次调查所涉及的 30 家具有代表性的中国证券公司中，只有 14 家包含中英文网站。笔者将这 14 家证券公司作为"国内主要证券公司"的研究样本组，具体的证券公司名单及其中英文官网地址如表 6-3 所示。

表 6-3 国内主要证券公司中英文网站信息一览表

序号	证券公司	中文网址	英文网址
1	中信证券	http://www.cs.ecitic.com/newsite/	http://www.cs.ecitic.com/newsite/en/CorporateInformation/aboutciticsecurities/201710/t20171016_61176.html

序号	证券公司	中文网址	英文网址
2	国泰君安	https://www.gtja.com/	https://www.gtja.com/content/gtja_en/home.html
3	华泰证券	https://www.htsc.com.cn/htzq/investor/new/index.jsp	https://www.htsc.com.cn/htzq/investor/en/index.jsp
4	招商证券	https://www.newone.com.cn/	http://www.newone.com.cn/en
5	广发证券	http://www.gf.com.cn/	http://en.gf.com.cn/
6	海通证券	http://www.htsec.com/ChannelHome/index.shtml	https://www.htsec.com/ChannelHome/4793976/index.shtml
7	银河证券	https://www.chinastock.com.cn/	http://www.chinastock.com.cn/en/index.shtml
8	中信建投	https://wwwbj.csc108.com/newsiteindex/index.jspx	https://www.csc108.com/prospectusNew/ListAShare.jspx
9	中金公司	https://www.cicc.com/	https://en.cicc.com/
10	东方证券	https://www.dfzq.com.cn/osoa/views/main/aboutus/companyprofile/index.shtml	https://www.dfzq.com.cn/osoa/views/english/home/index.shtml
11	光大证券	http://www.ebscn.com/main/index/index.html	http://www.ebscn.com/english/InvestorRelations/index.html
12	东吴证券	http://www.dwjq.com.cn/index	http://www.dwjq.com.cn/
13	浙商证券	https://www.stocke.com.cn/main/index/index.shtml	https://www.stocke.com.cn/en_main/about_us/index.shtml
14	长城证券	http://www.cgws.com/cczq/	http://www.cgws.com/cczq/greatWall/

目前，国内证券公司的国际业务模式主要是境内外联动，协助本公司在香港市场上市、跨境并购、债券融资等。当然，国际业务规模和一流国际投行差距较大。从券商的公开信息来看，多家券商均将其境外子公司视为其国际化战略的重要平台，通过增资提升其资本实力和竞争优势，而这又会在母公司资本管理、资产配置、拓宽融资渠道等方面形成助力。对券商而言，境

外子公司拿下如经纪交易商资格、人民币合格境外机构投资者资格等业务资格，是对母公司国际化业务的有力补充，对于提升母公司的国际化水平将带来深远影响。除了对境外子公司增资，收购境外公司股权、发行 GDR（全球存托凭证）等也成为中国券商国际化布局的重要举措。由此看来，当前中国国内证券公司开展国际化业务的主战场在国际金融大都市中国香港。本章在检索各个国内证券公司官网的基础上，还搜集整理了各券商境外子公司的门户网站（如表 6-4 所示），因其作为公司网站国际化建设矩阵的一部分，所以将其作为辅助语料，可进一步比较各个证券公司的网站国际化推广情况。

表 6-4　2019 年度总资产排名前 30 的证券公司境外子公司中外文网站汇总

序号	证券公司	境外子公司	中文官网	英文官网
1	中信证券	中信证券经纪香港	https://www.csb.com.hk/	https://www.csb.com.hk/index.php
2	海通证券	海通国际	http://www.haitongetf.hk/tc/index.jsp	http://www.haitongetf.com.hk/en/index.jsp
3	国泰君安	国泰君安国际	https://www.gtja.com.hk/	https://www.gtja.com.hk/en/
4	华泰证券	华泰国际	https://www.htsc.com.hk/	https://www.htsc.com.hk/en/index.html
5	招商证券	招商证券国际	http://www.newone.com.hk/gb/	http://www.newone.com.hk/en/
6	广发证券	广发控股（香港）	https://www.gfgroup.com.hk/	https://www.gfgroup.com.hk/en
7	申万宏源	申万宏源（香港）	https://www.swhyhk.com/tc/home	https://www.swhyhk.com/en/home/
8	中国银河证券	中国银河国际	http://www.chinastock.com.hk/about/profile/index.aspx	http://www.chinastock.com.hk/en/index.aspx
9	中信建投	中信建投国际	https://www.csci.hk/zh/	https://www.csci.hk/en/
10	中金公司	本身是国际投资公司		

序号	证券公司	境外子公司	中文官网	英文官网
11	东方证券	东方金融控股	https://www.dfzq.com.hk/main/aboutus/index.shtml	无
12	国信证券	国信证券（香港）	http://www.guosen.com.hk/main/kingindex/index.shtml	http://www.guosen.com.hk/english_main/kingindex/index.shtml? r=0.0559551658558608
13	光大证券	光大新鸿基	http://www.ebscn.hk/main/Securities/index.shtml? request＝index	http://www.ebscn.hk/ebscn_english/Securities/index.shtml
14	平安证券	中国平安证券（香港）	https://stock.pingan.com.hk/sc/index	https://stock.pingan.com.hk/en/index
15	兴业证券	兴证国际	https://www.xyzq.com.hk/s/	https://www.xyzq.com.hk/html/index
16	安信证券	安信国际	https://www.eif.com.hk/cn	https://www.eif.com.hk/en
17	中泰证券	中泰国际	http://www.ztsc.com.hk/gw/gyzt/gsjj/index.shtml	http://www.ztsc.com.hk/gwen/gyzt/gsjj/index.shtml
18	方正证券	方正香港金控	https://hkfoundersc.com/	无
19	长江证券	长证国际	https://www.cjsc.com.hk/zh-hans	https://www.cjsc.com.hk/en
20	东吴证券	东吴证券（香港）	http://www.dwzq.com.hk/content.asp? pageid＝42&langcode＝cn	http://www.dwzq.com.hk/content.asp? pageid＝42&langcode＝en
21	国元证券	国元国际	https://www.gyzq.com.hk/	无
22	东兴证券	东兴证券（香港）	http://www.dxzq.com.hk/main/home/index.shtml	http://www.dxzq.com.hk/main_en/home/index.shtml
23	华西证券	无	无	无
24	东北证券	无	无	无
25	财通证券	财通国际	https://www.ctsec.com.hk/	无
26	西南证券	西证国际	http://www.swsc.hk/tc/	http://www.swsc.hk/en/site/index

续　表

序号	证券公司	境外子公司	中文官网	英文官网
27	国海证券	无	无	无
28	浙商证券	浙商国际	http://cnzsqh.hk/	无
29	长城证券	无	无	无
30	渤海证券	无	无	无

由以上统计可知，在 2019 年度总收入前 30 的国内证券公司中，25 家公司均开展了不同程度的境外业务，主要阵地为中国香港。而在这 25 家证券公司中，20 家建立了中文简体、中文繁体、英文 3 个版本的网站，5 家没有英文版本的网络。建立境外子公司官网，以及配备英文支持界面，是衡量国内证券公司网站国际化水平的重要标准。同时，这些境外子公司的外文网站，也将成为辅助研究对象，有助于进行相关定量与定性的分析。

6.2　研究方法及工具

本书将采取定量研究与定性研究相结合的方法，主要包括内容分析法、链接分析法等，对研究样本在互联网上的相关数据、呈现内容进行量化、分析、比较，总结归纳其特征，剖析当前中国证券业在网站国际化建设中存在的普适性问题；同时，通过比对一些国际知名证券企业样本，探讨逐步增强我国证券公司在网站国际化友好度上可以采取的应对策略。

6.3　理论梳理及借鉴

企业国际化指一家企业的生产经营活动不局限于一个国家，而是面向世界经济舞台的一种客观现象和发展过程；其主要目的是通过国际市场，组合生产要素，实现产品销售，以获取最大利润；主要包括管理国际化、生产国际化、销售国际化、融资国际化、服务国际化和人才国际化等。因此，仅用单一指标不足以衡量企业的国际化水平。鲁桐在《企业国际化阶段、测量方法及案例研究》一文中系统梳理了企业国际化测量理论——苏利文测量方法，以及威尔什-罗斯坦瑞尼六要素模型，并在此基础上提出自己的测量方法——国际化蛛网模型（如图 6-2 所示）。[35] 应用该蛛网模型，企业国际化程度可从跨国经营方式、财务管理、市场营销、组织结构、人事管理和跨国化指数 6 个一级指标进行考察，每个一级指标又由若干因素（二级指标）决定，可通过二级指标对企业的国际化程度进行量化分析。[35] 该模型以测量企业国际化程度最重要的 4 个指标（市场营销、财务管理、跨国经营方式和跨国化指数）为正负 X 轴、Y 轴，以评价程度相对较弱的人事管理和组织结构为辅助轴。每个箭头离原点越近，则代表该方向的国际化程度越低。几何图形 ABCDEF 的面积代表企业的国际化程度，面积越大，企业的国际化程度越高；反之，企业的国际化程度越低。鲁桐提出的这一企业国际化程度的测量方法，可以用于中国证券业国际化程度的测量与评价。

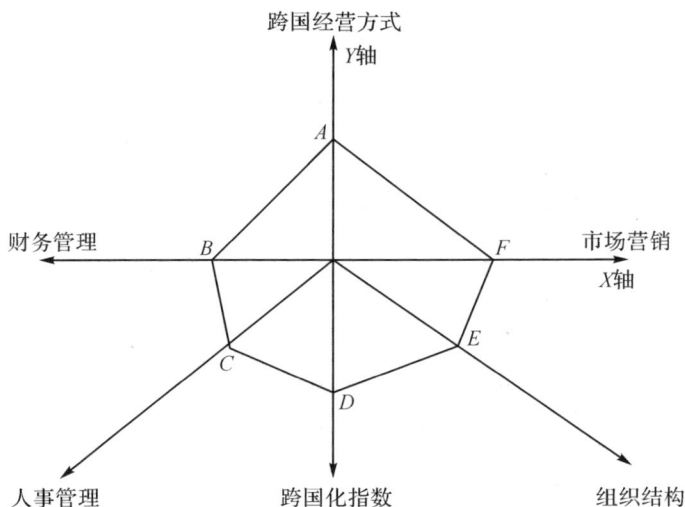

图 6-2　国际化蛛网模型图

2010 年，国务院国资委信息中心指导开展"大型企业门户网站能力建设研究"，提出了八大网站建设能力：形象宣传能力、市场营销能力、在线交易能力、客户服务能力、资源整合能力、网站构建能力、网站保障能力和网站推

广能力。[36] 八大网站建设能力一级指标又包含二级评估指标，具体如表 6-5
所示。

表 6-5　八大网站建设能力

八大网站建设能力	二级评估指标
形象宣传能力	企业简介、企业领导、组织机构、历史沿革、发展战略、研究开发、资质荣誉等
市场营销能力	产品（业务）介绍、产品（业务）推广、市场调研等
在线交易能力	商务洽谈、网上签约（产品订购）、支付结算、物流配送、客户评价等
客户服务能力	在线服务、投资者关系维护、人力资源等
资源整合能力	形象整合、信息聚合、业务聚合、技术融合等
网站构建能力	网站规划、网站设计、用户体验等
网站保障能力	组织保障、制度保障、经费保障、安全保障、内容服务保障等
网站推广能力	访问情况、搜索引擎优化、推广活动等

　　本书将借鉴企业国际化蛛网模型的思路及方法，融合八大网站建设能力
的具体分项指标，同时结合证券公司的企业属性、服务特色等，创新出可用于
评价中国证券公司网站国际化友好度的蛛网模型（如图 6-3 所示）。对于金

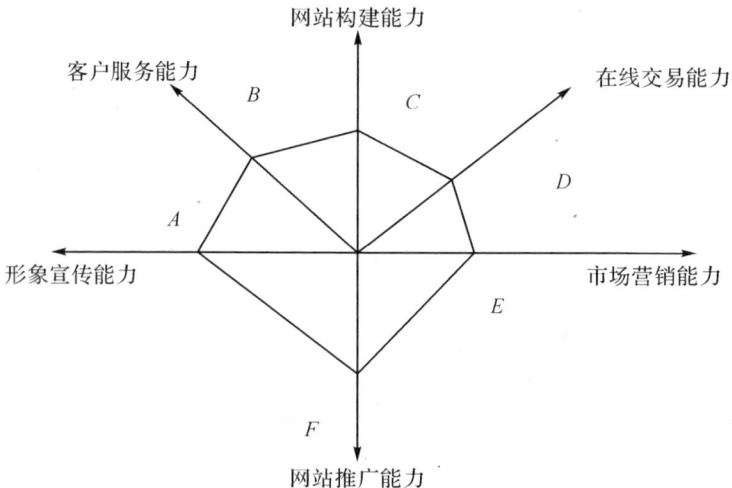

图 6-3　中国证券公司门户网站国际友好度蛛网模型

融属性的证券业来说，其企业门户网站的国际化评价指标，具有参考价值的主要是形象宣传能力、市场营销能力、在线交易能力、客户服务能力、网站建构能力、网站推广能力等维度；而下属的二级指标，也因证券公司的产品特色有所调整。笔者根据证券行业的属性，以及其在门户网站上的建设状况，设计出了中国证券公司门户网站国际化建设能力的相关评价指标，如表6-6所示。这些指标都是围绕证券公司网站国际化友好度蛛网模型中的八大网站建设能力展开的，有助于我们从更加微观及量化的角度进行研究。笔者在后续章节中将会对各细分能力进行描述、比较、分析，实现立体评估，从而更好地找到当前中国证券公司在门户网站国际化建设中存在的问题及不足，进而提出相应的提升策略。

表6-6　中国证券公司门户网站国际化建设水平评价指标

形象宣传能力	市场营销能力	网站构建能力	网站推广能力	客户服务能力	在线交易能力
外文网站拥有率、企业 logo 的国际化、网络域名的国际化	新闻时效性、信息披露、产品推介、股票动态、资讯订阅	网站风格、banner 图、图文布局、色系搭配、内容架构	Alexa 排名、网站影响力、社交媒体	在线客服、联系渠道、海外招聘、网点地图、信息披露	在线注册、用户登录、在线交易

7

中国证券公司网站国际化形象宣传能力研究

　　本章将重点研究中国主要证券公司在门户网站的国际化建设中的企业形象宣传能力。 在形象宣传能力这个维度下，我们主要考量的是外文网站拥有率、企业 logo 的国际化、网络域名的国际化这几个指标。 对于证券公司网站的国际化建设，具备面向国际社会用户的外文语言版本，是该企业国际化形象的最基本的前提。 企业 logo 作为代表企业品牌形象的简单图文标识，本身的国际化属性就反映了该企业的国际化水平。 网络域名虽然不算显性的企业符号，但是在互联网时代，相当于一家公司在网络空间的门牌号，具有指引及标识的功能；而域名是否符合国际通用方式，也会影响国际社会用户对该公司信息化、国际化能力的直观评价。 本章将从这几个指标出发，比对中国及国外知名证券公司在这些方面的国际化行为。

7.1　中国证券公司门户网站多语言版本建设情况

　　一家企业的门户网站能够提供多语言版本支持，说明该企业所预设的目标用户是来自不同国家和地区的群体，体现了这个企业的国际化发展水平。因而笔者仔细调查了 30 家中国主要证券公司的门户网站，统计了其多语言版本的建设情况，具体统计结果如表 7-1 所示。

表 7-1 2019 年度总资产排名前 30 后证券公司官网多语言版本支持情况

序号	证券公司	中文简体	中文繁体	英文
1	中信证券	*	*	*
2	海通证券	*	*	*
3	国泰君安	*		*
4	华泰证券	*		*
5	招商证券	*		*
6	广发证券	*		*
7	申万宏源	*		
8	银河证券	*	*	*
9	中信建投	*		*
10	中金公司	*		*
11	东方证券	*	*	*
12	国信证券	*		
13	光大证券	*		*
14	平安证券	*		
15	兴业证券	*		
16	安信证券	*		
17	中泰证券	*		
18	方正证券	*		
19	长江证券	*		
20	东吴证券	*		*
21	国元证券	*		
22	东兴证券	*		
23	华西证券	*		
24	东北证券	*		
25	财通证券	*		
26	西南证券	*		
27	国海证券	*		

续　表

序号	证券公司	中文简体	中文繁体	英文
28	浙商证券	＊		＊
29	长城证券	＊		＊
30	渤海证券	＊		

注：＊表示该网站提供该语言版本。

由表 7-1 可知，当前中国国内证券业官网的多语言版本支持服务尚在起步阶段，2019 年度总资产排名前 30 的证券公司中，提供外文版本的证券公司有14 家，占比 46.7％，且语种仅为英文；这 14 家公司中，4 家证券公司支持中文简体、中文繁体两个版本，占比 28.6％。 30 家公司中，16 家仅支持中文简体版本。 英语作为适用范围最广的世界通用语言，作为外文版首选语言，其沟通的功能性是最强的。 同时，通过比较当前国际上知名的证券公司，比如 Morgan Stanley、Goldman Sachs 等公司的网站，笔者发现，大多数公司只有英语一种语言版本；而一些长期经营国际业务的公司，如瑞士的 Credit Suisse、Union Bank of Switzerland 等，虽然在官网上有 50 多个国家作为业务所在地供用户选择，且网站会根据不同的国家自动定位匹配相应的语言，除了那些使用者比较多的语种，如汉语、日语、法语、意大利语、德语、西班牙语，在一些国家和地区，例如拉丁美洲、中东地区等，多以英语作为网站功能语言（可能还有第二语言的选择）。 日本著名的 Nomura 公司，其官方网站语言版本为日语、英语、汉语，Daiwa 的网站语言版本为日语、英语。

因此，中国证券公司门户网站在外文版本的语言支持上，选择以英语为主，是比较符合中国证券行业在国际上的目标客户群体、金融行业属性及国际惯例的。

当然，国内证券公司在不同语言版本网页的切换上，依然存在语言版本切换栏用词不够精准的问题。 通过研究国内 14 家证券公司的官方网站英文版，笔者发现，这些网站中表示中文简体版网页的语言切换栏为"中文版/中文简体/中文/简体/简/CNS/CN"，中文繁体版网页的语言切换栏为"中国繁体/中文繁體/繁体/繁"，英文版网页的语言切换栏为"English/EN/

ENG"。 单纯从英语语言的表达来看，"EN""CN"等缩写，的确是国际公认的对英文单词 English、Chinese 的缩写。 但是"CNS"这个表达就不规范了。 "简体中文"的英语表达为 Simplified Chinese，但"CNS"并非"简体中文"的英文缩写，而是 Central Nervous System 的英文缩写，语言表达有误。 "中文繁体"的英语表达应该是 Traditional Chinese。 而从语言使用的意图看，用"CNS"应该是为了跟"中文繁体"区分开来，但事实上，选择这个表达的光大证券、华泰证券和国泰君安的官网上只有"中文简体"跟"英文"两个语言版本的网页，本就没有必要用"中文简体"的英语表达。

其实，对于语言切换栏的设计，每个公司都有其独特的理念和选择自由。 但是任何信息及符号的传播，都要以目标受众为导向，我们在处理时必须保持"受众思维"。 按照这个思路，想点击链接至英文版本网站的是英语用户，该版本语言切换栏应该为英文；而链接至中文版本网站的切换栏，应该为中文。 所以，笔者建议，切换至英文版网页的切换栏，可以用"English/EN/ENG"；切换至中文版网页的切换栏，可以用"中文/中文版"。 如果中文版涉及中文简体和中文繁体，切换到中文简体的切换栏可以用"中文简体/简体/简"；切换到中文繁体版本的切换栏，可以用"中文繁體/繁體/繁"，而不是"中国繁体"（这种书写形式本身就不规范）。 在这一点上，海通证券的语言切换栏分别用了"中文简体""中文繁體""English"，是比较规范的。

除语言之外，不少公司为了视觉效果，特意添加了图标。 国泰君安与光大证券都用了中国国旗、美国国旗的图案作为语言切换栏目的图形标识。 从符号的信息传递效果看，这些国旗图案反而把信息局限了。 语言本身只是人际交往的符号工具，承载着一定的文化内涵，但并不具有国籍属性。 英语是全球通用语，将其作为官方语言的国家遍布全球，更不用说将其作为第二语言使用的国家和地区。 同样，汉语作为全球使用人数最多的语言，是全球华人使用的语言，也是当前很多国际友人所学习和使用的语言。 所以，笔者不建议用国家的国旗图案作为语言切换栏的图标，以免引起不必要的争议。

当然，随着中国"一带一路"倡议的逐步实施，以及中国证券业在境外的拓展，笔者认为在外文网站的语言支持上，应逐步加入一些使用度比较广泛的语种，例如阿拉伯语，以及一些欧洲主要国家的语言，例如法语、西班牙语等，这对于提升中国证券公司的国际化形象、开拓国际市场、融通金融经贸合作，是大有裨益的。

7.2 证券公司门户网站企业 logo 设计的国际化特征

logo 的来源，可以追溯到上古时代的图腾。 而企业 logo，是徽标或者商标的英文说法，起到对徽标拥有公司的识别和推广的作用。 形象的 logo 可以让消费者记住公司主体和品牌文化。 网络中的 logo 徽标主要是各个网站用来与其他网站链接的图形标识，代表一个网站或网站的一个板块。 作为具有传媒特性的 logo，为了在最有效的空间内实现所有的视觉识别功能，一般通过特示图案及特示文字的组合，达到对被标识体的出示、说明、沟通、交流效果，从而引起受众的兴趣，达到增强美誉、记忆等目的。 logo 设计就是标识的设计，它在企业传递形象的过程中应用最为广泛，出现次数最多，也是一家企业 CIS 战略中最重要的因素，企业将它所有的文化内容，包括产品与服务、整体的实力等，都融合在这个标识里面，通过后期的不断努力与反复策划，在大众的心里留下深刻的印象。[37] 本章将对 30 家中国主要证券公司的企业 logo 进行定量与定性的分析，以 10 家国际知名证券公司的企业 logo 为对比样本，来解读这些企业 logo 设计的国际化特征。

7.2.1 中国主要证券公司企业 logo 设计的国际化特征

中国 2019 年度总资产排名前 30 的证券公司官网外文版 logo 设计如表 7-2 所示。

表 7-2 中国 2019 年度总资产排名前 30 的证券公司外文版 logo

序号	证券公司	logo
1	中信证券	中信证券 CITIC SECURITIES

序号	证券公司	logo
2	海通证券	海通证券 HAITONG
3	国泰君安	国泰君安证券 GUOTAI JUNAN SECURITIES
4	华泰证券	华泰证券 HUATAI SECURITIES
5	招商证券	CMS 招商证券
6	广发证券	GFS
7	申万宏源	申万宏源证券 SHENWAN HONGYUAN SECURITIES
8	银河证券	CHINA GALAXY SECURITIES CO., LTD.
9	中信建投	中信建投证券 CHINA SECURITIES　中信建投國際 CHINA SECURITIES INTERNATIONAL
10	中金公司	CICC 中金公司 25
11	东方证券	东方证券 ORIENT SECURITIES
12	国信证券	国信证券 GUOSEN SECURITIES
13	光大证券	光大证券 EVERBRIGHT SECURITIES
14	平安证券	中国平安 PING AN 金融·科技
15	兴业证券	兴业证券 INDUSTRIAL SECURITIES

续　表

序号	证券公司	logo
16	安信证券	安信证券 ESSENCE SECURITIES
17	中泰证券	中泰证券 ZHONGTAI SECURITIES
18	方正证券	方正证券 FOUNDER SECURITIES
19	长江证券	长江证券 CHANGJIANG SECURITIES
20	东吴证券	东吴证券 SOOCHOW SECURITIES
21	国元证券	国元证券 GUOYUAN SECURITIES
22	东兴证券	东兴证券 DONGXING SECURITIES
23	华西证券	华西证券 HUAXI SECURITIES
24	东北证券	东北证券 NORTHEAST SECURITIES
25	财通证券	财通证券 CAITONG SECURITIES
26	西南证券	西南证券 SOUTHWEST SECURITIES
27	国海证券	国海证券 SEALAND SECURITIES
28	浙商证券	浙商证券 ZHESHANG SECURITIES
29	长城证券	长城证券 GREAT WALL SECURITIES

序号	证券公司	logo
30	渤海证券	

通过对前 30 家证券公司的 logo 进行的统计分析，笔者发现，其设计图文样式绝大多数中英文兼有，也有少数是全英文。而其英文公司名称，又大致分为 5 类："公司专名拼音＋证券公司英文通名""公司名缩写""公司专名拼音""公司专名谐音英译＋证券公司英文通名""公司专名意译＋证券公司英文通名"。具体分类如表 7-3 所示。其中 T 代表企业 logo 类型，F 代表 logo 中公司英文译名特征，N 代表这一类 logo 的数量，P 代表这类 logo 占总的研究对象的比例。

表 7-3　国内主要证券公司 logo 英文名称分类比例表

T	F	N	P
全英文	公司专名意译＋证券公司英文通名	1	3.3％
中英文	公司专名意译＋证券公司英文通名	10	33.3％
	公司专名谐音英译＋证券公司英文通名	3	10.0％
	公司名缩写	3	10.0％
	公司专名拼音＋证券公司英文通名	11	36.7％
	公司专名拼音	2	6.7％

在所调查的证券公司中，96.7％的企业的 logo 是中英文的，只有 3.3％的企业采用了全英文方式。而中英文构成的 logo 中，36.7％的企业用了"公司专名拼音＋证券公司英文通名"的方式，33.3％的企业用了"公司专名意译＋证券公司英文通名"的方式，10％的企业用了"公司专名谐音英译＋证券公司英文通名"，10％的企业用了"公司名缩写"的方式，仅 6.7％的企业用了"公司专名拼音"的方式。在以上类型中，国际化程度由强到弱的排序是："公司专名意译＋证券公司英文通名"＞"公司专名谐音英译＋证券公司英文通名"＞"公司名缩写"＞"公司专名拼音＋证券公司英文通名"＞"公司专

名拼音"。

　　笔者进一步搜集整理了以上证券公司境外子公司网站（国际版）的公司 logo（如表 7-4 所示），比照后发现了一些有待商榷的问题。 跟国内母公司的企业 logo 相比，境外子公司的 logo 明显要复杂很多。 在 logo 的构成上，大多数证券公司都包含了徽标、中文、英文，当然，为了配合目标群体，中文从简体转变为繁体。 很多公司在 logo 的国际化处理上比较简单，只是把公司中英文名称拼凑在一个 logo 中，这样密密麻麻堆砌的文字不仅看起来非常烦琐复杂，而且无法让人有效辨识出核心信息，甚至某些 logo 中完全不存在英语这样的国际化元素。 在 24 家公司的 logo 中，有 3 家用了"公司中文名称全称＋公司英文名称全称"这一方式，分别是广发证券旗下的广发控股（香港）有限公司［GF Holdings（HK）Corporation Limited］、国元证券旗下的国元国际控股有限公司（Guoyuan International Holdings Limited）、浙商证券旗下的浙商国际金融控股有限公司（Zheshang International Financial Holdings Co.，Ltd.）；6 家证券公司直接用了"国内证券公司的专名＋英文单词 international"的方式，以表示这是该证券公司的国际版业务网站，分别为国泰君安国际（Guotai Junan International）、华泰国际（Huatai International）、中国银河国际（China Galaxy International）、安信国际（Essence International）、中泰国际（Zhongtai International）、财通国际（Caitong International）；2 家证券公司用了"国内证券公司全称/简称＋英文单词 international"的方式，分别是兴证国际（Industrial Securities International）、长证国际（CJS International）；4 家证券公司完全遵照国内证券公司原有的 logo 图标及字母元素，未添加任何代表境外或国际元素的信息，仅在中文中添加汉语"国际"或"香港"二字，分别是招商证券国际（CMS）、海通国际（Haitong）、申万宏源香港（Shenwan Hongyuan）、东方证券（DFZQ）国际；6 家证券公司在国内证券公司原 logo 的基础上，添加了境外子公司的名称主题及 HK/Hong Kong 元素，分别是中信证券旗下的中信证券经纪香港［CITIC Securities Brokerage（HK）］、国信证券（香港）［Guosen Securities（HK）］、中国平安证券香港［Ping An of China Securities（Hong Kong）］、方正香港金控（Founder Hong Kong Financial

Holdings）、东吴证券（香港）［Soochow Securities（HK）］、东兴证券（香港）（Dongxing Securities Hong Kong）。 在中信建投国际的 logo 中，公司的英文名译为 China Securities。 在这个译名中，英文名称的字面含义比中文的含义要多很多。 但这并不是翻译失误，而是真正把握了公司背景后的翻译选择。 中信建投证券的股东——北京国有资本经营管理中心、中央汇金投资有限责任公司、世纪金源投资集团有限公司与中信证券股份有限公司——均为拥有雄厚资本实力、成熟资本运作经验与较高社会知名度的大型企业，可谓是中国证券行业的"航母级"公司，因而译为 China Securities，并无偏颇。

表 7-4　中国主要国内证券公司境外子公司网站（国际版）的公司 logo

序号	证券公司境外子公司（国际）	公司 logo
1	中信证券经纪香港	中信证券經紀香港 CITIC Securities Brokerage (HK)
2	国泰君安国际	國泰君安國際 GUOTAI JUNAN INTERNATIONAL
3	华泰国际	华泰国际 HUATAI INTERNATIONAL
4	招商证券国际	CMS 招商證券國際
5	广发控股（香港）	廣發控股（香港）有限公司 GF HOLDINGS (HONG KONG) CORPORATION LIMITED
6	海通国际	海通國際 HAITONG
7	申万宏源香港	申萬宏源香港 SHENWAN HONGYUAN
8	中国银河国际	中國銀河國際 CHINA GALAXY INTERNATIONAL

续　表

序号	证券公司境外子公司（国际）	公司 logo
9	中信建投国际	中信建投证券 CHINA SECURITIES
10	东方金融控股	东方证券 DFZQ | 國際
11	国信证券（香港）	國信證券（香港）GUOSEN SECURITIES (HK)
12	光大新鸿基	光大新鸿基 EVERBRIGHT SUN HUNG KAI
13	中国平安证券（香港）	中国平安 中国平安证券（香港）PING AN OF CHINA SECURITIES (HONG KONG)
14	兴证国际	兴证国际 INDUSTRIAL SECURITIES INTERNATIONAL 股票代码 Stock code: 6058.HK
15	安信国际	安信國際 ESSENCE INTERNATIONAL
16	中泰国际	中泰國際 ZHONGTAI INTERNATIONAL
17	方正香港金控	方正香港金控 FOUNDER HONG KONG FINANCIAL HOLDINGS
18	长证国际	長證國際 CJS INTERNATIONAL
19	东吴证券（香港）	東吳證券（香港）SOOCHOW SECURITIES (HK)
20	国元国际	國元國際 GUOYUAN INTERNATIONAL 控股有限公司 HOLDINGS LIMITED
21	东兴证券（香港）	東興證券（香港）DONGXING SECURITIES (HONG KONG)
22	财通国际	財通國際 CAITONG INTERNATIONAL

序号	证券公司境外子公司（国际）	公司 logo
23	西证国际	
24	浙商国际金融	

另一些值得我们思考的现象是，在以上的公司 logo 中，西证国际是一个仅有中文内容而没有英文的 logo，作为一家在不断推进境外业务的证券公司，其境外公司的 logo 完全没有英文，笔者认为这是非常缺乏国际化意识及长远品牌战略意识的表现。同时，中国平安证券（香港）的 logo 中，其中文的公司名称被译为 Ping An of China Securities（Hong Kong）。"中国平安证券"这一公司名称按照公司命名规则，可以译为 China Ping'an Securities。

在此，我们要特别讨论一下"平安"一词的翻译。通过查找平安集团一系列的公司名及 logo，公司统一将其译为 Ping An，也就是把"平安"两个汉字拆开，将其拼音作为英文表达。其实，汉语在英译过程中，对于某些专有名词，例如地名、机构名、人名等，其拼音中如果出现前一个汉字拼音以辅音结尾，后一个汉字拼音以元音开头的时候，为了防止发音混淆模糊，需要在元音前加"'"以做区分。例如，"西安"的英译名应当是 Xi'an，而非 Xian，同时也不应该把两个字拆开，因为其本身就是一个专名。所以，按照一般的专名英译规则，Ping'an 这种译法比较妥帖。

当然，翻译中也有"名从原主"的说法，既然平安集团将其公司专名译为 Ping An，我们应该遵照公司本身的译法。如果说"平安"二字的英文处理，是遵照公司本身的品牌规划及战略意图，那么该公司 logo 中的译文 Ping An of China Securities，明显违背了英语语法及英文公司名称的命名规则。介词 of 引导的短语让人非常困惑，因为按照英语语法，在"A of B"这样的结构中，A 是用来修饰 B 这个核心名词的。对于英文读者来说，Ping An of China Securities 这样的表达很容易被理解成"中国证券的 Ping An"。暂且不论

China Securities 作为"中信建投"的英文公司名称会造成的公司所有权的混淆问题，单单"A of B"的结构，就已经是翻译错误了。

类似的例子，还有申万宏源证券有限公司（简称"申万宏源"），其英文译名为 Shenwan Hongyuan，处理时将"申万"与"宏源"两个词分开。这种译法看似毫无章法，但其实是译者非常巧妙的处理方式，与该公司的历史沿革息息相关。申万宏源证券有限公司是由中华人民共和国成立后的第一家股份制证券公司——申银万国证券股份有限公司与国内资本市场第一家上市证券公司——宏源证券股份有限公司，于 2015 年 1 月 16 日合并组建而成的。重组后的公司名称中的"申万"与"宏源"两个词，代表了合并前的两家公司，因而在英译的过程中，特意将两个词分开，以示区别。这种处理方式是非常值得翻译工作者细细品味的，任何一个翻译项目或者任务，都不能单纯从字面意思进行翻译，或者套用所谓的翻译原则和策略，要学会灵活变通，深入挖掘每个翻译元素的社会、文化、历史、经济背景，恰如其分地传递原文的内涵。

除此之外，在所有公司的 logo 中，有 2 家证券公司的 logo 中加入了公司的股票代码，分别是兴证国际（股票代码 6058.HK）、西南证券旗下的西证国际（西南证券 60039.SH；西证国际 00812.HK）。尽管在证券公司的网站建设中需要重视在线营销及推广，但是直接将股票代码植入公司的 logo 中显得商业味过浓。笔者认为，这对于公司的整体形象及品牌气质来说，没有产生应有的正面效果。

7.2.2　国际知名证券公司企业 logo 设计的国际化特征

为了更好地遵照国际标准，笔者选取了对比组中 10 家国外知名证券公司的企业 logo（如表 7-5 所示），同样做了定性与定量的分析，从中找到这些公司在企业 logo 设计上的国际化特征与国内企业进行比对，以找出差距，进而得出一些提升中国证券公司 logo 国际化水平的启示。

表 7-5　全球知名证券公司网站的公司 logo

国际知名证券公司	公司英文名称	公司 logo
摩根士丹利	Morgan Stanley	Morgan Stanley
高盛	Goldman Sachs	Goldman Sachs
摩根大通	J. P. Morgan	J.P.Morgan J.P. Morgan Securities
美林美银	Bank of America Merrill Lynch	MERRILL A BANK OF AMERICA COMPANY
瑞士信贷银行	Credit Suisse	CREDIT SUISSE
瑞银证券	Union Bank of Switzerland	UBS
渣打证券	Standard Chartered	Standard Chartered
汇丰证券	HSBC	HSBC
野村证券	Nomura	NOMURA
大和证券	Daiwa	Daiwa Securities Group Inc.

通过搜集整理以上 10 家国际知名证券公司的 logo，可以发现，其 logo 的设计以简约为主，5 家公司用了"徽标＋公司名称（缩写）"的方式，分别是 Bank of America Merrill Lynch、Credit Suisse、Union Bank of Switzerland、Standard Chartered、HSBC。 其中 3 家没有使用企业徽标，只用了公司名称的专名，分别是 Morgan Stanley、Goldman Sachs、Nomura。 这 3 家公司的品牌知名度非常高，公司 logo 中的专用字体已申请专利，成为具有品牌辨识度的专有字体。 在商业领域，可以注册商标的不仅有文字、图形，还包

括声音、颜色、气味等。 所以，像 Goldman Sachs、Nomura 等公司的 logo，除了英文字母及字体，其 logo 的背景颜色也被作为品牌标识，具有品牌识别性。

此外，我们很容易发现，大多数证券公司都沿用了集团的 logo，比如 Morgan Stanley、Goldman Sachs、Credit Suisse、Standard Chartered、HSBC 等。 J. P. Morgan 证券则是在原公司名称下放了字号小一点的 J. P. Morgan Securities，日本 Daiwa 也采取了同样的设计方式，没有添加额外元素。 这样的设计考虑了公司品牌的整体战略及品牌价值。 在欧美国家，证券公司更多地被称为投资银行，是代表个人、公司和政府从事以顾问为基础的金融交易的金融服务公司或公司部门。 传统上与公司融资有关的银行可以通过承销或代理客户发行证券来帮助筹集金融资本。 投资银行也可以协助参与合并和收购（并购）公司，并提供辅助服务，如做市、衍生品和股票证券的交易，以及 FICC 服务（固定收益工具、货币和商品）。[38] Morgan Stanley、Goldman Sachs 等的 logo 本身自带品牌价值，足以对受众产生很好的吸引、引导作用，有利于他们对公司产生值得信赖、专业可靠这样的正面联想。 因而在 logo 中，不加入 securities 一词，依然不影响其作为证券公司或者投资银行的属性功能。

值得我们注意的是，在以上证券公司中，Bank of America Merrill Lynch、Union Bank of Switzerland、Standard Chartered 等公司，都是美国与英国的投资银行，英语就是其官方语言及母语，在 logo 中使用英语也合情合理。 而瑞士、日本这两个国家的母语并不是英语。 瑞士是一个多语言、多文化融合的国家，有 4 种官方语言，分别是德语、法语、意大利语和莱托罗曼语。 而日本的官方语言为日语。 但这两个国家的知名证券公司的 logo 仅采用了英文，没有加入本国官方语言。 这种去本国母语化的处理方式，有利于凸显出该公司的国际化水平与专业性，有利于其品牌获得国际客户的信赖，值得我们思考与借鉴。

7.2.3 中国主要证券公司企业 logo 设计的国际化水平提升建议

在与国际知名证券公司的 logo 进行比对，以及对我国国内证券公司现有的 logo 设计状况进行统计、整理、分析后，我们再从企业 logo 的性质、构成、功能及特质的角度进行思考：中国证券公司在国际化 logo 的设计上，应该遵循哪些原则？ 首先，我们应该明确，logo 是徽标，不是商标，用于公司（商品或服务）的识别和推广，可以是图形、英文、中文或者几者的组合。通俗意义上经过设计的，具有一定识别度和美感的才称为 logo，形象的徽标可以让消费者记住公司主体和品牌文化。 其次，从 logo 的特性上看，它具有识别性、特异性、内涵性、法律意识、整体形象规划（结构性）、色彩性等特点。 企业在设计过程中，需要明确公司的性质定位、内容定位、艺术化定位、民族化定位、国际化定位及理念定位。 再次，从功能上来说，对于公司 logo 的设计，应站在品牌战略的高度，为品牌设计有一定包容性的标识，为品牌长远发展提供延伸空间。 标识的线条所传递的信息应符合品牌战略，降低负面联想或错误联想的风险，与品牌核心价值精准匹配。 最后，色彩上应精准表达品牌的战略定位，应具有个性鲜明的视觉冲击力，便于识别、记忆，具备引导、促进消费及产生美好联想的作用，整体设计须具有清晰的气质识别度，利于在众多商品中脱颖而出。

笔者认为，对于证券公司 logo 的国际化处理，应当遵照简约性、达意性、识别性的原则，以实现 logo 国际友好度的最大化。 所谓简约性，是指在设计 logo 时，视觉效果上尽量做到 "less is more"，用最少的文字、图形，来实现最大的交际效果。 综观全球最知名的投资银行，其 logo 的设计可谓朴实无华而又充满简约之美，没有杂糅的色彩拼接，没有凌乱的文字堆砌，甚至连 finance、investment、securities 等代表行业属性的词都不需要，公司专名即可。 而浙商国际金融控股有限公司（Zheshang International Financial Holdng Co., Ltd）的 logo，是将图标、证券公司的中文名全称、英文名全称，放在有限的空间内，这种设计对公司品牌形象的构建，反而产生了 "more is less" 的效果。 笔者不建议在 logo 中把公司名称的中英文全称都设计进去。 相反，仅摘取能代表企业特色、有辨识度的核心文字，配合适当的图形、色彩及构图，反而有利于实现较好的交际效果，例如广发证券采用的 "图标＋GFS" 的 logo 设计。

所谓达意性，指通过特定的文字或者图形，能准确、恰当地传达原文信息的精髓，不至于让读者产生误解，或者完全无法从文字符号中理解任何含义，即避免"零交际"。 面对国际社会的客户及投资者，笔者并不建议在设计证券公司的 logo 时，用拼音的方式处理公司专名。 在汉译英的原则上，对于专业地名，用拼音的翻译手段是可取的，因为很多地名的命名方式本身包含千百年来地理、文化、历史、风俗的丰富内涵，用简短的英文词汇无法表达其内涵，故采用拼音音译的方式，以免内涵的失误解读，这也有助于国际友人通过发音实现良好的交际效果。 而对于人名这种命名方式更加具有随意性的专有名词，也采用"威氏拼音法＋释义"的方式，以免不了解人物特殊价值的读者无法准确把握该人名在整个篇章中的意义。 单纯用汉语拼音处理企业专名，例如将"浙商"译为"Zheshang"，将"财通"译为"Caitong"，将"华西"译为"Huaxi"等，其实对于国外受众来说，丝毫不能唤起他们的联想，这些英文字母相当于不代表任何意义的符号，译名的交际效果微乎其微。 对于企业名称，恰如其分的意译才能既准确又高效地传递信息。 比如将"光大证券"译为 Everbright Securities，就准确而又高效地传达了中文"光大"的意境。 中文跟英文两种语言文字差别巨大，逐字把中文翻译成英文，这显然是不现实的，但我们可以从中理解并选取最具代表性的内容进行语义的转换，比如将兴业证券译为 Industrial Securities，其实就是把该金融公司本身促进工商业发展的内涵表达了出来。 除意译以外，借用谐音英译，同样是比较出彩的翻译处理策略，尤其是借用一些具有美好内涵的词。 比如安信证券的英文名 Essence Securities，方正证券的英文名 Founder Securities，两者既包含了原名称中文的发音元素，又传达了具有正面形象与美好愿望的英文意境，可谓"音意兼顾"。

所谓识别性，是指该公司的 logo 可以让其从众多 logo 中脱颖而出，让读者易于识别且记忆深刻，以便再次看到这个 logo 时能重新唤起联想匹配。 要使 logo 具有较好的识别性，不光要在文字符号上下功夫，更要在色彩搭配、图标、结构设计、字体等方面下功夫。

从 logo 的图标来看，国内证券公司的 logo 中，很多公司的图标设计都包含了一定的公司特质。 例如海通证券的图标是大海波浪的图形；银河证券的图标是天空银河的图形；长江证券的图标是一个龙头，因为长江被认为是中华民族的源头和象征，而龙是中华民族的象征；方正证券的图标是类似于正方形的图案；国海证券的图标类似于四条波浪组成的"国"字；长城证券的图标是类似于长城的图形；财通证券的图标是类似于铜钱的图形。 用铜钱图案作为 logo 图标的证券公司还有国元证券、东北证券等。 另一些 logo 则包含公司名称的元素，例如广发证券的图标是 GF 两个字母融合在一起的图形；光大证券的图标是 Everbright 中的字母"E"；中泰证券的图标是以中国古代铜钱为原型，中间有一个汉字"中"的图形；东吴证券的图标"S"是"东吴"这个英文名 Soochow 的首字母；华西证券的图标是 Huaxi 的首字母"H"演变的；西南证券的图标是以"西南"的英文单词 Southwest 的首字母为原型的。 而另外一些公司 logo，看起来似乎更具有随意性，没有添加公司特色或者名称的元素，例如国泰证券、华泰证券、招商证券、东方证券、国信证券、安信证券、东兴证券、浙商证券、渤海证券等。 其实对于公司 logo 而言，具有鲜明特色的图标对于其识别性的凸现具有非常大的意义。 当然，有些证券公司在 logo 中没有任何图标元素，例如平安证券，这种方式也未尝不可。

很多国际知名的金融机构，例如上文中提及的 Morgan Stanley、Goldman Sachs 等，就是只用了英文而没有用图标。 我们经常会看到一些欧美企业会使用其企业名称或者名称的缩写作为其公司的标识，或者在其广告中使用其产品、宣传理念的标题性文字或者文字缩写。 有些公司名称缩写已经成为公司的一个象征符号，例如 Union Bank of Switzerland，其 logo 中就用了 UBS；还有汇丰证券的 logo 中用了 HSBC， HSBC 是其公司英文名称 Hong Kong and Shanghai Bank Corporation 的缩写，HSBC 早已成为全球知名的品牌标识。 英文字母的构成简单，艺术字体较多，通过处理后所形成的文字和图形相对简单，容易与其他颜色或者背景形成统一的效果，可以给人以很深刻的印象，同时也便于记忆。 而中文中大部分文字笔画繁多，虽然也有较多的艺术字体形式支持，但是设计起来难度较大，相对来说不适合网站宣传和与国际化接轨的需求，所以在兼顾 logo 国际化风格的时候，也应该注意这一点，尽量使用英文字母。 因而，招商证券 logo 中的 CMS，中金公司 logo 中的 CICC，广发证券 logo 中的 GF，既凸显了所属证券公司品牌的识别性，又实现了 logo 设计的简约性。 笔者不建议在国际化的 logo 中加入汉字元素，因为从设计上来说，这在实现品牌宣传及国际属性的融合上会有难度。 就 logo 的文字部分而言，全部采用公司英文名称的缩写，是识别度比较高的处理方式。 至于 securities 一词是否应该包含在内，笔者认为，在英语的使用规范及现实例子中，公司的英文名中省略"公司"这种通名是比较常见的，比如"可口可乐公司"英文名为 Coke Cola；但是对于一些专业性的公司，例如银行（bank），在公司全称上还是建议保留其代表企业属性的通名。 至于公司的 logo，考虑到 logo 本身空间的有限性、审美的简洁性、传播的交际性，笔者认为有无 securities 一词，都无伤大雅，主要看公司自身对 logo 设计审美的和谐性的把握。

7.3 网络域名的国际化水平

7.3.1 网络域名的概念及价值

在互联网时代，不管企业是想在网络平台上推销产品，还是通过互联网提升企业的品牌效应，都应该建立一个属于自己的网站，注册专属域名。 所谓域名，是由一串用点分隔的名字组成的网络上某一台计算机或计算机组的名称，用于在数据传输时标识计算机的电子方位。 尽管 IP 地址能够唯一地标记网络上的计算机，但 IP 地址是一长串数字，不直观，而且不利于用户记忆，于是人们发明了另一套字符型的地址方案，即所谓的域名地址。 换句话说，网络域名就是每一家机构在网络上所使用的门牌号，每一家都不相同。

网络域名的价值，在于其唯一性与稀缺性，一旦一个域名被注册，其他人就无法再注册该域名，除非购买。 一些企业不惜花重金来购买一些好的域名，足以看出高质量的网络域名对企业品牌效应的巨大价值。 但是很多企业在初入互联网或者开始搭建企业网站的时候，往往缺乏对域名重要性的认识，也不乏随意选择网络域名，导致域名中出现一些不利于品牌传播及用户记忆、搜索的问题。 企业注册域名，还是要注意一些原则技巧。 域名与品牌名称一样，是人们对企业的第一印象，因而需要一定的内涵和意义，最好用一些能令用户对域名和企业产生联想的、具有一定意义和内涵的词或词组，不但便于记忆，而且有助于实现企业的营销目标。 例如企业的名称、产品名称、商标名、品牌名等，都是不错的选择，这样能够使企业的网络营销目标和非网络营销目标达成一致。[39]

企业及机构在选择网络域名的时候，要明白网络域名质量优劣的评判标准。 好的网络域名，其功能是促进品牌形象的传播，方便用户记忆、输入。同时，好的域名本身自带流量，能增加访问量，具有较好的广告营销效应。而在设置网站域名的时候，应该尽量选择简短易记的名称，少用奇怪的符号、数字或者文字，以利于网站优化，提高网站收录量及排名，促进网站 SEO 的优化效果。

我们需要区分以下网址与域名的关系。 这里说的域名，并非传统上认为的某个机构或者公司网址的全部。 网络上所有的数据信息，包括文字信息和应用软件，都视为网络文件。 为了便于查找，每个网络文件都有唯一的地址，网络文件地址的格式如下："〈协议〉:∥〈服务器类型〉.〈域名〉/〈目录〉/〈文件名〉"。 这是最常见的网络文件地址，如"http://www.cnnic. net. cn/develst/cnnic200101. shtml"。 其中，":∥"之前的部分指的是协议，常用的协议有 http（www 协议）、ftp（文件传输协议）、telnet（远程传输协议）、news（新闻组协议）、file（用户计算机中的文件）等；"www"是指服务器类型；"cnnic. net. cn"为域名；"revels"为文件的目录路径，如有多层路径，则分别用"/"分隔；"cnic200101. shtml"为文件名[40]。 换言之，网址中包含域名，但并非等同于域名。 大多数公司或者机构的网址中，往往会包含次级的目录、文件名等信息，我们在进行域名研究的时候，需要截取符合自己研究目的的信息。

7. 3. 2　国内外证券公司网络域名的文化意象

本部分将针对国内外证券公司的网络域名，进行国际化行为及文化意象的研究。 首先，笔者将对 10 家国外证券公司的网络域名的构成，进行文化符号方面的解读；随后，对 14 家国内主要证券公司的域名从国际化符号的视角进行对比研究。 通过追踪语料库中证券公司的网址，并根据网络域名的构成，现将国外知名证券公司的网络域名列入表 7-6 中。

表 7-6　国外知名证券公司的网络域名

公司名称	域名
Morgan Stanley	morganstanley. com
Goldman Sachs	goldmansachs. com
J. P. Morgan	jpmorgan. com
Bank of America Merrill Lynch	ml. com
Credit Suisse	credit-suisse. com
Union Bank of Switzerland	ubs. com
Standard Chartered	sc. com
HSBC	hsbc. com
Nomura	nomura. com
Daiwa	daiwa-grp. jp

通过表 7-6，我们发现，10 家国外知名证券公司的域名采用的都是二级域名的层级构架（占比 100％）。 其中 9 家证券公司的顶级域名是 ".com"。 ".com" 域名为通用顶级域名，一般为商业机构所用，被大部分人熟知；Daiwa 的顶级域名是 ".jp"，这一类域名是国家代码顶级域名，表明其国别所属在日本。 当然，以上 10 家证券公司中，Union Bank of Switzerland 与 Credit Suisse，笔者都选择了其国际版网站 international 或者 global 版，因而用了 ".com"；这两个网站上还提供全球不同的国家区域用户选择窗口，可定位至不同的网址，其顶级域名往往为当地所属国家的英文缩写，如 Credit Suisse 在新加坡的域名是 "credit-suisse. sg"。 总体来说，国外知名证券公司的网络域名符合域名简短性的特征。

而其二级域名主要分为两种类型：第一种是用公司英文名称全称（6 家，占比 60％）。 其中，对于由两个单词构成的公司名，有些选择直接合并两个单词，如 Morgan Stanley 的网址域名是 "morganstanley"；有些则选择用 "-" 连接两个单词，如 Credit Suisse 的域名是 "credit-suisse"。 第二种是那些公司全称过长的，则用公司英文名称首字母缩写（4 家，占比 40％），如

Bank of America Merrill Lynch 用了 "ml"，Union Bank of Switzerland 用了 "ubs"，Standard Chartered 用了 "cs"。这种方式符合域名的简短性特征。除了个别公司用了 "-" 这样的特殊符号，几乎所有国外证券公司在其公司域名名称的选择上，都凸显了简短易记的特征，且达到了让用户通过域名直接匹配联想企业，从而便于品牌记忆及传播的效果，实现了较好的企业品牌推广效应。

通过比较 14 家国内主要证券公司的中英文网站的网络域名（如表 7-7 所示），笔者发现，很多公司在其英文网站的域名命名上，国际化水平参差不齐。就域名的层级架构看，14 家国内证券公司的网站域名中，使用二级域名的有 5 家（占比 35.7%），使用三级域名的有 8 家（占比 57.1%），使用四级域名的有 1 家（占比 7.1%）。而从其顶级域名的特征来看，使用二级域名的公司，顶级域名都采用了 "域名主体＋com" 的模式；而使用三级域名的公司，除了中信证券使用的是 "cs.ecitic.com" 这种模式外，其余公司的顶级域名则是 "域名主体＋com＋cn" 的模式；使用四级域名的，则是用了 "en＋域名主体＋com＋cn" 的模式。从域名后缀来看，com、cn、net 这几个后缀比较常见，有助于提升可信度。从国际化角度来看，cn 是中国的国家代码，往往会让用户认为这个网站是局限在中国的。相对来说，com 具有国际通用性，更易被国际用户接纳、认可。

表 7-7　国内主要证券公司英文网站域名

序号	证券公司	英文网站域名
1	中信证券	cs.ecitic.com
2	国泰君安	gtja.com
3	华泰证券	htsc.com.cn
4	招商证券	newone.com.cn
5	广发证券	en.gf.com.cn
6	海通证券	htsec.com
7	银河证券	chinastock.com.cn
8	中信建投国际	csci.hk

续　表

序号	证券公司	英文网站域名
9	中金公司	en. cicc. com
10	东方证券	dfzq. com. cn
11	光大证券	ebscn. com
12	东吴证券	dwjq. com. cn
13	浙商证券	stocke. com. cn
14	长城证券	cgws. com

　　从域名主体来看，国内证券公司英文网站的域名主体命名方式，大致可分为以下几类：公司名称拼音首字母缩写、公司英文名称全称、公司英文名称首字母缩写、无规则命名。 以下，笔者首先针对这些公司网址的简易性做一些评述，然后从域名的品牌效应、国际化等方面对公司域名的命名方式进行深入探讨。

　　从网址的简易性来看，国内不少公司英文网站的网址过于烦琐，例如中信证券的网址是"http：//www. cs. ecitic. com/newsite/en/CorporateInformation/aboutciticsecurities/201710/t20171016_61176. html"，其中用了非常长的路径及地址文件名称，包含一些无规则的数字、字母等。 海通证券的网址为"https：//www. htsec. com/ChannelHome/4793976/index. shtml"，同样出现了一些毫无规律的数字，是比较凌乱又冗长的网址。 长城证券的网址"http：//www. cgws. com/cczq/greatWall/"中，虽然 cgws 是公司缩写，但是后续出现了 cczq、greatWall 这样的单词跟英文元素，网址的路径层次过于复杂。 而像中金公司"https：//en. cicc. com/"、广发证券"http：//en. gf. com. cn/"这样的网址，是比较干净清爽、简短易懂的，与众多国外知名证券公司的官方网址的形式、风格非常接近。

　　而对于域名的命名方式，从企业的品牌效应来说，有些还是有理可据，具有其特定的内涵与意义的，这对公司品牌具有推广作用，但是也存在一些命名不恰当的情况。 大多数公司，其域名都是具有一定内涵的词，基本都是公司名称的全称或者缩写。 其中，国泰君安、华泰证券、广发证券、海通证

券、东方证券、东吴证券这 6 家证券公司（占比 42.9％），其英文网站的域
名都是其公司的汉语拼音缩写，如国泰君安用了 gtja、华泰证券用了 htsc、广
发证券用了 gf、海通证券用了 htsec、东方证券用了 dfzq、东吴证券用了
dwjq。 域名主体使用了公司名的拼音缩写，若是与这些公司本身在 logo 中的
英文名称的缩写一致，就具有一定内涵及品牌意义。 各个公司的域名命名策
略各有异同，有些只用了公司的拼音缩写，有些还在其后加上了代表证券的
行业属性的词，各有其考量。

　　而中信证券、银河证券、中信建投、中金公司、光大证券、长城证券这 6
家，则用了其公司英文译名的英文全称或者缩写作为域名。 但各家所用的方
式各有优劣。 如中信证券的域名是 "cs.ecitic.com"，其二级域名 ctitic 是公
司英文名称，但 e 令人费解，可能是 "电子网络" 的意思，无从考证；三级域
名 cs 可能是中信证券公司英文名称 Citici Securities 的缩写，但 ecitic 与 cs 这
两个名称共同作为域名主体，似乎有些混乱，让用户摸不透与其公司品牌名
称的关联性，一定程度上损害了公司品牌推广效应；银河证券的 chinastock，
其范围过大，银河证券的英文名称为 China Galaxy Securities，但 chinastock
实际意为 "中国股市"，所指的意义范畴过于宏大，容易误导用户。 中信建
投的 csc、中金公司的 cicc，都是其公司英文名称（China Securities Co.，
Ltd. 与 China International Capital Corporation Limited）的首字母缩写。 而
光大证券的 ebscn，是在其公司英文名 Everbright Securities 缩写的基础上
（eb 代表 everbright，也非单词首字母），添加了代表中国国别属性的 cn。
这种做法也是域名命名方式之一，一般都是放在域名后缀中表明其地域或国
家代码。 长城证券的 cgws，则是根据其英文官网上的公司全称 China Great
Wall Securities 的首字母缩写而来的。

　　另外一类域名命名在品牌效应上的问题是，域名与其公司名称完全无
关，无法让用户产生合理的联想。 例如，招商证券的 newone、浙商证券的
stocke。 招商证券的公司 logo 中，CMS 是其公司英文名 China Merchant
Securities 的首字母缩写，但域名 newone 与该公司信息或者元素毫无关联。
浙商证券的英文名为 Zheshang Securities，但其域名 stocke 与公司的名称信息
也没有关联。 这两个公司的网址域名，由于与公司名称没有任何关联，所以

对于企业品牌的宣传助推效果甚微，凭借联想帮助用户记忆的功能也无法体现。

从国际化来看，那些选择了跟公司名称相关联的域名中依旧出现了一些缺乏国际化意识的情况。 上文在讨论国内证券公司的企业 logo 及企业英文名称的时候，虽然我们建议尽量做"意译化"或者"谐音化"的处理，这样会更加容易被国际用户接受，但我们也依然保持"名从原主"的原则，尊重机构本身的英文名选择，因而像国泰君安、华泰证券选择了 gtja、ht 这样的域名，尚属合理。 但是，对于那些已然有了英文译名的公司，笔者认为，其英文网站的域名也应该跟企业 logo 中的公司英文名一致，这样才更能实现域名的"易记性"与企业品牌联想效果。 东吴证券，其公司的官方英文译名为 Soochow Securities，Soochow 一词是自晚清以来所用的邮政式拼音的形式，由于已被国际社会所熟知，所以继续沿用这一英文地名。 但其英文网站的域名是 dw，dw 为"东吴"的拼音首字母，而不是 Soochow 的缩写，这样就跟其公司官网上的英文名称不一致了。 类似的还有东方证券，根据其企业英文版官网信息以及企业 logo，公司的英文官方名称是 Orient Securities，将"东方"二字英译为 orient，但其网址域名是 dfzq 这样的现代汉语拼音法，缺乏国际化意识。

此外，企业在域名的选名技巧上，除了使用品牌名称或者企业名称的拼音、英文的全称或者缩写，还可以加上该企业的行业名称，增加其行业属性。在这 14 家国内证券公司中，关于"证券"这一代表企业属性的词，各个公司的处理方式也不相同。 比如，海通证券的 htsec，其中 ht 是"海通"的拼音缩写，sec 代表 securities 一词。 华泰证券的域名 htsc，是其公司英文名称全称（Huatai Securities Co.，Ltd.）的缩写，sc 是 securities corporation 的缩写。 而东吴证券英文网站域名中的 jq 令人费解，因为 jq 既不是"证券"的拼音首字母，又不是与 securities 相关的词，这个域名组合似乎并不易懂。 东方证券英文网站的域名 dfzq 中，df 是东方的拼音缩写，而 zq 乍一看似乎毫无头绪。 通过研究其官网资料，笔者才隐约推断出 zq 的由来。 东方证券官网上，一登录就跳出一个对话框（如图 7-1 所示），解释东方证券中文名及英文名的一些修正问题，同时指引用户登录符合自己业务范围的网站。 由于东方证券在中国香港以 DFZQ 的名义开展业务，故其英文网站的域名用了 dfzq。

其中，使用 zq 一词是因为港澳台地区迄今为止所用的依旧是威氏拼音法，zq 是"证券"一词根据粤语发音用罗马字母拼写出来的。 以此为启发，我们也能理解"东吴证券"网站域名 dwjq 中 jq 的由来，jq 极有可能是苏州方言中借用罗马字母拼出的"证券"一词的发音。

图 7-1 东方证券英文网站登录后跳出的提示界面

威氏拼音法，即威妥玛式拼音法，是中国清末至 1958 年《汉语拼音方案》公布前，中国和国际上流行的中文拼音方案，这个方案被普遍用来拼写中国的人名、地名等。 威妥玛式拼音是 1867 年由英国威妥玛（Thomas Francis Wade，1818—1895，现译成托马斯·弗朗西斯·韦德，本文仍采用"威妥玛"这一译名，以便于解释）等人合编的注音规则，虽然保持了一些接近英文拼法的特点，但是并不完全迁就英文的拼写习惯。 威妥玛曾于 1871 年任英国驻华公使，1883 年回国。 威式拼音法以罗马字母为汉字注音，最大优点是利用送气符号（'）来表示送气的声母。 1958 年后，逐渐废止。[41]

另一种拼音方式——"邮政式拼音"对中国近代的语言影响也极大。 这是一套以拉丁字母拼写中国地名的系统，始于晚清，于 1906 年春季在上海举行的帝国邮电联席会议上通过其使用。 帝国邮电联席会议指出，翟理斯所编《华英字典》（1892 年上海初版）中所用的拼音实际为威妥玛拼音，为了适应打电报的需要，会议决定不采用任何附加符号（例如送气符号等）。

邮政式拼音与威氏拼音法的区别在于邮政拼音法不使用附加符号和音调号，且邮政式拼音规定，广东及广西、福建一部分地区的地名，一律按当地的方言拼写（翟理斯《华英字典》中，附有各个汉字在广东、客家、福州、温州、宁波等 9 个方言区的拼法），如厦门英文名为 Amoy，汕头为 Swatow。粤式的邮政式拼音与香港的粤语拼音大致相同，因而广州在 1949 年以前的地名英文拼法和今天香港官方使用的拼法几乎一样。 1912 年中华民国成立之后，继续使用邮政式拼音，因此它是 20 世纪上半叶西方国家拼写中国地名时最常用的系统。 中华人民共和国于 1958 年通过《汉语拼音方案》后，邮政式拼音作为中国地名的音译标准仍然在国际上通行，直至联合国于 1977 年起正式改用汉语拼音拼写中国地名。 中国历史较久的机场所用的 IATA 代码仍然是以邮政式拼音为基础的，如北京首都国际机场的 IATA 代码 PEK。[42] 这也是东吴证券的"东吴"意指"苏州"，而译为 Soochow 的原因。

所以，东方证券域名中的 dfzq，让我们重新思考一个问题：目前是否还需要继续使用威氏拼音法或者邮政式拼音？ 事实上，中国除了少数需要保持文化传统的场合，基本不用以上两种拼音，例如一些专有名词 I-ching（易经）、Tai-chi（太极）等仍保留威妥玛拼音以外（北京大学、清华大学、苏州大学等英文名为邮政式拼音，中山大学为粤语拼音），大多数地名、人名已使用汉语拼音。

笔者认为，在我们中国，对于港澳台地区，由于当地依旧保留着与邮政式拼音相近的拼音方式，符合当地的语言习惯，且在国际社会中也广为人知，是妥当的，便于国际间的沟通交流。 所以，应该将其作为中华文化多样化的表现保护起来。 而其他地区使用的是汉语拼音，除了个别需要保留文化传统的场合，或者长久以来被国际社会认可并习惯使用的地名、人名或专有名，笔者认为应该使用汉语拼音。 尤其像"证券"这种起源于西方的金融行业，具有鲜明的时代特色，所以用当地方言的发音作为拼音的源头，不够妥当。 所以，东吴证券要么选择汉语拼音 dwzq，要么选择英文译名 Soochow Securities。

笔者认为，网络域名这种看起来仅仅是代码的语言符号，本身就蕴含着丰富的文化内涵。 从其传播性来看，务必要具有国际化视野；从域名的命名来看，选择更易被国际社会所认知及使用的方式，如公司的英文名称的全称或者缩写，而不是凸显本土特色使用不具备英语联想力的拼音缩写。 对于那些英文公司名称也是汉语拼音的企业，可以保留拼音的方式，与其公司对外宣传的 logo 等标识保持一致。 对于邮政式拼音，则要保持谨慎，除了一些具有历史意义的地名或者专名，一些通用领域或者行业属性的词，应该使用英文单词。 当然，在域名的选择上，也同样要保持其简洁性的特色，避免过于冗长或重复的信息，以及数字、特殊符号、无规则罗马字母这样的元素出现。

8
中国证券公司网站国际化推广能力研究

一家企业的网站推广或网络推广，狭义上讲是指通过互联网进行的一种宣传推广活动，以达到提高品牌知名度的效果。广义上的网络推广也可理解为网络营销，是以企业产品或服务为核心内容，以互联网为载体，利用互联网工具进行的口碑推广。那么对于证券公司来说，其网站的国际化推广，很大一部分取决于其网站的国际化行为能力。因而本部分的研究，将从与网站推广能力相关的 Alexa 排名、网站影响力评价、社交媒体等要素展开。

8.1 国内外证券公司门户网站的 Alexa 排名

对于网站的总体质量评估，本研究首先采用综合性评估方式，选择著名的 Alexa 排名进行分析。Alexa 排名是指网站的世界排名，主要分为综合排名和分类排名，每 3 个月公布一次新的网站综合排名，此排名的依据是用户链接数（users reach）和页面浏览数（page views）在 3 个月内累积的几何平均值。Alexa 提供包括综合排名、到访量排名、页面访问量排名等在内的多个评价指标信息，大多数人把它当作当前较为权威的网站访问量评价指标。[43] 尽管 Alexa 排名会因为时间有所变化，但相对来说比较稳定，同期比较可以大致反映出网站在全球的排名及质量。本研究以 2020 年 9 月的 Alexa

排名为依据，整理了样本数据中各证券公司外文网站的全球排名情况，如表8-1、表8-2所示。

表8-1　国际知名证券公司网站的 Alexa 排名(2020-09-01)

序号	国际知名证券公司	Alexa 排名	样本内部排名
1	Morgan Stanley	5552	5
2	goldman Sachs	17313	8
3	J. P. Morgan	6991	6
4	Bank of America Merrill Lynch	2867	2
5	Credit Suisse	8967	7
6	Union Bank of Switzerland	2144	1
7	Standard Chartered	2854	3
8	HSBC	5096	4
9	Nomura	251505	9
10	Daiwa	642652	10

表8-2　中国主要证券公司外文网站的 Alexa 排名(2020-09-25)

序号	证券公司	Alexa 网站全球排名	样本内部排序
1	中信证券	54533	1
2	国泰君安	130586	6
3	华泰证券	116804	3
4	招商证券	120420	4
5	广发证券	160889	8
6	海通证券	99298	2
7	银河证券	143648	7
8	中信建投	124396	5
9	中金公司	160893	9
10	东方证券	957328	11
11	光大证券	917859	10

序号	证券公司	Alexa 网站全球排名	样本内部排序
12	东吴证券	3259140	12
13	浙商证券	no result	14
14	长城证券	526017	13

通过比对国际知名证券公司和中国主要证券公司的 Alexa 排名,可以明显地看出,当前中国证券业在外文网站的综合建设上,与国际的差距还是比较明显的。 而从国内证券公司的数据流量上看,中信证券、海通证券、华泰证券三家证券公司,在 Alexa 排名上位列样本数据的第一、第二、第三,这与 2019 年中国财富 500 强中证券公司总营收的排名趋势一致,说明证券公司外文网站的流量与其国际影响力具有一定相关性。 当然,Alexa 排名并不能精确体现这些网站在全球网络上的国际化水平,以下将从不同指标及维度进行细化分析。

8.2　国内外证券公司门户网站影响力评价

8.2.1　网站影响力评价概述

随着网络在全球信息传播中的渗透,企业官方网站的影响力在建构企业与用户、投资者、公共机构之间的讯息桥梁,以及产生良好的企业互动方面,发挥着积极作用。 而网站影响力,是指网站的信息资源与服务通过网络实现传递、交流和利用,从而改变他人的思想和行动的能力。[44] 一般来说,对于一个网站影响力的评估,主要分为两种:一种是定性评价,一种是定量评价。定性评价从用户的角度出发,通过用户直接评价、用户获取信息后行为改变等方面进行评价,主要包括问卷调查法、社会效益评价等。 但该方法涉及的主观因素较多,目前来讲,尚无有效而准确的途径和评价体系对网站影响力进行准确的评估。 定量评价是以实际数据为主要评价依据,其评价结果更加客观、科学，因此定量评价是目前最为常用的评价方法。[45]

在定量研究方法中，本研究主要采用的是链接分析法（sitation）。 1996年，Mc Kiernan 首先提出了链接分析法这一新术语，用以研究网页之间的引用关系。 链接分析源于对 web 结构中超链接的多维分析，其或多或少与网络影响因子的测定相关。 它主要利用网络站点间链接正向肯定关系而对网站自身信息组织揭示的科学性和合理性以及网站影响力进行间接评价，即网站的外部链接数量越多、网络影响因子越大，该网站的信息越有价值，利用率越高，该网站产生的影响力愈大。 当前其应用主要体现在网络信息检索、网络计量学、数据挖掘、web 结构建模等方面（基于链接分析法的我国省级科技信息研究所网站影响力评价研究）。 作为 Google 的核心技术之一，链接分析法的应用已经显现出巨大的商业价值。

当前国内通过链接分析法评价网站影响力的研究，主要集中在智库、政府机构、高校、图书馆等机构网站，在金融领域进行的相关研究较少。 在本研究中，笔者将运用链接分析法、案例分析法、比较分析法等，对国内及国际知名证券机构网站进行定量分析，对两组语料的网站影响力进行评价，并结合评价结果，深入分析我国证券公司在网站影响力上的评价现状及问题，进而提出可行的提升对策。

8.2.2　链接分析研究方案设计

第一，确定研究对象。 本部分依旧是对中国及国外具有代表性的证券公司展开研究，因而与其他部分一样，笔者选择了国外知名的 10 家证券金融机构的国际版官网。 由于这 10 家证券公司中，2 家来自瑞士，2 家来自日本，都是非英语母语的国家，所以选择了其国际版或英文版网站。 而对于国内 14 家知名证券公司，由于其本身官网是中文版本，所以选择了其英文版网站作为研究对象，以研究其在国际网络社会上的影响力。 两组语料的具体网址已在上文中列出。

第二，选择研究指标。 网站的链接包含各类形式、分布规律、应用、数量等多种属性，其中网站链接形式多与信息技术的发展水平相关，而与网站本身的内容质量相关性不大。 在浏览了两组语料中的国内外证券公司的网站后，笔者发现同一时期这些公司在网站链接形式上的技术水平基本趋于接近，所以本研究重点关注这些证券公司网站链接在数量、分布、应用这几个方面的情况。 这些因素往往同公司网站的新信息量、信息组织与揭示的系统性、完备性和科学性等相关。[46]

结合证券公司本身的行业属性、产品服务特色、用户受众分布等因素，以及本语料中各个网站的现状，笔者选择了链接分析指标——网页数、总链接数、内链接数、外链接数、网络影响因子、内部网络因子以及外部网络因子这7个指标，作为衡量网站链接数量、分布、应用等方面的要素。

这7个指标是当前链接分析法中普遍使用的量化评价参数，每个指标都能反映网站在某一方面的特征。 其中，网页数 X1 在一定程度上反映了网站的规模与内容丰富程度；总链接数 X2 反映了网站被链接的总数量，体现了该网站的影响力与网络辐射力；与总链接数相对应，网络影响因子 X5 ＝总链接数 X2/网页数 X1，它反映了网站网页被链接的总平均水平；内链接数 X3 是来自网站自身内部链接情况的指标，集中反映了该网站内部层次结构的完备性；与内部链接数相对应，内部网络影响因子 X6 ＝内链接数 X3/网页数 X1，它反映了网站网页"自链接"的总平均水平；外部链接数 X4 是指运用搜索引擎，针对某网站范围外搜索到的与该网站存在链接的网页数，该指标能够更好地反映网站的质量；与外部链接数相对应，外部网络影响因子 X7 ＝外链接数 X4/网页数 X1，反映的是网站网页被外部链接的总平均水平，和外链接数一样，该指标能够更好地反映网站的质量水平。

同时，PR 值作为 Google 排名运算法则（排名公式）的一部分，是 Google 特有的衡量网页重要程度的指标，用来标识网页的等级和重要性。 PR 值，即 PageRank，指网页的级别技术，取自 Google 的创始人名字 Larry Page，级别从 0 到 10 级，10 级为满分。 由于 PR 值最直接的影响因素来自链接，所以网站所得到的高质量导入链接越多，网站 PR 值就可能越高，PR 值越高说明该网站网页在搜索排名中越靠前，也就是说，PR 值越高说明该网页越受欢迎（越重要）。 因此，本研究也会将网站的 PR 值作为网站影响力评价的一个指标。

第三，甄选研究工具。 链接分析法是借助搜索引擎、网络数据库以及统计分析软件等工具，对网络链接的属性和数量特征进行揭示与研究的一种方法。 当前网络计量学研究中，经常进行链接搜索的搜索引擎主要有Altavista、All the Web 以及 Google 等。 Altavista 具有较强的检索功能，能够提供多种类型的限制检索，同时具有较强的稳定性。 All the Web 拥有较大容量的数据库，而且更新速度快，搜索精准度较高。 但这两者在搜索中，经常出现无效数据，且这两个搜索引擎的普及率不高。 因而笔者选择了检索功能良好、使用率较高、稳定性较强的 Google 作为研究工具。

8.2.3 国内外证券公司网站影响力评价链接分析研究方案的实施

本研究根据上文中所列出的国内外主要证券公司网址，在 Google 搜索引擎中进行"高级搜索"，并根据不同指标选择相应的搜索式来获取研究数据。同时，利用"站长工具"网站（http://tool.chinaz.com/）中 PR 查询的功能，逐一对语料中包含的网站网址进行查询，如表 8-3 所示。

表 8-3 检索指标与检索式研究数据处理（以 Morgan Stanley 为例）

检索项目	检索式
网页数 X1	site:morganstanley.com/
总链接数 X2	"www.morganstanley.com"
内部链接数 X3	www.morganstanley.com site:morganstanley.com/
外部链接数 X4	总链接数－内部链接数

通过上述研究工具及检索方法，笔者首先对国外 10 家知名证券公司的网站进行了研究，得出了 10 家证券公司的 8 项网站链接数据（如表 8-4 所示）。

表 8-4 国外知名证券公司网站链接数据统计表（2020-09-26）

证券公司	总网页数 X1	总链接数 X2	内部链接数 X3	外部链接数 X4	网络影响因子 X5	内部网络影响因子 X6	外部网络影响因子 X7	PR 值
Morgan Stanley	226000	229000	115000	114000	1.013274336	0.508849558	0.504424779	7

续　表

证券公司	总网页数 X1	总链接数 X2	内部链接数 X3	外部链接数 X4	网络影响因子 X5	内部网络影响因子 X6	外部网络影响因子 X7	PR 值
Goldman Sachs	14400	121000	16900	104100	8.402777778	1.173611111	7.229166667	7
J. P. Morgan	68100	155000	38800	116200	2.276064611	0.569750367	1.706314244	6
Bank of America Merrill Lynch	57500	284000	1270	282730	4.939130435	0.022086957	4.917043478	7
Credit Suisse	80100	175000	72400	102600	2.184769039	0.903870162	1.280898876	6
Union Bank of Switzerland	190000	297000	97100	199900	1.563157895	0.511052632	1.052105263	7
Standard Chartered	47100	241000	37100	203900	5.116772824	0.787685775	4.329087049	7
HSBC	54300	360000	28700	331300	6.629834254	0.52854512	6.101289134	7
Nomura	1440	20900	1420	19480	14.51388889	0.986111111	13.52777778	7
Daiwa	931	1330	896	434	1.428571429	0.962406015	0.466165414	0

　　一般情况下，以上 7 个链接分析指标数值越大，就代表这些证券公司网站的结构完整性、网站影响力以及网站辐射力越强；而 PR 值越高，则表明该网站在搜索中的地位越重要。 但从表 8-4 中各指标的结果来看，每项指标排序都有所不同，很难对各自的网站影响力进行分析与评价。 因此，笔者借用灰色关联度排序的方法，对该 10 家国外证券公司的网站影响力进行 8 项指标的综合排名。

　　灰色关联度分析，是由著名学者邓聚龙教授首创的一种系统科学理论，指对一个系统发展变化态势的定量描述和比较的方法；其基本思路是通过确定参考数据列和若干个比较数据列的几何形状的相似程度来判断其联系的紧密性，它反映了曲线间的关联程度。 此方法通过对动态过程发展态势的量化分析，完成对系统内时间序列有关的统计数据几何关系的比较，求出参考数列与各比较数列之间的灰色关联度。 与参考数列关联度越大的比较数列，其发展方向和速率与参考数列越接近，与参考数列的关系越紧密。 灰色关联度的应用涉及社会科学和自然科学的各个领域，尤其是在社会经济领域，如国民经济各部门投资收益、区域经济优势分析、产业结构调整等方面，都有较好的应用效果。[47]

其具体的分析步骤为：首先选取各个指标中的最大数值作为参考数值，记作 x_0，然后分别计算各行数据 x_1，x_2，$\cdots$，x_n 与其参考数值之间的绝对差值，从每项指标的差值中，分别选出一个最大值和一个最小值，记作 $\max |x_0(k) - x_i(k)|$ 和 $\min |x_0(k) - x_i(k)|$。最后，再从 $\max |x_0(k) - x_i(k)|$ 和 $\min |x_0(k) - x_i(k)|$ 的数值中选出一个最大值和一个最小值，分别记作 $\max\max |x_0 - x_i(k)|$ 和 $\min\min |x_0 - x_i(k)|$。$\zeta \in [0,1](k)$ 为分辨系数，一般按最少信息原理取为 0.5，即 $\zeta = 0.5$，$x_i(k) = (k) - x_i$。如表 8-5 所示。

$$V(x_0(k), x_i(k)) =$$

$$\frac{\min\limits_{i}\min\limits_{k} |x_0(k) - x_i(k)| + \zeta \max\limits_{i}\max\limits_{k} |x_0(k) - x_i(k)|}{|x_0(k) - x_i(k)| + \zeta \max\limits_{i}\max\limits_{k} |x_0(k) - x_i(k)|}$$

关联度公式为：

$$V(x_0, x_i) = \frac{1}{n} \sum_{k=1}^{n} V(x_0(k), x_i(k))$$

表 8-5　国外知名证券公司灰色关联度分析

数值	总网页数 X1	总链接数 X2	内部链接数 X3	外部链接数 X4	网络影响因子 X5	内部网络影响因子 X6	外部网络影响因子 X7	PR 值
max $|x_0(k - x_i(k)|$	226000	360000	115000	331300	14.51388889	1.173611111	13.52777778	7
min $|x_0(k) - x_i(k)|$	0							
maxmax $|x_0(k - x_i(k)|$	360000							
minmin $|x_0(k) - x_i(k)|$	0							

其中 $n = 8$，计算后将关联度精确至小数点后 4 位记入表 8-6 中，按数值大小降序排序。

表 8-6　国外知名证券公司网站链接数据关联度降序列表 (2020-08-26)

	总网页数 X1	总链接数 X2	内部链接数 X3	外部链接数 X4	网络影响因子 X5	内部网络影响因子 X6	外部网络影响因子 X7	PR	关联度
参考行	226000	360000	115000	331300	14.5139	1.1736	13.5278	7	1.0000
Union Bank of Switzerland	190000	297000	97100	199900	1.5632	0.5111	1.0521	7	0.9919
J. P. Morgan	68100	155000	38800	116200	2.2761	0.5698	1.7063	6	0.9824
Credit Suisse	80100	175000	72400	102600	2.1848	0.9039	1.2809	6	0.9788
Morgan Stanley	226000	229000	115000	114000	1.0133	0.5088	0.5044	7	0.9735
Daiwa	931	1330	896	434	1.4286	0.9624	0.4662	—	0.9565
Standard Chartered	47100	241000	37100	203900	5.1168	0.7877	4.3291	7	0.9123
Bank of America Merrill Lynch	57500	284000	1270	282730	4.9391	0.0221	4.9170	7	0.9051
HSBC	54300	360000	28700	331300	6.6298	0.5285	6.1013	7	0.8926
Goldman Sachs	14400	121000	16900	104100	8.4028	1.1736	7.2292	7	0.8652
Nomura	1440	20900	1420	19480	14.5139	0.9861	13.5278	7	0.8265

8.2.4　国外知名证券公司网站影响力链接分析研究及结果

第一，国外知名证券公司的网站影响力及质量整体水平较好。通过对照表 8-6 中所列的关联度排序，除了 HSBC、Goldman Sachs、Nomura 这 3 家证券公司，其他公司的关联度都在 0.9 以上，且样本中全部证券公司的关联度数值均在 0.8 以上，这说明国外证券金融机构的网站建设水平总体较高。同时，国外证券公司网站的最大关联差为 0.1654，该区间差值较小，由此可知，本研究样本中国外知名证券公司的网站建设水平相差不大，各网站的建设质量比较接近。而从参考行的各项指标中可以看出，各个数据值均比较大，说明这些证券公司的网站影响力较大。此外，从 PR 值来看，这 10 家国外证券公司的评级都较高，除 Daiwa 的 PR 值搜索不到以外，7 家公司的 PR值为 7，2 家的为 6，这也进一步表明这些公司网站的建设质量、搜索关注度以及网络辐射力较好。

第二，在指标数据上，各网站间存在一定差异，网站建设质量有待优化。从表 8-6 中可以看出，网页数量最多的是 Morgan Stanley，达到 226000 页；而网页数量最少的是 Daiwa，只有 931 页，网页数量最多的公司与最少的公司之间的数值相差约为 242 倍，差距悬殊。此外，Nomura 的网页数量为 1440 页，而其中来自美国、瑞士、英国的证券公司，其网页数量基本都在几万页的范围内。这说明，日本证券公司在网站建设的内容丰富性上，跟其他欧美证券公司相比，存在较大的差距。在总链接数方面，HSBC 的链接总数位居榜首，为 360000 个；最低的是 Daiwa，为 1330 个，前者是后者的近 270 倍。Nomura 是 20900 个，其余公司的总链接数均在几十万个的范围内。在内部链接数上，数量最多的是 Morgan Stanley，为 115000 个；最少的为 Daiwa，896 个；倒数第二的是 Bank of America Merrill Lynch，1270 个；倒数第三的是 Nomura，1420 个；其余均在几万个的范围内。在外部链接数上，数量最多的为 HSBC，有 331300 个；最少的是 Daiwa，434 个；其余都在几万到几十万的数值区间内。在网络影响因子上，总体来看，国外证券公司的网络影响因子都在 1 以上，其中最大的是 Nomura，数值达 14.5，比较低的是 Morgan Stanley、Daiwa、Union Bank of Switzerland，数值均在 2 以下。网络内部影响因子中，除了 Bank of America Merrill Lynch 的数值为 0.0221，其余公司的数值均在 0.5 以上，最高是 Goldman Sachs，为 1.1736，总体水平趋于接近，数据表现尚可。而从外部影响因子来看，数值最高的是 Nomura，13.5278；最低的是 Daiwa，0.4662；倒数第二的是 Morgan Stanley，为 0.5044；有 3 家的数值在 2 以下，其余则在 4—7 之间。这说明各个公司在外部网络影响方面水平相差较大，个别公司的建设状况不够理想。综合以上各指标数据，可以看到，当前在国际网站的建设上，大多数国际知名证券公司建设规模总体较大，内容比较充实，发展比较均衡，建设水平较高。相比较而言，欧美证券公司的网站水平及质量比较高，而日本的证券公司在网站整体规模、内容的丰富性、辐射力等方面相对落后。其中，个别企业内部影响因子数值较小，说明其在网站结构的成熟度及完整性上有待加强；个别企业的外部网络影响因子数值较小，反映了企业的网络搜索量及受欢迎度较低，尚未对外界产生较强的网络影响力及辐射力。

8.2.5 国内主要证券公司网站影响力链接分析研究及结果

在对本研究样本中 10 家国际知名证券公司的网站进行网站影响力量化评价后，笔者又用同样的研究方法，采取同样的研究思路，对国内 14 家知名证券公司的外文版网站进行对比研究。

通过统计，在 14 家国内主要证券公司中，由于中信建投的英文官网实际并未建设完备，本研究中需要的相关数据无法搜索到，故未将该公司列入表 8-7 中。而在表 8-7 中，光大证券的网站除了首页的 Home 页面是英文内容，其余的 What We Do、Investor Relations、Investor Education 与 Who We Are 栏目[1]，点击后直接跳转至中文网页。而东吴证券的网站，其英文版的网址与中文版相通，并未做区分，因而在相关指标的数据会更大一些（因为根据搜索式检索后的数据会包含一定的中文版网页内容）。详情如表 8-7、表 8-8 所示。

表 8-7　国内主要证券公司网站链接数据统计表（2020-10-06）

证券公司	总网页数 X1	总链接数 X2	内部链接数 X3	外部链接数 X4	网络影响因子 X5	内部网络影响因子 X6	外部网络影响因子 X7	PR 值
中信证券	293	363	273	90	1.2389	0.9317	0.3072	7
国泰君安	123	592	124	468	4.8130	1.0081	3.8049	7
华泰证券	10	59	9	50	5.9000	0.9000	5.0000	7
招商证券	39	202	62	140	5.1795	1.5897	3.5897	7
广发证券	123	299	95	204	2.4309	0.7724	1.6585	0
海通证券	73	68	9	59	0.9315	0.1233	0.8082	7
银河证券	21	149	5	144	7.0952	0.2381	6.8571	7
中金公司	274	658	289	369	2.4015	1.0547	1.3467	0
东方证券	35	103	40	63	2.9429	1.1429	1.8000	6
光大证券	14	432	7	425	30.8571	0.5000	30.3571	7
东吴证券	704	303	39	264	0.4304	0.0554	0.3750	6
浙商证券	8	116	8	108	14.5000	1.0000	13.5000	5
长城证券	5	42	4	38	8.4000	0.8000	7.6000	5

---

[1]　为使全书体例一致，栏目中的英文标题首字母大写，其余小写。

表 8-8 国内主要证券公司网站链接数据关联度降序列表（2020-10-06）

	总网页数 X1	总链接数 X2	内部链接数 X3	外部链接数 X4	网络影响因子 X5	内部网络影响因子 X6	外部网络影响因子 X7	PR	关联度
参考行	704	658	289	468	30.8571	1.5897	30.3571	7	1
海通证券	73	68	9	59	0.9315	0.1233	0.8082	7	0.9962
东吴证券	704	303	39	264	0.4304	0.0554	0.3750	6	0.9903
中信证券	293	363	273	90	1.2389	0.9317	0.3072	7	0.9900
中金公司	274	658	289	369	2.4015	1.0547	1.3467	0	0.9779
广发证券	123	299	95	204	2.4309	0.7724	1.6585	0	0.9777
东方证券	35	103	40	63	2.9429	1.1429	1.8000	6	0.9700
国泰君安	123	592	124	468	4.81309	1.0081	3.8049	7	0.9477
招商证券	39	202	62	140	5.1795	1.5897	3.5897	7	0.9417
华泰证券	10	59	9	50	5.9000	0.9000	5.0000	7	0.9317
银河证券	21	149	5	144	7.0952	0.2381	6.8571	7	0.9230
长城证券	5	42	4	38	8.4000	0.8000	7.6000	5	0.9020
浙商证券	8	116	8	108	14.5000	1.0000	13.5000	5	0.8639
光大证券	14	432	7	425	30.8571	0.5000	30.3571	7	0.8167

研究发现：第一，国内主要证券公司的网站影响力及整体质量与国际水平差距甚大。由表 8-8 中的数据可知，除了浙商证券、光大证券的关联度在 0.8—0.9 范围内，其余公司的关联度均在 0.9 以上，总体关联度较高。与国外证券公司相比，国内主要证券公司的数据低很多，这表明国内证券公司国际化网站的建设质量及网站影响力有所欠缺，存在较大提升空间。例如，国外知名证券公司中，总网页数最少的是 Daiwa，网页数量为 931；而国内证券公司中，总网页数最少的为长城证券，只有 5 个网页，前者是其 186 倍。总网页数量最多的是东吴证券，共 704 个；而国际知名证券公司中，总网页数最多的是 Morgan Stanley，为 226000 个，国外证券公司是国内证券公司的 321 倍。总链接数上，国内链接数量最多的中金公司，其总链接数为 658 个；而国外证券公司中，HSBC 的总链接数最大，为 360000 个，是中金公司

的 547 倍。 内部链接数上，数量最多的是中金公司，为 289 个；国外证券公司中内部链接数最多的是 Morgan Stanley，为 115000 个，约为其 398 倍。 外部链接数上，数量最多的是国泰君安，为 468 个；而国外证券公司中，外部链接数最多的是 HSBC，为 331300 个，约为前者的 708 倍。 这些数据显示，不论是在网站建设内容的丰富性上，还是在网站链接的布局上，国内证券公司与国际证券公司之间均存在巨大差异，国内证券公司整体网站的影响力亟待提高。

第二，国内证券公司的网站建设力及影响力水平参差不齐，在各指标数据上各公司间存在一定差异，网站建设质量有待优化。 从关联度数据来看，国内 14 家证券公司中，中信建投本身的英文版网站建设停滞，无法比较，而其余 13 家证券公司中，关联度最大的是海通证券 0.9962，最小的则是光大证券 0.8167，其差值为 0.1795，这个最大关联值差不算小，说明我国证券公司的英文网站建设水平差距较大。 就网页总数而言，数量最多的是东吴证券 704 个，但笔者之前已经说明，东吴证券网站中英文版的域名与中文版的域名通用，故搜索的网页中也包含了中文网页，所以这个数值并不都表示英文网站的相关数据。 而位居其后的是中信证券 293 个，中金公司 274 个，国泰君安 123 个和广发证券 123 个。 它们都在几百个的范围内，其余 8 家的网页总数在几个到几十个的范围内，而其中网页数量最少的是长城证券与浙商证券，网页数量在个位数，分别为 5 个、8 个，因为其英文网站建设处于初步阶段，很多都只有框架而未填充内容。 光大证券的网页数量为 14 个，也比较少，因为其网站中只有首页 Home 部分是英文建设的网页内容，而其余部分直接链接至中文网页。 就链接总数来看，总链接数最多的是中金公司（658），最少的则是长城证券（42），前者约是后者的 16 倍。 其中，10 家公司的总链接数量均为几百个，而海通证券、华泰证券、长城证券的总链接数则是几十个。 在内部链接数上，最多的是中金公司，为 289 个；其次是中信证券 273 个，国泰君安 124 个，东吴证券、广发证券、招商证券、东方证券的内部链接数是几十个，其余 6 家的内部链接数则是在个位数的范围内。 在外部链接数上，最多的是国泰君安，为 468 个；其中 5 家公司的外部链接数超过了 200 个，3 家公司的外部链接数在 100—200 之间，而另外 5 家则是几十个；最少的是长城证券，38 个。 网络影响因子中，最大的是光大证券，为

30.8571；而最小的是东吴证券，为 0.4304。 内部网络影响因子，最大的是招商证券，为 1.5897；最小的则是东吴证券，为 0.0554。 外部网络影响因子中，最大的是光大证券，为 30.3571；最小的是东吴证券，为 0.3750。 综合以上指标数据，可以看出现阶段我国证券公司在国际化网站的建设上，建设规模普遍较小，在链接和内容上投入不足，网站结构的成熟度与完整度也有待加强，网络搜索量及欢迎度仍处于较低的水平。

第三，证券公司综合实力与网站影响力存在一定联系。 综合来说，两者基本与证券公司的排名呈正相关。 结合中国证监会官网发布的 2019 年中国证券公司的排名，以及本研究中灰色关联度的排序结果，笔者绘制了国内证券公司综合实力及关联度排名对比图（如图 8-1 所示）。 通过对比图，可以发现这两项排名中，位列前 9 的证券公司基本相同，如中信证券、国泰君安、海通证券、中金公司、广发证券、华泰证券、招商证券等，均位于总资产及关联度排名的前列，只是具体位次上不完全一致。 仔细研究每个公司英文网站的内部内容及架构后，笔者发现，那些业绩与企业综合实力排名较前的公司，其国际化网站的网页数量较多，网站结构的完备性较好，内部层次结构建设突出，内外部链接分布较广，网站辐射力及影响力较大，比如海通证券、国泰君安、中金公司、广发证券等；而那些企业综合实力较弱、国际化视野及战略布局不够的企业，其网站内部层级结构有所缺失，网站链接方式缺失或者固化，网站网页的可获得性较差，大大影响了网站的网络辐射力及网站影响力，例如浙商证券、长城证券、光大证券等。 由此可见，网站影响力也是证券公司综合实力的一部分，两者相互影响。

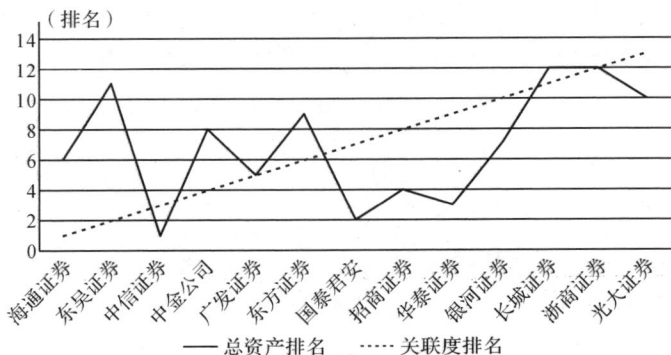

图 8-1　国内证券公司资产排名与关联度排名比对图

8.2.6　提高国内证券公司国际化网站影响力的策略

（1）丰富英文网站内容建设，增加国际用户关注点

对于证券公司或者金融机构的网站建设，首要任务是充实网站的信息内容，尤其是对本公司的企业资质、品牌历程、产品服务、企业社会责任等信息的呈现。　要尽量以"用户意识"为导向，在内容的排版上，将用户比较关注并经常使用的内容，置于网站首页的主页或者导航栏中，通过充实证券公司所提供的国际化的产品服务信息，提升证券公司国际版网站的功能性、实用性。　在呈现方式上，要融入多样化的多模态元素，避免单一的文字铺陈，通过金融机构研究成果与服务体系、专业国际网站运营团队、信息化技术等的高效融合，以图文并茂的方式展现内容，适当加入视频元素；且所有内容应该以国际用户的网络使用习惯为导向，不论是语言、文字还是叙事方式上，都不应该一味遵循"高文化距离"的严肃宣传风格，而应该注重个体化视角的信息传递方式。　此外，还要遵循金融资讯共享与时效性相结合的原则，及时发布证券公司的企业动态、金融研究成果、企业财务投资情况等资讯，同时彰显企业社会责任，针对时下热点问题参与研究讨论与观点共享，尤其要确保及时有效的信息发布，国际网站上的资讯不能停留在若干年前，或只有英文标题，或者点击后内容单薄，或者直接链接至中文网页，这些对于国际用户来说都是无效的信息。

（2）完善网站内外部链接方式，优化国际网站的层级架构

作为以服务功能为主导的网站，证券公司应该在其网站链接设置的合理性及链接方式的丰富性上进行强化，从而解决当前很多国内证券公司在其国际化网站建设上出现的网站结构完整度较低的问题。　从本研究中的网站影响力数据来看，当前国内证券公司在网站链接上的主要短板，还是在内部链接的设置上。　通过仔细研究国内证券公司的英文版官网，笔者发现不少公司出现了英文版网站的"半吊子"现象——只有英文网站的框架，却没有英文版的内容，链接无效或链接至中文网页。　因此，当前国内证券公司在不断增加网站的网页数量与总链接数，扩大网站规模的同时，也要注重对网站内部链接的合理化设置，增加网站内部网页间的链接，确保每个网页链接的国际化有

效性，以促进网站内部的数据资源实现更加高效有序的整合，通过一级、二级、三级等多层次的网站架构，提升整体网站的结构层次性及完整度，同时要融入国际网站架构的布局风格，提高网站的国际用户友好度。 此外，要注重网站 SEO 优化的实现，增加对网站外部链接、反向链接及友情链接的建设，广泛发挥与其他优势资源网站的合作效应，例如中国证券行业协会、证券交易所、知名金融机构、热门资讯门户网站、金融财经类媒体、金融研究机构、高校智库、集团内部其他金融机构、集团境内外分公司等，扩大证券公司的外部网络影响因子，大幅增加网站外部链接，提升网站在国际搜索引擎中的排序，帮助证券公司的国际版网站增加网络流量，从而增强网站的国际影响力。

（3）引入境外社交媒体互动功能，提高国际用户体验满意度

新信息化时代，单向的信息传播已经满足不了当前用户的体验需求，因而，国内证券公司应当引入双向互动交流功能，尤其要注重同境外社交媒体的互动方式，以凸显证券公司国际版网站兼有信息资源分享与金融服务的多样功能。 在网站的互动交流栏目中，丰富多样化的交流方式，除了传统的企业电子邮箱、电话、传真等交流渠道外，还要充分发挥诸如 Facebook、Twitter、Instagram、Youtube 等境外社交媒体矩阵的传播功能，在证券公司国际版官方网站与企业各类境外社交媒体平台之间建构链接通道。 事实上，由于当前大量用户对于社交媒体平台的依赖性非常大，日常获取信息的渠道已经从传统的电视、广播、门户网站等大众媒介，拓展至社交媒介，所以通过社交媒体获取最新信息，同时也可与企业进行在线互动、信息咨询等。 通过观察研究境外知名证券公司的网站，笔者发现几乎所有公司都会在网站上设置公司的社交媒体链接，国内证券公司需要重视境外社交媒体平台对于企业网站影响力的拓展效应，利用社交媒体为用户搭建与企业网站共享信息、传播企业资讯的渠道，增强网站的互动链接性，提高国际用户的服务体验性，优化网站资源、层级架构、服务及双向互动的综合作用，集中体现企业的网站品牌个性。

8.3 社交媒体矩阵

所谓社交媒体，应该是大批网民自发贡献、提取、创造新闻资讯，然后传播的过程。 社交媒体的产生依赖于 web2.0 的发展，这使得网民的互动、自我表达的需求得以释放。 每个人或组织，在社交媒体网络中，同时扮演着信息传播者与接收者的角色，这使得人人都是自媒体成为可能。 作为一种给予用户极大参与空间的新型在线媒体，社交媒体具有参与、公开、交流、社区化、连通性等特征。 国内最常见的社交媒体是博客、微博、论坛、社交网络、维基百科、播客、点评类社区和内容社区；而国际上更加主流的社交媒体包括 Social Network Service、RSS、Presence and Microblogging、Social Bookmarking and Tagging、Onling Photo and Video Sharing 等；在境外社交媒体中，用户基群最大的主要还是 Facebook、Twitter、LinkedIn、Pinterest、Instagram、Youtube、Snapchat、Whatsapp。 当前，众多企业纷纷利用社交媒体，开展与消费者互动性更强的宣传推广活动及网络空间的企业品牌建构。 本研究将通过两组语料中的证券公司官网，调查每家证券公司在其官网上所推广的社交媒体平台，进而分析它们在社交媒体矩阵上的国际化建设情况。

通过统计，笔者发现，当前国内外证券公司在官网上所链接的社交媒体平台主要为微博、微信、Facebook、Twitter、LinkedIn、Instagram、Youtube、Flickr。 通过两组数据的对比，我们可以发现国内与国外证券公司在社交媒体矩阵的布局上还是存在巨大差异的。

国外证券公司，由于其主要面对国际用户，所使用的社交媒体平台绝大多数都是那些以英文为工具语言的境外社交媒体，包括 Facebook、Twitter、LinkedIn、Instagram、Youtube、Flickr，当然，每家公司具体的社交媒体矩阵也各有差别（如表 8-9 所示）。

表 8-9　国外知名证券公司社交媒体矩阵

公司名称	微博	微信	LinkedIn	Instagram	Facebook	Twitter	YouTube	flickr
Morgan Stanley			*	*	*	*	*	
Goldman Sachs			*	*	*	*	*	
J. P. Morgan			*	*	*	*		
Bank of America Merrill Lynch			*			*	*	
Credit Suisse			*		*	*	*	*
Union Bank of Switzerland		*	*					
Standard Chartered			*		*	*	*	
HSBC					*	*	*	
Nomura			*			*	*	
Daiwa				*	*	*	*	

注：＊表示该证券公司拥有该社交媒体方式。

从社交媒体平台的使用偏好来说，在这些国外知名证券公司中，8 家公司使用了 LinkedIn（占比 80％），4 家使用了 Instagram（占比 40％），7 家使用了 Facebook（占比 70％），9 家使用了 Twitter（占比 90％），8 家使用了 Youtube（占比 80％），1 家使用了 Flickr（占比 10％）。 由此可见，在境外社交媒体中，证券公司最喜爱使用的社交媒体是 Twitter，其次是 LinkedIn、Youtube，而后是 Facebook，使用 Instagram 的相对较少，只有 40％，最少的是 Flickr。 这些社交媒体矩阵分布，也是跟证券公司的行业属性相关联的。Twitter 是一家美国社交网络及微博客服务公司，致力于服务公众对话。 它可以让用户更新不超过 140 个字符的消息（中文、日文和韩文已提高上限至 280 个字符），拥有约 5.17 亿注册用户，截至 2020 年 6 月，Twitter 的可货币化日活跃用户数达 1.86 亿。 庞大的用户基群，多样化的用户类型，使得这些企业都不愿放弃在这个平台上创建与用户互动并推广企业品牌的机会。 Facebook 与 Twitter 功能相同，而 LinkedIn 是全球知名的职场社交平台，会员覆盖全球，超 6 亿人，它致力于打造"一站式职业发展平台"，帮助职场人连接无限机会，其产品服务主要包括职业身份、知识洞察、商业机会；其用户人群的职业性更强，更有利于金融机构建构职场语境下的企业品牌形象，同时也有助于为潜在金融投资人、金融职业人士形成信息与资源网络平台。 Youtube 则是全球最大的视频发布及分享平台，有助于金融企业发布公司金融科研团队的最新视频类金融资讯等。 Instagram 则是一款运行在移动端上的社交应用，用户可以以一种快速、美妙和有趣的方式将抓拍下的图片随时分享出来。 相对来说，Instagram 更加适合一些以视觉、美学为特色的行业，如时尚行业、摄影行业、艺术品行业等进行社交媒体推广，而金融业这种以数据及逻辑分析见长的行业，利用 Instagram 这种图片分享平台，推广企业形象的优势并不大，这也是国外证券公司较少选用这个平台的原因。 而 Flickr 是目前世界上最好的线上相片管理和分享应用程序之一，是由加拿大 Ludicorp 公司所开发设计并于 2004 年发布的软件，其提供免费及付费的数位照片储存、分享方案之线上服务，也提供网络社群服务的平台；其重要特点就是基于社会网络的人际关系的拓展与内容的组织，功能之强大，已超出一般的图片服务，比如图片服务、联系人服务、组群服务。 但其用户数量不及 Instagram，且功能还是以图片分享为基础，只有 Credit Suisse 选择了该社交媒体。

而从社交媒体矩阵布局的广泛性来说，Morgan Stanley、Goldman Sachs、Credit Suisse 这 3 家证券公司所布局的社交媒体各有 5 种，J. P. Morgan、Standard Chartered、Daiwa 这 3 家证券公司所布局的社交媒体各有 4 种，而 Bank of America Merrill Lynch、HSBC、Nomura 这 3 家证券公司所布局的社交媒体各有 3 种，Union Bank of Switzerland 所布局的社交媒体为 1 种（微信是其子网站的社交媒体）。 这说明，国外不同证券公司在社交媒体矩阵上布局的成熟度是存在差别的。　而其中，笔者发现，Union Bank of Switzerland 由于其网站的国际分站布局非常全面，用户可点击全球不同地域选择子网站，而在 Mainland China 这一站点，Union Bank of Switzerland 在该英文网站上除了 LinkedIn 之外，还设立了 4 个微信公众号的二维码（如图 8-2 所示），供用户扫描跟踪相应的微信公众号以了解资讯并享受服务。　这充分体现了 Union Bank of Switzerland 公司网站在国际化推广上的本地化水平。它知道对于中国用户，微信才是目前使用范围最广、基数最大、功能最多的社交媒体软件，因而它以目标市场的用户需求及使用偏好为出发点，搭建相应的社交媒体，以创造更加高效的传播渠道、人性化的用户服务，这是非常值得国内外证券公司借鉴的。

图 8-2　Union Bank of Switzerland 公司子网站的微信公众号二维码

笔者同样对国内 14 家主要证券公司的官网进行了调查（如表 8-10 所示），发现国内证券公司在社交媒体矩阵的建设上，要远远落后于国外同行。在这 14 家证券公司中，6 家证券公司的社交媒体矩阵分布为 0（占比 42.9%），1 家证券公司布局的社交媒体有 3 种（占比 7.1%），2 家各 2 种（占比 14.3%），其余 5 家都为 1 种（占比 35.7%）。　而在建设了社交媒体矩阵的国内证券公司中，存在着两个明显的差别：国泰君安、广发证券英文官网上所展示的社交媒体链接都是境外社交媒体，国泰君安使用的是

Facebook、Twitter，而广发证券使用的是 LinkedIn、Facebook、Twitter；招商证券、海通证券、中金公司、光大证券、东吴证券、浙商证券的英文官网上所展示的社交媒体链接都是国内的社交媒体——微信，而招商证券兼微博与微信 2 种。

表 8-10　国内主要证券公司社交媒体矩阵

证券公司	微博	微信	LinkedIn	Instagram	Facebook	Twitter	YouTube	flickr
中信证券								
国泰君安					＊	＊		
华泰证券								
招商证券	＊	＊						
广发证券			＊		＊	＊		
海通证券		＊						
银河证券								
中信建投								
中金公司		＊						
东方证券								
光大证券		＊						
东吴证券		＊						
浙商证券		＊						
长城证券								

注：＊表示该证券公司拥有该社交媒体方式。

从目标用户来说，中国证券公司的英文版网站所面对及服务的用户群体，是那些境外通晓英语的国际人士，即便是海外华人，他们首选的语言版本也是英文而非中文。 因而，在社交媒体矩阵的建设上，也应该同英文版网站的方向一致，选择那些英语使用者常用的社交媒体平台或软件，而不是停留在中文网站的目标用户导向上。 否则即便在网站上展示了，其实际的传播推广功能也几乎等同于零。

　　总体来说，国内证券公司英文官网在社交媒体方面的推广还是比较落后的，不仅有这种意识的企业不多，而且社交媒体矩阵的有效性也非常低，完全缺乏国际化意识。 笔者非常赞赏国泰君安、广发证券的国际化前瞻性，其英文网站的建设与国际水准接近，在社交媒体矩阵上，也有效地构建了真正能同国际用户互动沟通的社交渠道。 笔者建议，国内证券公司不仅需要积极建设及拓展社交媒体矩阵，更要以国际用户的使用偏好为导向，精准建设境外社交媒体矩阵。

9

中国证券公司国际化网站建构能力研究

　　一个网站的建构，往往需要专业的网站策划人士根据客户需求，分析网站功能，设计网站结构，规划页面布局，定位网站风格，排版网站内容。 对于企业而言，其门户网站的建构能力会大大影响整个网站的美观度、用户体验、专业度，这也是一家企业综合实力的表现之一。 本部分的研究，主要关注证券公司的国际化网站建构能力，从国际化的视角，以国内外证券公司两组语料的网站建构呈现方式，来研究中国证券公司的国际化网站建构水平，并提出相应的建议。

9.1　网站风格

　　所谓网站风格，是指网站页面设计上的视觉元素组合在一起的整体形象展现给人的直观感受。 这个整体形象包括网站的配色、字体、页面布局、页面内容、交互性、海报、宣传语等。 网站风格一般与企业的整体形象一致，比如说企业的整体色调、企业的行业性质、企业文化、企业所提供的产品或服务特点都应该在网站的风格中得到体现。 网站风格最能传递企业文化信息，所以说好的网站风格不仅能帮助客户认识和了解网站背后的企业，而且能帮助企业树立别具一格的形象。 通过独特的网站风格，直接给自身网站与所处行业的其他公司网站之间营造出一种清晰的辨识度。 随着互联网影响力的不断提升，网站成了企业让客户了解自身的最直接的门户，其通过自身网站的辨识度能够在众多网站中脱颖而出，迅速树立品牌，提升企业形象。[48]

本部分研究以各证券公司外文门户网站的首页为研究对象，从宏观到微观进行深入比较和分析。 通过比较中国证券公司与国际知名证券公司的英文网站，笔者发现了非常显著的风格差异。 本研究的最终目的，是对当前中国国内证券公司网站的国际化友好度进行评价，描述现状，分析问题，提出应对策略，最终接轨国际金融业网站国际化水平。 我们先来看一下当前全球知名证券公司在门户网站国际化建设上的风格及特征。 以下，笔者截取了本研究平行语料库中国际知名证券公司官网的首页单页图（如图 9-1—图 9-10 所示），并在此基础上进行归纳分析。

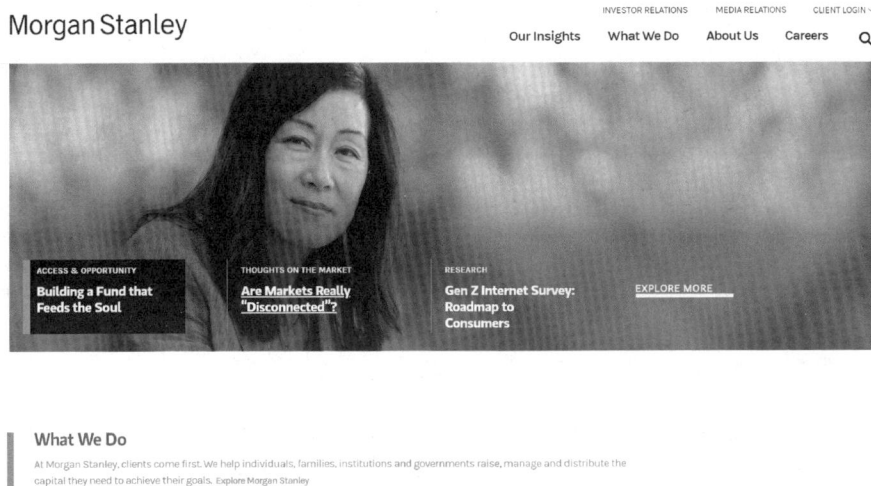

图 9-1　Morgan Stanley 官网首页单页截图

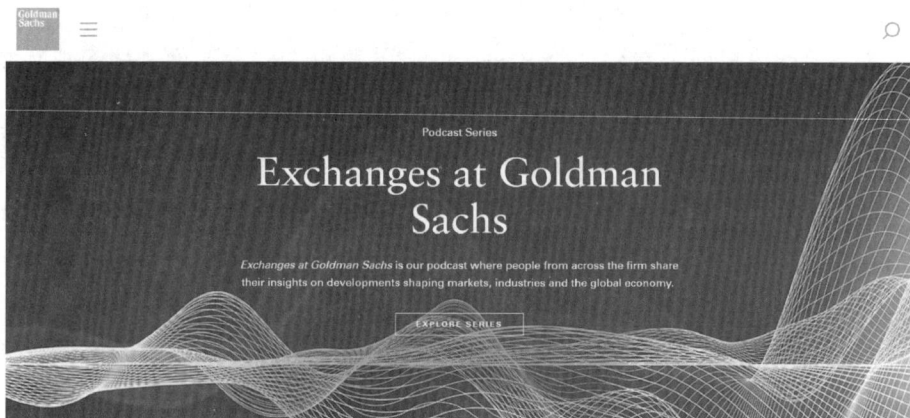

图 9-2　Goldman Sachs 官网首页单页截图

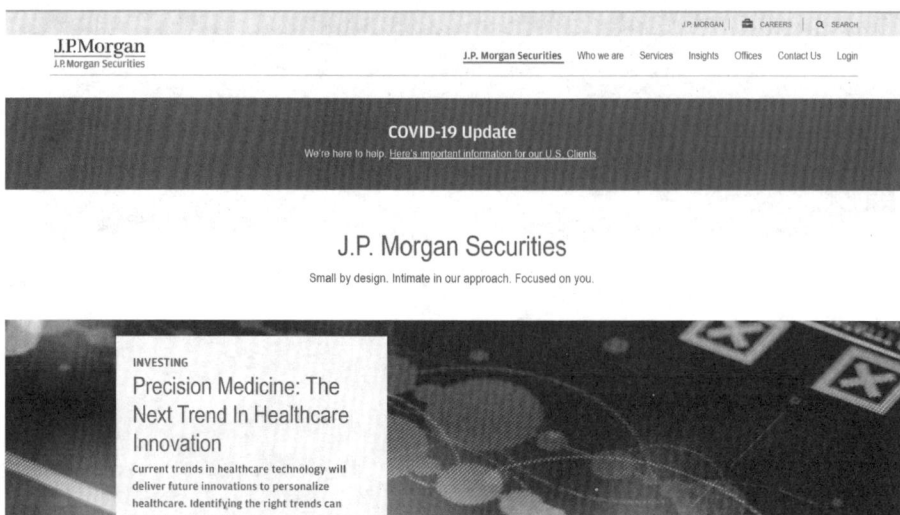

图 9-3　J. P. Morgan 官网首页单页截图

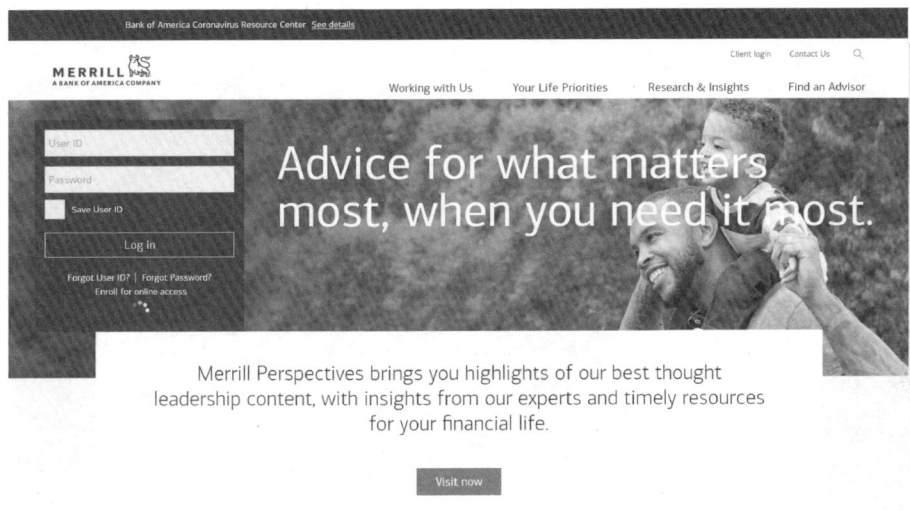

图 9-4　**Bank of America Merrill Lynch 官网首页单页截图**

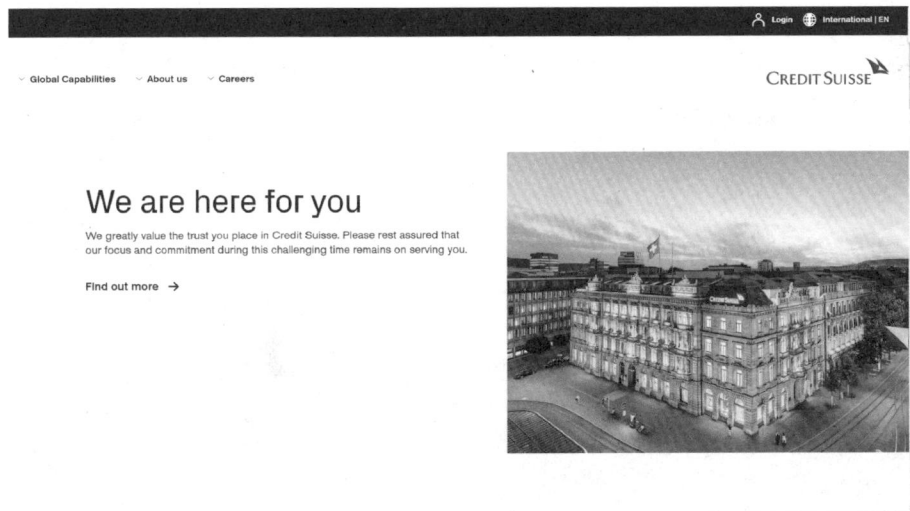

图 9-5　**Credit Suisse 官网首页单页截图**

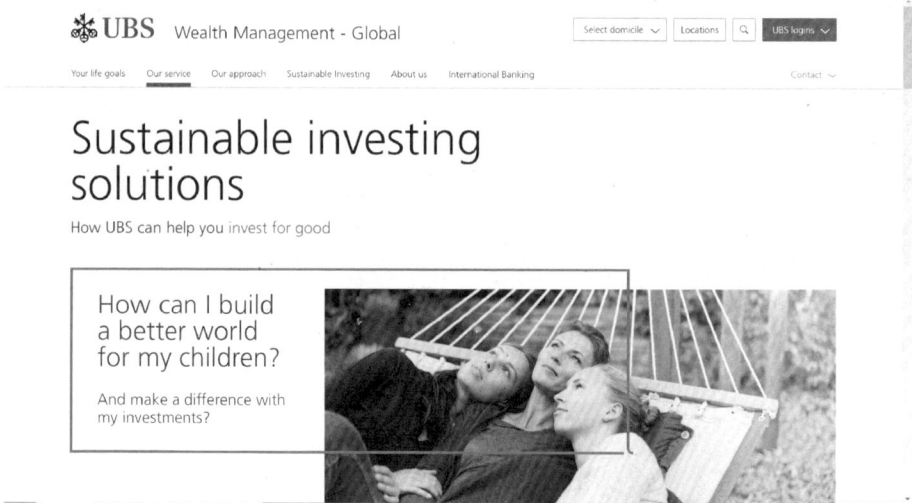

图 9-6　Union Bank of Switzerland 官网首页单页截图

图 9-7　Daiwa 官网首页单页截图

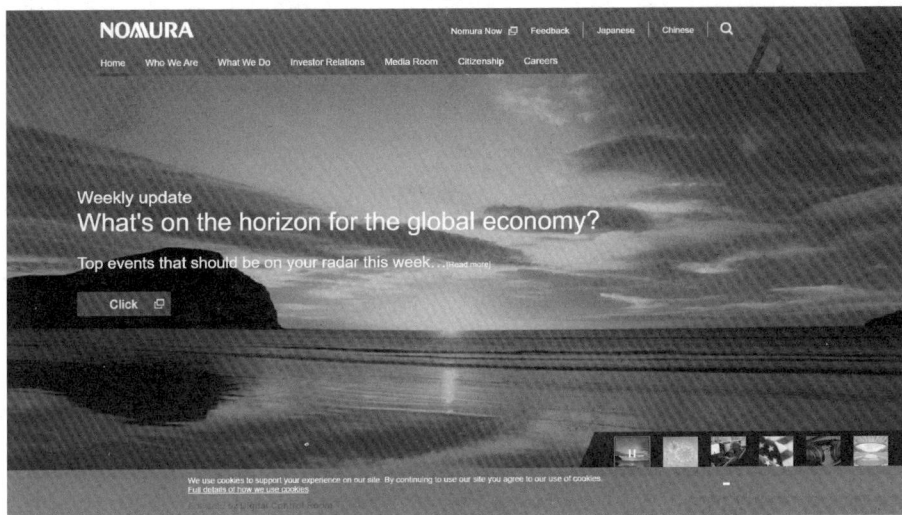

图 9-8　Nomura 官网首页单页截图

图 9-9　Standard Chartered 官网首页单页截图

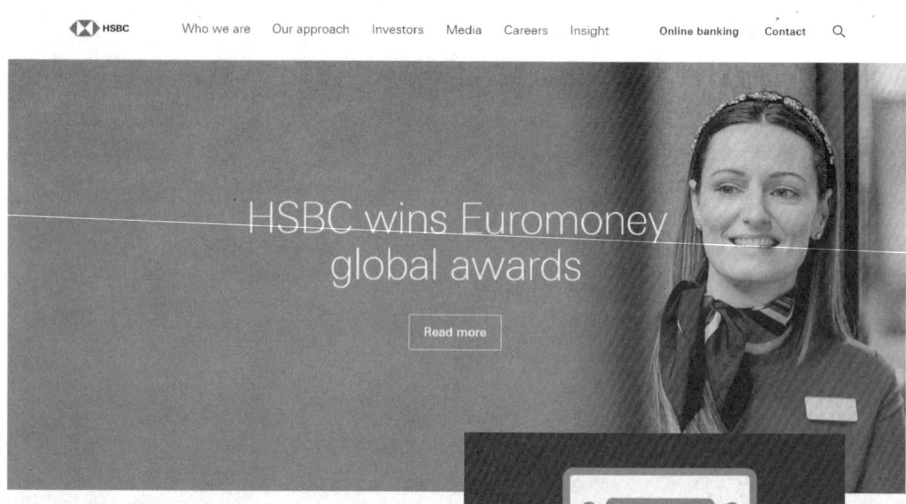

图 9-10　HSBC 官网首页单页截图

通过观察以上官网首页截图可以发现，总体而言，这些国际知名证券公司的网站给人的印象是简洁、重点突出、页面中的文字相对较少、文图混排少、文字描述紧凑、图片展示集中等。 为了突出网站的简洁性，在色彩的应用上，这些网站基本都用白色作为主色调，不带配色，如 Morgan Stanley、Goldman Sachs；有些则用比较稳重的颜色，如藏青、灰色、深蓝、黑色等作为辅助配色，比如 J. P. Morgan 的 "白色＋灰色"、Credit Suisse 的 "白色＋黑色"、Bank of America Merrill Lynch 的 "白色＋蓝色"。 有时候，一些网站也把一些色彩鲜明、表现强烈的颜色应用到网站设计中来，但大体都会使用同一种颜色，比如 Union Bank of Switzerland 跟 HSBC 使用的 "白色＋深红色"，这加深了浏览者的印象，增强了对浏览者感观的刺激。 设计师有时候为了突出一些内容，也会用与主色调反差明显的颜色来作为凸显内容的底色，从而使内容在整个网站上显得更为突出，如 Standard Chartered 的 "白色＋蓝绿配色"。

笔者接下来又对国内 14 家主要证券公司的英文网站进行了网站风格分析，每家公司官网首页单页截图如图 9-11—图 9-24 所示。

图 9-11 中信证券网站首页单页截图

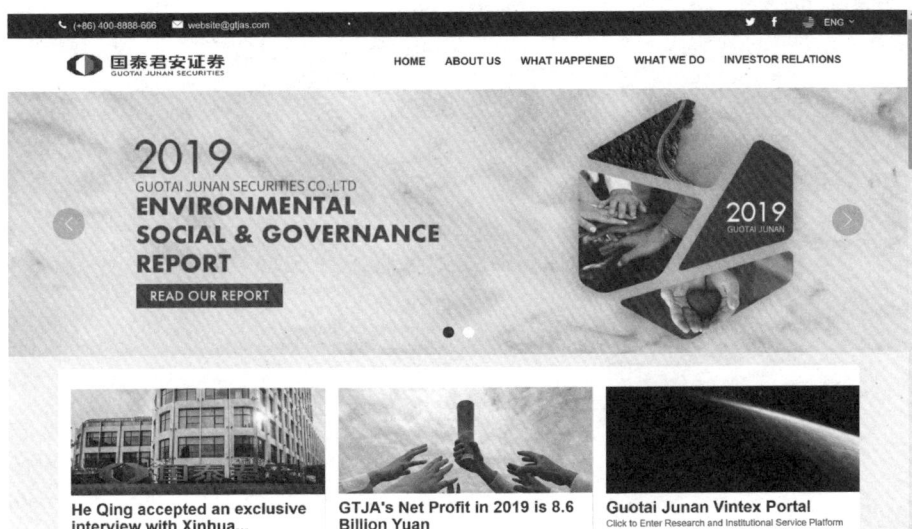

图 9-12 国泰君安网站首页单页截图

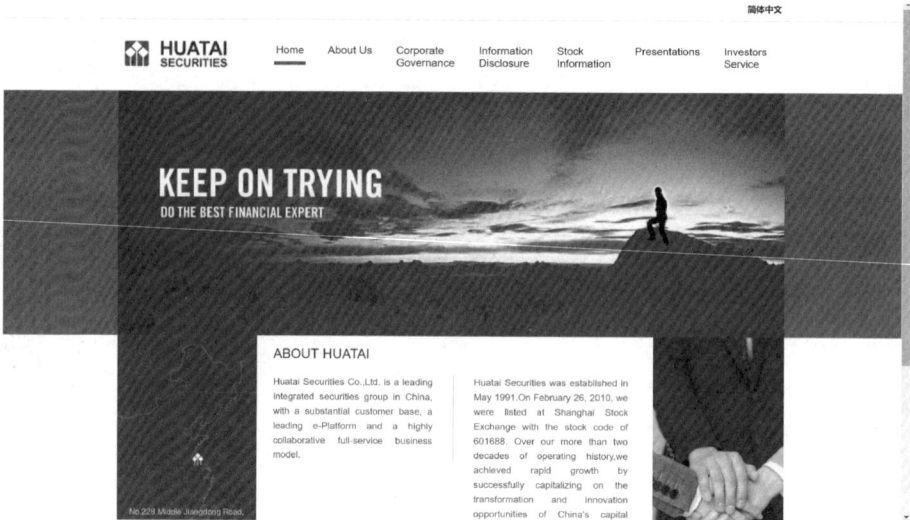

图 9-13　华泰证券网站首页单页截图

图 9-14　招商证券网站首页单页截图

图 9-15　广发证券网站首页单页截图

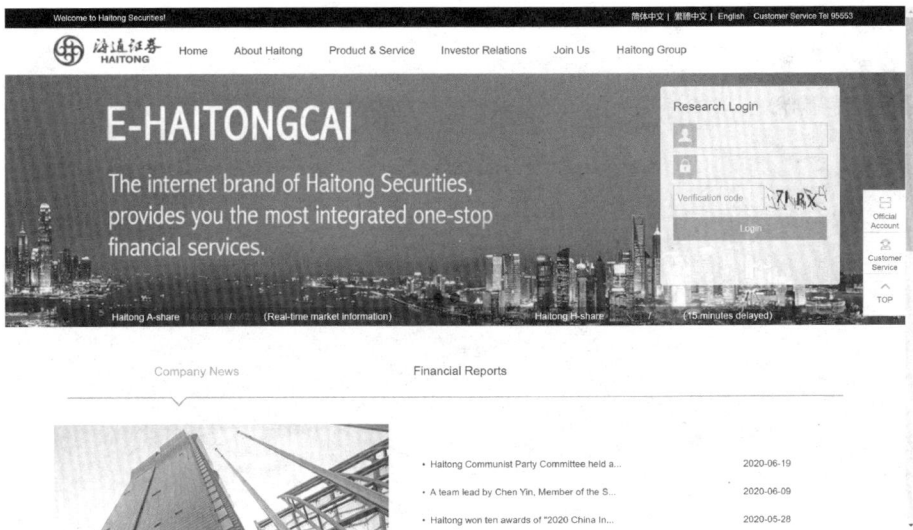

图 9-16　海通证券网站首页单页截图

图 9-17　银河证券网站首页单页截图

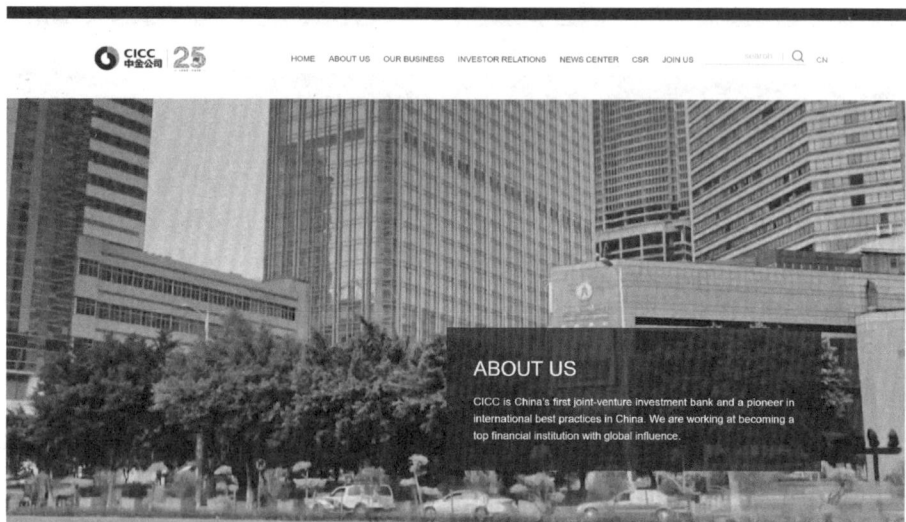

图 9-18　中金公司网站首页单页截图

图 9-19　东方证券网站首页单页截图

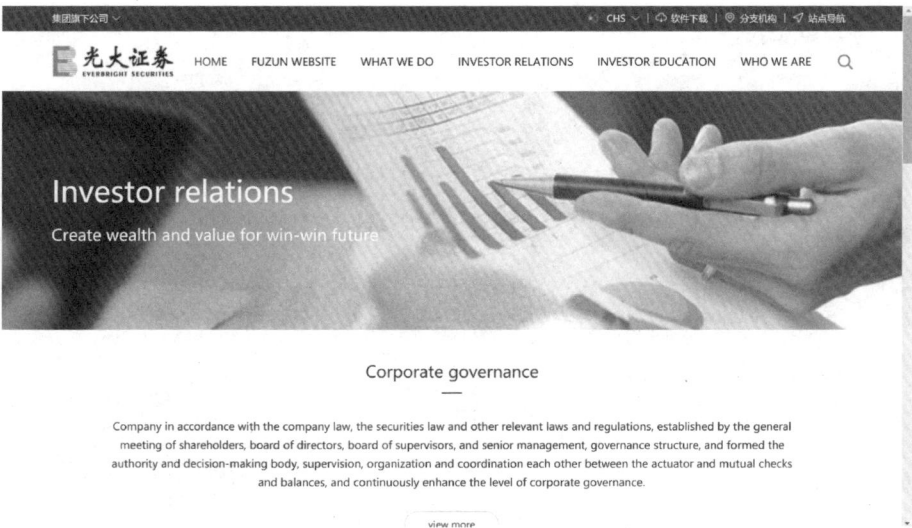

图 9-20　光大证券网站首页单页截图

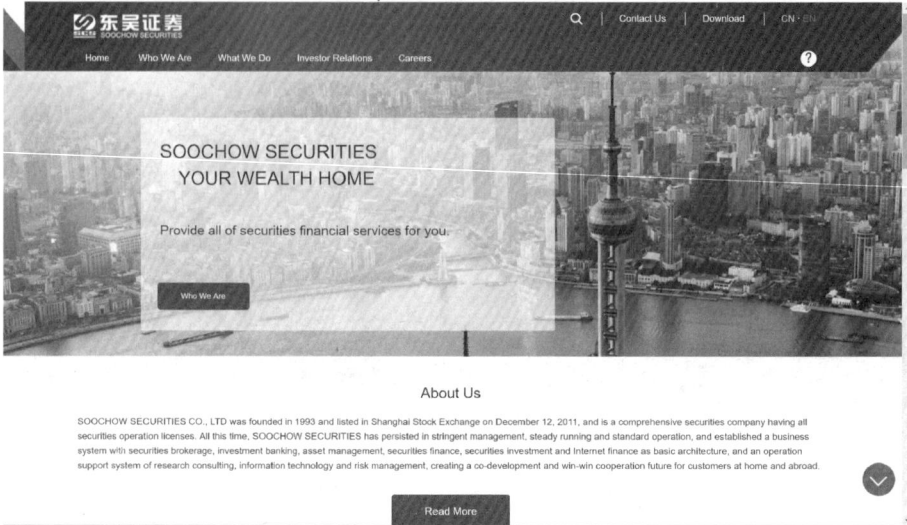

图 9-21　东吴证券网站首页单页截图

图 9-22　浙商证券网站首页单页截图

图 9-23　长城证券网站首页单页截图

图 9-24　中信证券网站首页单页截图

通过观察这些官网首页单页截图可以发现，国内主要证券公司的网站风格总体上在时代感、金融性、动态感及用户体验灵活度上，与国外证券公司的差距明显。国内证券公司在官网的整体网页设计上力求贴近国际水准，但在网页布局上缺乏多样性，图片的整体画质不够精细，甚至部分公司的网页排版、图片选择还停留在 web1.0 时代，略显落后。从网页的展示风格上来看，国外证券公司的官网无一例外都采用了宽屏模式，而国内证券公司中，只有 11 家企业用了宽屏动态分布，其余 3 家采用的是传统的静态风格，图片并没有根据用户电脑显示屏的大小变化而自动调整，属于互联网初期的网站风格。 这些国内知名证券公司，7家企业的网站主色调为白色，配以不同深浅的蓝色，而其余公司的配色更加多样化，如紫色、深红、橙色等鲜丽的颜色，其实这与证券公司这种以数据、数学逻辑研判金融市场的理性特质不相符。这些网站中所选择的图像元素，与金融这一行业属性的关联性不大，大多以商业写字楼为主，体现的仅仅是商务性，并未像国外证券公司的官网那样，出现股票市场、金融数据等与金融业相关的元素以体现其专业性，或出现一些代表客户、企业员工等人物元素以体现其服务性。 同时，在用户体验及功能性上，国内证券公司英文官网上出现了很多无效的板块，例如东方证券、光大证券、长城证券等，点击后直接链接至中文网页，或者点击后为无效链接。此外，中信证券的网站在整体架构的设计上缺乏层次性，用户友好度低。

9.2 网站首页的布局风格

网站首页的页面布局，包括整体色彩搭配、图文排版、线条边框等等，设计合理往往可以让网站的功能性及内容展现得更好，能够提高网站的美观度，进而提升网站浏览量及影响力，有利于建构正面的企业形象。 本研究将对国内、国外证券公司网站首页进行多模态的内容分析，从页面布局类型、图片数量、文字板块特征及数量、视频元素、网页整体色彩搭配等逐一进行分析，再通过统计归类，将国内、国外证券公司两组语料的布局风格统计结果制成两个表格，以做深入研究。

9.2.1 国际知名证券公司网站首页的布局风格

除了配色应用之外，国际知名证券公司在门户网站的风格上，还有另外一些显著共性内容，比如页面布局。 国际知名证券公司的网站首页全部为宽屏设计，以视频、图片为主，文字的比重较少。 笔者对其网站首页的布局进行了量化统计，如表9-1所示。

表 9-1　国际知名证券公司网站首页图文布局

证券公司	网页布局	图片	文字板块	视频	色系
Morgan Stanley	顶部 banner＋简单栅格流式布局	20 图	20 个引导式摘要	有	底色：白 辅色：浅灰
Goldman Sachs	顶部 banner＋简单栅格流式布局	4 图 3 图标	4 个引导式摘要（配图） 3 个标题链接 3 个引导式摘要（配图标）	无	底色：白 辅色：黑
J. P. Morgan	顶部 banner＋简单栅格流式布局	7 图 4 图标	7 个引导式摘要（配图） 4 个引导式摘要（配图标）	无	底色：白 辅色：灰
Bank of America Merrill Lynch	顶部 banner＋简单栅格流式布局	1 图 3 图标	5 个引导式摘要	无	底色：白 辅色：深蓝
Credit Suisse	顶部 banner＋简单栅格静态布局	11 图	11 个引导式摘要	无	底色：白 辅色：黑
Union Bank of Switzerland	顶部 banner＋简单栅格流式布局	3 图	9 个引导式摘要 （6 个为 Our Capabilities 子栏目）	无	底色：白 辅色：浅灰
Standard Chartered	顶部 banner＋简单栅格流式布局	7 图	6 个引导式摘要	无	底色：白 辅色：藏青
HSBC	顶部 banner＋简单栅格流式布局	2 图	1 个摘要 3 个引导式摘要 （Securities Service 下子栏目） 1 个标题链接	有	底色：白 辅色：黑
Nomura	顶部 banner＋简单栅格流式布局	6 图 5 图标	6 个标题链接（配图） 3 个引导式摘要（配图标） News Release 与 Information 下各一组标题链接	无	底色：白色 辅色：红＋灰
Daiwa	顶部 banner＋简单栅格流式布局	1 图	1 个引导式摘要 News Release 与 Group Information 下各一组标题链接	无	底色：白色 辅色：灰＋绿

通过研究国际知名证券公司网站首页的具体参数，可以发现，10 家公司在网页布局类型上，全部采用了"顶部 banner＋简单栅格"的形式。 这种类型网页由上至下的元素依次是：导航栏、顶部大图（图片上叠有文字标题）、2—4 个分栏（承载不同类别的信息，有的有图标）、主要的内容区域、页脚。这种布局中，每种元素都"各司其职"，并且整个流程是富有逻辑的，顶部大面积的 banner 图有许多插件或者应用，足以营造氛围，给予用户特定的体验。 下面的次一级元素能够做很好的支撑，无论屏幕多大，都能够为用户展示充足的内容，供用户浏览和搜索。 这种布局随着屏幕、设备而有所差异：设计师会倾向于设计成固定宽，也就是"静态布局"，即设定好长和宽，大小不会改变，不管你的屏幕有多大，其分辨率不会改变。 横跨整个页面的布局，即"流式布局"，页面元素的宽度按照屏幕分辨率进行适配调整。 这种布局类型的特点是设计干净清爽，有足够强的视觉表现力。 国际知名证券公司中，100％都用这种布局风格，可见这是当前比较流行的网页风格。 事实上，如果去查看国外的大学、企业、政府等网站，就会发现"顶部 banner＋简单栅格"或者极简风是比较主流的风格。

对于文字板块，所有证券公司首页的文字板块中都没有出现全文，而是用引导式摘要，或者标题链接，以免造成页面文字堆砌、毫无重点的视觉效果。 文字板块，除 Nomura 与 Daiwa 网页上在 News Release 与 Information 两个板块下成组的新闻或信息标题链接以外，平均有 7.9 个引导式摘要，1 个标题摘要，且所展示的图片往往是跟文字标题或引导式摘要有关联性的。 事实上，除了 Goldman Sachs、Union Bank of Switzerland 网页中若干文字板块没有图片，以及 Nomura、Daiwa 页面底部加了很多关于公司新闻及报告的纯文字标题链接以外，其他国外证券公司网站的首页上，图片跟文字板块基本是1∶1的比例，且图文都有相关性。 也就是说，每一张图片，都有实际的文字内容作为支撑，而不仅仅是作为网站的装饰。 对于重要性相对较低的文字板块，一些公司采用了单纯的文字形式，但依然会在字体、字号、排版的美观度上做好设计，明晰主次，以免造成视觉压迫感。

在图文分布设计上，通过观察可以看出，国际知名证券公司网站首页中的图文比例还是比较协调的。 由于本书另外有一部分内容专门研究 banner

图，所以在此对图片的统计中并没有把 banner 图计算在内。所以，除 banner 图以外，每一家国外证券公司网站首页都配有图片，画面清晰、比例协调，且图片的占比比较高，10 家证券公司首页上所用的图片，平均数量为 6.8 张（不包含图标）和 8.3 张（包含图标），基本以栅格形式嵌入网页的某些位置。

在视频方面，这 10 家证券公司中，2 家公司的网站首页上放置了视频，可点击播放，占比 20%。而在网页的整体配色上，几乎所有公司网页的底色都是白色，辅以一些经典高级的颜色，比如灰色、蓝色、黑色，其中 Nomura 与 Daiwa，分别添加了红色、绿色，这两种颜色正好是两个公司 logo 的颜色，故搭配起来较协调。

总体来说，国际知名证券公司官网首页上的整体风格都是比较一致的，选取的图片精致，与区域的划分比例协调，且一般都集中在页面的顶部，置于中间、底部位置时一般作为补充。同时，网站里面很少有文字与图片混排的情况，一旦有这样的编排方式，图片与文字的间隔相对会大一些。一般情况下，文字与图片都分布在两个区块里面，以让文字的说明效果更加突出。某些公司也会将视频放置在首页，在力求内容呈现方式更加多样的同时，注重各类内容整合的表现形式——文字配图生动直观、视听结合丰富感官体验，以提高证券公司门户网站传播的趣味性、多样性。

9.2.2　国内主要证券公司网站首页的布局风格

笔者用同样的研究方法，对国内 14 家主要证券公司的英文官网中首页的图文布局进行了量化统计，如表 9-2 所示。

表 9-2　国内主要证券公司网站首页图文布局

证券公司	网页布局	图片	文字板块	视频	色系
中信证券	T 型流式布局	0	1 个全文（About Us）	无	底色：白 辅色：蓝
国泰君安	顶部 banner＋ 简单栅格流式布局	9 图	11 个引导式摘要	1 个 （英文）	底色：白 辅色：蓝

续　表

证券公司	网页布局	图片	文字板块	视频	色系
华泰证券	顶部 banner＋ 简单栅格流式布局	6 图	1 个引导式摘要 （About Us）	无	底色：白 辅色：蓝
招商证券	单页＋单栏设计 静态布局	3 图	6 个标题链接 1 个简介	无	底色：白 辅色：红＋金
广发证券	顶部 banner＋ 简单栅格流式布局	9 图	8 个引导式摘要 5 个标题链接	1 个 （英文）	底色：白 辅色：黑
海通证券	顶部 banner＋ 简单栅格流式布局	6 图	10 个标题链接	无	底色：白 辅色：黑
银河证券	单页＋单栏设计 静态布局	0	4 个标题链接	无	底色：白 辅色：蓝
中信建投	T 型静态布局	0	8 个目录链接 （3 个无效）	无	底色：白 辅色：红
中金公司	极简分层流式布局	7 图	7 个标题＋ More 链接	3 GIF	底色：白 辅色：深红＋金
东方证券	顶部 banner＋ 简单栅格流式布局	2 图	3 个全文	1 中文	底色：白 辅色：黑
光大证券	顶部 banner＋ 简单栅格流式布局	2 图	4 个引导式摘要 Contact Us 全文 5 个标题链接	无	底色：白 辅色：黑
东吴证券	顶部 banner＋ 简单栅格流式布局	6 图	7 个引导式摘要	无	底色：白 辅色：深蓝
浙商证券	顶部 banner＋ 简单栅格流式布局	1 图	1 组全文	无	底色：白 辅色：深灰
长城证券	顶部 banner＋ 简单栅格流式布局	4 图	1 组引导式摘要 3 个标题链接 （链接中文网站）	无	底色：白 辅色：灰

　　通过研究 14 家国内主要证券公司官网的首页，笔者发现在网页布局上，大多数公司也采用了"顶部 banner＋简单栅格"的类型（占比 64.3％）。 中信证券与中信建投采用的是"T 型"（占比 14.3％），招商银行与银河证券采用的是"单页＋单栏设计"类型（占比 14.3％），中金公司英文官网首页采用的是"极简分层"类型。

"T型"布局，因其结构与英文字母"T"相似而得名。 一般页面顶部放置网站的 logo 及 banner 图，下方左侧是导航栏菜单，右侧放置网页正文等内容。 中信证券与中信建投的英文官网首页都采用了相同的模板。 当然，中信证券的网页右侧，只有 About Us 的全部文字内容，无其他元素；而中信建投的英文官网首页，T 型的右侧是一片空白，左侧的导航菜单栏为英文，且前三个菜单点击后为空白页面，上方是中文版网站的中文导航栏，看上去似乎是中断了其英文网站的建设。

"单页＋单栏设计"类型，是指使用一个单独的页面来呈现网站的内容，用户不用移动鼠标或者滚动条，就可以获取想要的页面信息。 整个页面除了导航栏跟 banner 图，只有一个栏目。 招商银行的网站首页中，除右侧有一张招商银行总部大楼的图片以外，页面主体就只有 About Us 栏目。 且整个网页为静态布局，图片无法随着客户电脑显示屏的大小而自动调整。 银河证券官网首页上除了 banner 板块几张自动轮播的图片，下面只有"新闻"这一栏。 单页式设计适合小网站或者小型项目的展示，或者内容简单的博客网站，可以作为简单的介绍页面，让简单的内容显得不那么单调，强化内容的形式感和重量感。 但是对于内容丰富、功能多样的证券公司网页来说，需要呈现的信息种类和数量都不是单页足以承载的。 互联网时代，用户的精力与注意力有限，大多数用户对网站的浏览主要集中在首页。 这也是诸多国际公司在网站布局上采用"顶部 banner＋简单栅格"的原因。 通过自有的栅格设计，将网站想突出呈现的内容编排在首页上，以吸引用户的注意力；一个首页就足以帮用户一览网站有价值的信息及功能，且有逻辑、有层次、有主次，而无须用户一层层去点击二级或者三级页面。 "单页设计"导致网站首页所能容纳的空间非常有限，而"单栏设计"则让首页显得更加单薄，选择哪个栏目放在首页，似乎都无法满足证券公司丰富多样的项目内容。 这种传统的网页布局类型，早已不适应 web2.0 时代的用户需求及行业潮流。

从图片上来看，国内证券公司英文官网首页上所用的图片，不论是数量，还是像素质量，都远远不及国外证券同行。 在本语料中的 14 家证券公司中，首页上采用图片的平均数量为 3.9 张，只是比国外同行（6.8 张，不含图标）的一半多一点。 其中，除去首页 banner 之外，中信证券、中信建投、银河证券首页主体中并没有采用图片。 东方证券的图片为公司组织架构及产品服务的总览图，配有英文翻译，但是字体过小。 其余证券公司网站首页的图片，广发证券与招商证券用的是自己公司总部大楼的建筑图，国泰君安在产品服务介绍板块，用了很多在中国古代象征财富的图片，算是符合主题。 但大多都是一些通用的商务图或者商业写字楼图，既显示不出证券行业特色，也没有自身公司的象征，仅仅作为装饰以填补网页栅格的视觉空白，与文字的关联性很小。 海通证券的首页，主体部分用了公司办公楼的图片，底部还有 4 张公司的荣誉证书图片，陈列过于"中式"。 首先，这些荣誉奖项是中国的，无法让国际人士体会其价值，唤起荣誉感；其次，西方人士的思维是"未来展望式"，而不是"过去回首式"。 再次，在网页底部并排摆放 4 张看起来一模一样的图片，而没有任何过渡与说明，本身在网页的美观度与逻辑性上都欠缺合理性。 最后，4 张图片点击后都链接到同一个二级网页，显得多余。

从文字板块看，跟国际知名证券公司官网首页相比，国内证券公司在文字排版设计上略显冗余，引导式摘要与标题链接的数量过少。 14 家证券公司中，除去中信建投首页中左侧栏的导航标题外，引导式摘要的平均数为 2.3 个，标题摘要的平均数为 2.86 个。 中信证券、东方证券、浙商证券的英文官网上，整个网页上都是全文内容，没有任何引导式摘要或标题链接等精简处理后的文字。 东方证券首页除了关于 About Us 的全文内容，还有一个小板块设计了滚动条，配以企业宣传片，但依旧是企业简介。 中信证券与浙商证券首页只有 About Us 模块的英文全文，完全丧失了首页对于整个网站纲要性导引及要点信息推介的功能。 华泰证券网站首页，虽然设计了一个引导式链接，但也是关于 About Us 的。 其他一些国内证券公司的网站首页，比如银河证券、招商证券、海通证券等，虽然设计了很多标题链接，但都是列表式新闻报道链接，有些喧宾夺主。 证券公司网站首页的核心要素信息并非新闻，而是公司可以提供的产品、服务、资讯，以及金融投资的状况，以方便客户与潜在投资人准确瞄准信息进入。 除此之外，很多看似不同内容板块的标题链接，实际上是无效链接，比如长城证券网页底部 Our Business 下的 3 个标题链接，点击后链接至中文网站，这对国际客户来说，反而会造成失望等负面情绪。 中金公司的文字排版虽然精简，但是信息过少，只有简单几个标题，过于空洞，不利于读者了解相关板块的信息。 相对而言，国泰君安网站首页的图文编排是比较接近国际风格的，图片与文字配比协调，所选的图片与文字是相关的，且都用了言简意赅的标题链接，层次明晰。 光大证券的文字板块设计主次分明，Corporate Governance、Information Disclosure、Regular Announcement、Investor Service 依次排列，引导式摘要与标题链接有效合理。

在多媒体视频上，14 家证券公司中，广发证券与国泰君安首页上都嵌入了企业英文宣传片，东方证券网页上嵌入的是中文宣传片，语言上并没有匹配国际用户。 中金公司首页上设计了好几个 flash 动图效果，视觉上比较生动，但是 GIF 的形式过于呆板，且像素较低。

在配色上，国内证券公司基本以白色为底色，配以黑、灰、蓝等颜色，有些还与公司 logo 配色一致（比如中金公司），基本与国际趋势一致。

总体而言，国内证券公司英文官网首页的布局与国际接轨，在网页配色、多媒体视频等方面与国外知名证券公司同步。 但部分公司的网页布局还停留在 web1.0 时代，无法适应现代客户多样化的电脑屏幕。 在图文布局上，图片数量与质量都与国际水平差距较大；且在文字设计上，没有合理提炼信息，全文信息充斥整个页面的现象较多，即便出现了一些引导式摘要与标题链接，很多也是无效链接，导致整个网站的国际用户友好度比较低。

9.3 网站首页 banner 图的文化意象

banner 图指的是网页导航图片，通常可以体现网站的中心主旨，由背景图、logo 和标语（或单位）构成。 一般来说，banner 图往往是网站首页的视觉重心，通常是在网站主页上部靠中心的位置，在当前页面占据 30％左右的空间。 banner 图，又称为"轮播图""广告图"，位于导航栏下方，一般是网站的主展示图，1920×1200px 的图，而且大多数都采用了动态方式进行轮播，目的是吸引用户注意力，突出宣传主题，导流到活动页面或者产品页面。换言之，网站首页 banner 图的布局、效果设计、图片内容等，对于吸引目标群体、传递企业形象、建构品牌文化来说发挥着极其重要的作用。

9.3.1 国外知名证券公司官网首页 banner 图的文化意象

在图片的选择上，国际知名证券公司网站 banner 图传达出很多寓意。除了传统金融机构中常用的象征金融的数据曲线（如 Goldman Sachs），或者公司总部建筑图（如 Credit Suisse、Daiwa），笔者还发现，很多国际证券公司更喜欢使用一些与社会、生活息息相关的图片，尤其是代表家庭、个人等的图片，比如 Morgan Stanley 的 banner 图用了一名亚裔女性的图片，Bank of America Merrill Lynch 的 banner 图用了一对父子的照片，Union Bank of Switzerland 用了母亲拥抱着两个女儿仰望天空的图片，这都表达了一个信息，即本公司对于家庭的财富管理来说是一个值得信赖的选择；Daiwa 选用了一张太阳能板的图片，代表目前该公司对新能源创新领域的投资；J. P. Morgan 的 banner 图，选的是生物科技领域的数据分析图，代表当前公司对生物科技的关注；Nomura 与 HSBC 分别选择了海边日出的风景图与展示太空舱门的图，代表公司可以帮助你掌握全球经济动态；Standard Chartered 的 banner 图则是最直接的，它将公司可以提供的各类证券服务通过分模块的小图并置在 banner 图的位置，商务功能突出。

笔者对国际知名证券公司官网主页 banner 图的主题及内容进行了分类，以挖掘图片背后所传递的企业形象及文化，具体的图片内容及意象如表 9-3 所示。

表 9-3　国际知名证券公司官网主页 banner 图的主题分类

主题类别	数量	图片内容	意象
凸显金融研究领域专业性	14 个	金融数据曲线	对金融市场的观察
		声波曲线	对全球金融观察研究报告的 Podcast 分享
		望远镜海景	为本地客户提供全球资源
		夫妻档服装设计师	公司关于家族企业与非家族企业 ESG 的研究报告
		机场扶梯上的商务人士	金融资讯播客分享关于后疫情时代的全球经济恢复情况

续　表

主题类别	数量	图片内容	意象
		夜幕中一名女士望着江打电话	全球投资部总监分享关于全球楼市的看法
		一名职场女性坐在沙发看 iPad	可点击查看更多往期金融资讯
		海边日出	帮助客户了解全球经济
		美国国旗	公司对美国经济近况的研究
		耳机	全球经济新闻播报
		跨海大桥	公司年中报发布、未来展望
		金融数据曲线	企业年中报发布
		墨西哥动画片海报	致力于用公司全球网络打开全球贸易
		2020 年夏季金融分析师协会办公楼	对互联网时代消费路径的研究
关注社会多样性、个体及家庭	7 个	小宝宝骑坐在黑人爸爸肩上	为家庭量身定制、优化金融投资方案
		母女三人相拥望天	为孩子的未来量身定制可持续的财富管理方案
		亚裔女性	金融投资家的创投经历分享
		亚裔女大学生	公司人才招聘没有种族差异
		身穿制服的白人女职员	公司赢得荣誉,感谢每一个员工对公司的贡献
		挂有工牌的黑人女职员	公司的国际性、包容性
		笑容绽放的女性	公司让员工拥有职业荣誉感
探索社会科技前沿	3 个	医学科技数据	公司对医疗科技领域的投资展望
		新型冠状病毒	公司投资研究新型冠状病毒及风险评估
		电竞运动	公司投资电竞业生态圈
提供优质客户服务	4 个	白人男女用手机理财	公司的网上银行服务
		黑人男女阅读资料	需要帮助可联系公司
		商务洽谈场景	公司的专业服务
		两名商务人士洽谈场景	公司的专业服务

续　表

主题 类别	数量	图片内容	意象
传达企 业社会 责任感	6个	海边风力发电风车	公司参与投资海洋的可持续发展
		日本奥运会	日本奥运会金牌证券合作伙伴
		公司总部大楼	公司的经营理念与定位
		太阳能板	公司投资可再生能源技术
		青菜与 ICT 设备	公司投资当地现代化农业
		油菜花田	联合国可持续发展目标

通过统计，根据国外证券公司网站首页 banner 图的内容及对应的文字信息，大致可以将其分为 5 类：凸显金融研究领域专业性（14 张），关注社会多样化、个体及家庭（7 张），探索投资科技前沿（3 张），提供优质客户服务（4 张），传达企业社会责任感（6 张）。其中占比最大的是凸显金融研究领域专业性 41.2%，其次是关注社会多样化、个体及家庭，占比 20.6%，传达企业社会责任感占比 17.6%，提供优质客户服务占比 11.8%，最后是探索社会科技前沿，占比 8.8%。

为了体现公司在金融研究领域的专业性，很多公司在 banner 部分分享了研究团队对当前全球金融形势的研判，选择的图片为海边日出图、望远镜海景图等，隐含的是"地平线"的视觉感受。对于"全球"的象征，很多国外公司用的是海，而非山川。他们认为，海意味着联通全球，代表全世界。

此外，不少公司还用了耳机、声波图等跟声音有关的意象，代表公司定期发布的关于经济金融的资讯，这体现了证券公司在金融业的专业度、权威性，以及分享资讯的责任意识。金融数据图表等代表了金融企业以数据统计分析为基础的行业科学性；夫妻档服装设计师代表家族企业或者家庭公司；机场扶梯上的商务人士代表后疫情时期经济逐渐恢复的迹象；太空舱则代表了面对如宇宙般不可预测的经济局势，公司能为客户提供的最安全的金融方案，为客户探索未知保驾护航。

除对金融经济进行分析以外，证券公司或者投资银行要对科技前沿有专业敏感度，这有助于其在相应领域的投资。不少公司用了新型冠状病毒、医学科技、电竞运动相关的图片，代表它们对新兴潜力产业的关注。 同时，对新型冠状病毒研究的关联投资，也体现了企业的社会责任感和共同面对全球公共健康危机的意识。 同样，传达企业社会责任感的还有海边风力发电风车、太阳能板、青菜与 ICT 设备、油菜花田等，这些代表企业关注可持续发展目标的实现，如致力投资海洋蓝色经济、当地现代化农业发展，以促进社会进步。

当然，对于一家金融服务机构，优质的客户服务与体验，是赢得市场的重要前提，因而很多公司通过一系列相关主题图片传递出能为客户提供优质、便利、人性化的服务，如手机银行。 值得一提的是，西方一些证券公司在人文关怀上的体现尤其明显，不管是黑人父子、亚裔女性、白人母女、黑人员工、亚裔大学生等，都在首页 banner 部分出现，表明了公司作为金融投资机构，依然关注社会中平凡个体成员的利益，为家庭财富提供专业服务，同时致力于推动全球社会的多样化，消除种族歧视，关注少数族裔群体。 HSBC 曾获得 Euromoney 荣誉称号，公司在首页的 banner 部分并没有放置该奖项的图片，也没有放置强调领导者、荣誉的元素，而是选用了一张身着制服的普通员工的图片，反映了企业珍视每一名员工的理念。 不难发现，这些国际证券公司偏好用个体人物传递其寓意。 这同西方社会中"个人主义"与"平权文化"的理念相关。

总体来说，国外证券公司网站首页的 banner 图片，因为本身的具象化特征及辅助的文字，还是比较容易让读者解读出其传递的寓意的。 这些图片与公司作为金融投资机构的行业属性、品牌形象、服务品质的契合度比较高。

9.3.2 国内主要证券公司官网首页 banner 图的文化意象

通过分析国内证券公司官网首页 banner 图（东方证券的 banner 图为中文广告图，脱离汉语基础完全无法理解，故不做讨论），笔者发现这些公司在图片主题的选择上趋同性更加明显，主要可分为 3 类：凸显金融的繁华感、现代感、商务感（10 张），展现中国山川风景宏大感及中国元素（9 张），传达企业社会责任感（2 张）。 如表 9-4 所示。

表 9-4　中国主要证券公司网站首页 banner 图的主题分类

主题类别	数量	图片内容	意象
凸显金融的繁华感、现代感、商务感	10 个	浦东 CBD 建筑群	金融中心
		上海浦东与香港 CBD 隔江相望夜景	电子银行业务帮助客户贯通
		北京 CBD 建筑群	总部位于北京金融 CBD
		浦东 CBD 建筑群	金融中心
		商业楼	商务性
		浙商证券总部大楼	公司标志建筑
		嵌入全球金融中心建筑广发证券的英文缩写	与全球金融圈紧密融合
		海通证券 logo 如星河般与都市夜景融合	如夜空星河般璀璨
		数表分析图	对金融数据的分析与关注
		商务办公会议桌	商务性
展现中国山川风景宏大感及中国元素	9 个	山水风景	胸怀宽广视野宏大
		山川	
		万马奔腾	
		昆仑雪山	
		登山者在雪山顶	
		故宫宫殿上的瑞兽	
		古代浑天仪	
		有中国特色纹饰的古代建筑	
		长城	
传达企业社会责任感	2 个	国泰君安 2019 环境社会治理报告	参与环境社会治理
		海通证券 2019 企业社会责任报告	承担企业社会责任

　　事实上，在对以上图片进行解读的时候，笔者发现图片所配的文字，跟图片所表达的主题差距比较大。国外证券公司的图片和文字，可以非常清楚地帮助读者理解图片的寓意；而国内证券公司图片所配的文字，往往是公司理念或者口号，与图片的关联性不大。因而在 3 类图片主题中，金融 CBD 建筑

图占比 47.6%，中国山川风景图占比 42.9%，体现企业社会责任感的图占比
9.5%。 作为金融机构，选择代表金融商务性的金融中心城市 CBD 建筑群，
合情合理，有些图片还与证券公司总部相关，比如中金公司用了北京的金融
CBD 图，国泰君安用了上海浦东的 CBD 图。 但是，近一半的企业都选用了
相似的金融都市商业建筑群图片，区分度很低，无法彰显每家证券公司自身
的企业特色，仅仅营造了一种商务感与都市感。 而且，这些 banner 图更新的
频率很低，不像国外证券公司根据公司的动态或者全球时事的变化融入公司
贡献参与的部分，所以失去了 banner 图作为公司网站最醒目的广告栏的
价值。

此外，通过统计，笔者发现很多中国证券公司非常喜欢使用中国名山大
川、传统建筑类的图片，占比非常高。 选用这些图片想要传达的寓意，一是
大川大河辽阔宏大的意境，二是这些公司的中国文化属性。 当然，有些山川
图，的确可以传递出恰当的企业愿景。 比如，华泰证券的 banner 图，用了
"登山者登顶雪山"的图，配上英文文字，传达了其作为金融领域专业机构，
永攀高峰的美好意愿。 而其他企业选用的中国山川风景图，表达的寓意就没
那么明显。 值得一提的是，此处中国证券公司偏爱的"山"，正好与国外证
券公司偏爱的"海"形成鲜明对比，这恰恰代表了东西方两种文化的差异。
中华大地由大大小小的山脉交织而成，因而古时以"江山"指代国家版图。
所以中国证券公司对"山"这一意象的偏好，不仅代表一种壮丽宏大，还代表
整个版图，同时也注入山文化所代表的厚重、沉稳。 笔者还看到，如银河证
券等用了非常多的包含中国元素的名胜图片。 不管是长城、故宫建筑，还是
古代浑天仪，似乎都隐含着这些公司的国别属性。

这些展现中国元素的图片，用在一些跟中国传统文化相关的行业，还是
比较契合的，但用在以数据、统计、数学建模及国际政治经济形势观察为基础
的金融业，关联度较低。 金融业讲究的是数理、逻辑、科学，用数据说话，
代表了理性，用抽象写意的山川风景去映射注重具象数据的金融，从行业定
位来说失之偏颇。 对比诸多国外的证券公司，比如来自日本、瑞士的公司，
它们没有在门户网站中强化自身特色。 既然是面向国际社会的金融机构，就
要具备国际视野与素养，选择目标受众易于识别、认知和认同的图像符号，传

递通用性更大、接受度更广、服务于企业市场拓展的信息载体。

当然，很多中国证券公司非常有现代企业意识，在网页 banner 处宣传企业社会责任履行状况。国泰君安与海通证券，分别以 2019 年度环境社会治理报告与 2019 年度企业社会责任报告为主题，设计了海报图，并将此作为 banner 图片。这种方式就是比较典型的中国式信息交际模式，用官方文件、机构报告、荣誉奖章等来体现公司的资质等，认为报告或文件本身所营造的语境，附带了大量信息，足以证明很多原本需要用语言或者符号才能传递的内容。而同样是传递企业社会责任，国外的证券公司更偏向于把着眼点放到小处，通过具体的物化的符号，来表征背后的信息内涵。比如用太阳能板图，体现对可再生能源领域的投资贡献；用青菜与 ICT 设备图，表现对当地现代化农业领域的投入支持；用蓝天下的油菜花田图，象征公司致力于实现通往可持续发展目标的路径。

除了在企业社会责任这个主题的图片选择上，在上文中所提及的国内与国外证券公司在 banner 图内容与主题的差异中，我们也能发现类似的情况。中国证券公司所选择的意象图片，往往着眼于"大"，用金融大都市 CBD 的建筑群，来体现自己作为金融机构的专业形象，即用外部环境来表现自己的行业特征；而国外证券公司则着眼于"小"，通过耳机、声波图等具体物品，表现这些公司用金融资讯播客，分享研究团队对经济形势及金融展望的成果。中国证券公司喜欢通过山川名胜、万马奔腾等宏大气势的画面，来营造高山文化所注入的稳重、内敛的气质，以凸显公司的可靠度；国外证券公司则用沙发、咖啡、礼物、生活化的人物图等，依靠图片本身的信息编码，来传递公司作为金融机构的优质服务、可信度与专业性等。

这些都与文化的高低语境有关。这一概念最早由美国人类学家爱德华·T. 霍尔（Edward T. Hall）提出，其目的是根据高低语境的差异来说明世界文化的多样性。根据文化中的主流交际方式，霍尔将不同文化划分为高语境文化和低语境文化。在这两类文化中，语境和语言在交际中的地位是不同的，而且表现出不同的作用。低语境和高语境主要指在信息传播的时候，是直接通过字面的文字（图形、声音），还是更多借助"语境"当中的信息（说话者的表情、动作，物理环境，乃至抽象的个人背景等等）来达到。高语境文化的传播极少依靠交际语言本身的编码信息，主要依靠交际的物质语境或交际双方各自的背景。 在语言的使用上，高语境文化中交际语言的作用是有限的，即交际信息所表达的意识不局限于交际语言本身，人们进行交流或行动的意义主要依靠交流双方所处的场合。 在低语境文化中，交际信息直接蕴含在交际语言之中，以补充语境中所缺失的信息。 也就是说，低语境文化的传播极少依靠交际语境，而是语言本身的编码信息。

中国文化、日本文化、非洲文化等都属于高语境文化，而美国文化、加拿大文化以及多数欧洲文化都属于低语境文化。 这就解释了中国证券公司与国外证券公司在网站首页 banner 图的选择上，"大""小"着眼点不同的文化根源。 值得注意的是，日本虽然在地理上属于东亚文化圈，但从其 banner 图的选择来看，与西方文化的接轨度更高。 这背后也是有其深刻的历史原因的。 日本从中国汉唐时期开始，深受中国儒家思想影响。 而明治维新后，日本学习西方模式，吸收了西方文化及治理思想中优秀且适合本土的部分，成为亚洲第一个发达国家。 "二战"以后，日本经济坍塌，后受到美国的经济扶持，接受了美国的民主化改造，因而在企业管理、经济机制、社会治理上更接近西方模式。

尽管高语境文化与低语境文化都是长期受特定的历史、地理、生活方式等的影响而形成的，但在全球化趋势下，高语境文化与低语境文化最终会汇合。 中国文化属于高语境文化，是因为中国自古以来是农耕社会，在地理上，人们的居住区域是比较固定的，人们彼此间的交往是长期而稳定的，因此人们对生活环境有着相同的理解方式，形成了彼此认同的交际行为模式。 也就是说，交际双方在进行信息交流时对语言本身的依赖程度很小，他们不必清晰地表达具体信息就能领会彼此的意思，这是适应过去时代变化较小、人际关系较为紧密的熟人社会的常用策略，其优势是信息传递者更加轻松，因为可依托的信息传递媒介更丰富，可以用更简单的方式传递大量的多层的信息。 低语境文化的形成则是比较孤立的。 比如欧美国家，人们居住的地理区域比较分散，不同的社会变革让他们有着不同的社会生活体验。 进入现代社会后，低语境文化在移民国家中居多，移民在生活上的差异性较大，交际环境本身和交际双方自身所共享的信息量较少，必须通过清晰明确的语言信息才能让交流顺利进行。 当高语境与低语境碰撞的时候，高语境文化中的人进行信息交流的成本就显著增加，信息的发出者与接收者必须经历的"编码"与"解码"过程，要远远比低语境文化中的人复杂得多。 因而面对国际社会这样一个低语境文化的群体，在沟通交流中，存在大量的信息不对称和需求理解上的隔阂，中国证券公司在互联网上的企业信息国际传播及形象建构上，要逐渐向低语境文化模式过渡，将所要传递的信息直接"编码"到所选用的banner 图片中，降低信息交流成本，达到高低语境不同交际模式的"异源合流"，提高中国金融机构国际传播的效率。

9.4 国内外证券公司网站首页 banner 图的布局效果

网站首页中的 banner 图，有些公司会采用动态轮播方式，有些则采用静态方式，笔者无法通过静态截图来呈现。 因此，为了更好地对国内外证券公司两组平行语料进行观察、分析、比较，窥探这两组研究对象在网站首页 banner 图上采用的不同的传播策略，并在此基础上为中国证券业提供一定的参考，笔者分别通过统计及分类的方式，对其网站 banner 图的布局、效果、内容、主题及所传递的企业价值做了梳理，具体如表 9-5 所示。

表 9-5 国外知名证券公司官网首页 banner 图布局

公司名称	位置	数量	效果	点击链接	内容
Morgan Stanley	顶部	3 个	宽屏手动轮播	链接有效	亚裔女性
				链接有效	金融数据曲线
				链接有效	金融大楼
Goldman Sachs	顶部	1 个	宽屏静态	链接有效	数据曲线或声波抽象
J. P. Morgan	顶部	1 个	宽屏静态	链接有效	医学科技数据
	中部	1 个		链接有效	商务洽谈场景
	底部	1 个		链接有效	望远镜海景

公司名称	位置	数量	效果	点击链接	内容
Bank of America Merrill Lynch	顶部	1个	宽屏静态	链接有效	小宝宝骑坐在黑人爸爸肩上
Credit Suisse	顶部	5个	非宽屏手动轮播	链接有效	夫妻档服装设计师
				链接有效	海边风力发电风车
				链接有效	机场扶梯上的商务人士
				链接有效	夜幕中望着江打电话的女士
				链接有效	一位职场女性坐在沙发上看iPad
Union Bank of Switzerland	顶部	1个	非宽屏静态	链接有效	母女三人相拥望天
	底部	1个		链接有效	两名商务人士洽谈
Standard Chartered	顶部	1个(大)3个(小)	静态	链接有效	墨西哥动画片海报
					白人男女用手机理财
					金融数据曲线
					黑人男女阅读资料
	底部	1个			一名亚裔年轻女性
HSBC	顶部	1个	宽屏静态	链接有效	一名身穿制服的女职员
	中部	3个	宽屏静态	链接有效	跨海大桥图
			静态	链接有效	一名挂有工牌的黑人女职员
			宽屏静态	链接有效	一名绽放笑容的女性
Nomura	顶部	6个	宽屏自动轮播	链接有效	海边日出
				链接有效	新型冠状病毒
				链接有效	电竞运动
				链接有效	美国国旗
				链接有效	耳机
				链接有效	日本奥运会

续　表

公司名称	位置	数量	效果	点击链接	内容
Daiwa	顶部	3 个	宽屏自动轮播	不可链接	公司总部大楼
				不可链接	太阳能板
				不可链接	青菜与 ICT 设备
	中部	1 个	宽屏静态	功能区链接有效	油菜花田

通过比较两组平行语料官网首页的 banner 图布局，可以发现中国与国外证券公司在网站建设上的一些差异。 在 banner 图的位置上，10 家国外证券公司的 banner 图均设在网页顶部位置（占比 100％），其中有 1 家公司在网页中部、底部添加了次级 banner 图（占比 10％），2 家公司仅在中部区域添加了次级 banner 图（占比 20％）。

而从 banner 图的布局看，除了 Credit Suisse 采用了静态布局，图片与文字编排在左右，没有将图片设定为适应宽屏自动横向拉伸的设置，其余公司的 banner 图均是流式布局（占比 90％），可以适应不同显示器屏幕宽度。

从数量及效果看，banner 图如果为单图，一般采用静态效果；如果数量比较多，则采用轮播效果（手动或自动）。 国外证券公司中，6 家的 banner 图采用了单图静态方式，4 家采用了多图动态轮播模式。 在图片的像素画质上，国外证券公司网站图片质感细腻、像素高、色彩清晰、构图协调，版面上的留白处理得也非常好。

而从 banner 图的链接功能看，10 家国际知名证券公司中，有 9 家是点击banner 图或者嵌入图内的功能模块、文字可链接至相关页面，1 家的部分banner 图功能区可链接。 banner 本身的功能，就是一个网站把最想要推介、最想被看到的内容凸显在首页的广告栏上，引起更多用户点击查看详细的内容或相关资料的兴趣。 国外知名证券公司官网首页上，不仅 banner 图可链接，而且往往在 banner 图上嵌入了相关功能模块，并添加一些文字标题或者引导式摘要，帮助用户浏览主旨，决定是否进一步点击链接查看详细内容。这种布局不仅使得用户友好度比较高，也有助于吸引用户的注意力，引导用户去了解公司主动推送的内容或者信息。 国外证券公司官网首页中 banner 部分的点击链接（占比 90％）比较合理地发挥了 banner 本身的推广、引流功能。

　　通过观察分析国内主要证券公司英文官网首页 banner 图的布局设计（如表 9-6 所示），笔者发现，国内证券公司都一致将 banner 图放在了首页的顶部，在位置分布上，不像国外证券公司那样根据主题及主次排布。

表 9-6　中国主要证券公司网站首页 banner 图布局

公司名称	位置	数量	效果	点击链接	内容
中信证券	无	无	无	无	无
国泰君安	顶部	2 个	宽屏自动轮播	不可链接	国泰君安 2019 环境社会治理报告 上海浦东 CBD 建筑群
招商证券	顶部	1 个	非宽屏静态	不可链接	万马奔腾
广发证券	顶部	2 个	宽屏自动轮播	不可链接	广发证券英文缩写中嵌入全球金融中心建筑 山水风景
海通证券	顶部	3 个	宽屏自动轮播	链接下载报告	海通证券 2019 企业社会责任报告
				无效链接	海通证券 logo 如星河般与都市夜景融合
				链接至中文网页	上海浦东与香港 CBD 隔江相望夜景
华泰证券	顶部	1 个	宽屏静态	不可链接	登山者在雪山顶
银河证券	顶部	5 个	非宽屏自动轮播	不可链接	昆仑雪山
					故宫宫殿上的瑞兽
					古代浑天仪
					有中国特色纹饰的古代建筑
					长城
中信建投	顶部	1 个	宽屏静态	不可链接	山川

续　表

公司名称	位置	数量	效果	点击链接	内容
中金公司	顶部	4个	宽屏 flash动图 自动轮播	链接有效	北京CBD建筑群 商务办公会议桌
东方证券	顶部	3个	宽屏 自动轮播	链接下载 公司中文 宣传片	爱心助农扶贫漫画（中文） 超值福利季海报（中文） 行业文化建设专栏海报（中文） 代表公司品牌形象的海报（中文）
光大证券	顶部	1个	宽屏 重复轮播	链接无效	数表分析
东吴证券	顶部	1个	宽屏 静态	链接有效	浦东CBD建筑群
浙商证券	顶部	1	宽屏 静态	不可链接	浙商证券总部大楼
长城证券	顶部	1	宽屏 静态	不可链接	商业楼

　　而在banner图的布局上，14家公司中，除了中信证券没有设计banner外，11家采用了宽屏拉伸的方式，而招商证券、银河证券这2家公司的banner采用的是常规图片，未做宽屏拉伸处理，位置居中，左右留白较多。后两者的网页布局模式，并非出于视觉效果的留白，而是在设计上还停留在电脑显示屏分辨率较低而无法延伸的阶段，属于静态页面布局。所以，这两家公司的banner图像素很低，画面模糊。事实上，在banner图的风格上，很多国内证券公司偏好画报、海报风，例如东方证券的一系列商业促销海报、漫画风格的图片，广发证券的公司英文名缩写海报图等，但这与金融机构本身所应该具备的专业性、前沿性、可靠性形象相差甚远。

　　而从banner图的效果及数量来看，7家公司的banner图都是单图，6家采用的是多图，这与国际证券同行趋近。一般来说，单图banner采用静态模式比较合适，但光大证券对同一个banner图采用自动轮播的方式。而在采用多个banner图的公司中，大多用了自动轮播，中金公司在banner部分，还用了flash动图的效果，呈现北京CBD车水马龙的景象，但是由于宽屏过宽，使得被拉伸后的图片略显模糊，且整个页面全被图片铺满，留白不足。

从 banner 图的链接功能来看，13 家设计 banner 的国内证券公司中，8 家公司的 banner 图不可链接，2 家公司的 banner 图链接有效。 而海通证券首页的 3 个 banner 图中，1 个链接无效，1 个链接至中文网页，1 个链接至下载企业社会责任报告；东方证券官网首页的 4 个 banner 图，点击后全部链接至下载界面（公司的中文宣传片）；光大证券链接无效。 也就是说，实际真正具备 banner 图链接功能且有效的只有 2 家（占比 15.4％），其余 11 家都是无效的（占比 84.6％）。 一个网页的 banner 图没有链接功能，其也就失去了本身凸显网站众多信息中的要点信息的功能，仅仅作为网页的装饰部分。 这也是国内证券公司与国外证券公司的一个巨大差异。

9.5 网站总体架构

为了更深入地了解国内外证券公司的网站架构设计，笔者对本研究中所涉及的两组语料逐一进行了网站内部架构的调查和统计。 以下笔者将基于这些统计，对国内外证券公司的网站架构进行分析。

通过分析比较国际知名证券公司官网首页的架构（如表 9-7 所示），笔者发现这些公司网站中的导航栏一级目录的数量都比较少，一级目录平均数量为 5.7 个，而二级目录平均数量为 4.9 个，三级目录平均数量为 22.1 个。 尽管每个证券公司的一级目录的设置及名称有所变化，但大同小异，主要包含：公司简介（Who We Are/About Us/××）、公司产品服务（What We Do/Services/Our Products/Solutions）、具体服务名称（如 Wealth Management/Asset Management/Investment Bank）、企业金融研究观点（Our Sights/Insights/Research & Insights）、人才招聘（Careers/Working with Us）、新闻动态（Media Room/Media Relations/News Release）、投资者关系（Investor Relations）、客户服务（Client Login/Offices/Contact Us/Login/Find An Advisor/Help）、企业社会责任（SDGs/Citizenship/Sustainability）这几类。 在一级目录的设置上，总体都较为合理，基本不存在雷同类目，区

别在于各个公司所展现的侧重点。 同时，在用词上言简意赅，有些公司全部用 1 个单词表达，如 Standard Chartered，有些最多不超过 3 个单词。 这不仅对网页整体的美观度、框架设计等提供了便利，而且为客户在网站上搜索信息提供了更加清晰的框架。

表 9-7　国际知名证券公司一级目录设置情况

公司名称	一级目录栏目	一级菜单（个）	二级菜单（个）	三级菜单（个）
Morgan Stanley	Our Sights；What We Do；About Us；Careers；Media Relations；Client Login	7	7	32
Goldman Sachs	Our Firm；What We Do；Insights；Citizenship；Careers；Investor Relations；Media Relations	7	3	26
J. P. Morgan	J. P. Morgan Securities；Who We Are；Services；Insights；Offices	7	8	10
Bank of America Merrill Lynch	Working with Us；Your Life Priorities；Research & Insights；Find An Advisor	4	4	18
Credit Suisse	Global Capabilities；About Us；Careers	3	3	14
Union Bank of Switzerland	Wealth Management；Asset Management；Investment Bank；About Us；Careers	5	5	25
Standard Chartered	Banking；Careers；Investors；About Us；Sustainability；Insights；Media	7	4	21
HSBC	Who We Are；Our Approach；Investors；Media；Careers；Insights	6	4	9
Nomura	Home；Who We Are；What We Do；Investor Relations；Media Room；Citizenship；Careers	7	7	38
Daiwa	About Daiwa Securities Group；Investor Relations；SDGs；News Release	4	4	28
平均数		5.7	4.9	22.1

通过分析国内主要证券公司在英文门户网站首页导航栏的一级目录（如表 9-8 所示），笔者发现，跟国际证券业同行相比，国内证券公司在首页一级目录的设置上，数量稍微多一些，平均数为 6 个。 同样，笔者对其做了归

类，主要包括：公司简介（About Us/Corporate Information/Who We Are/About XX）、产品服务（What We Do/Business/Principal Businesses/Product & Service/Our Business/Business Overview）、具体服务名称 Weath Management/Customer Service/Trade）、投资者关系（Investor Relations/IR Services）、金融研究观点（Research/Investor Education/CMS Ideas）、新闻动态（What Happened/News/News Center/Announcement & Circular）、企业社会责任（CSR）、人才招聘（Careers/Join Us）、客户服务（Contact Us）等。从首页一级目录的种类来看，国内证券公司与国际证券公司的架构设置相差无几，但细细研究，会发现国内证券公司在英语语言表达、架构设置有效性等方面存在着诸多问题。

表 9-8　国内主要证券公司外文网站一级目录情况

证券公司	一级目录国际化栏目	一级菜单（个）	二级菜单（个）	三级菜单（个）
中信证券	Corporate Information; Share & Dividend; Financial Information; Events; Announcement & Circular; Earnings Announcement; IR Services; Contact Us	8	8	17
国泰君安	Home; About Us; What Happened; What We Do; Investor Relations	5	5	16
华泰证券	Home; About us; Corporate Governance; Information Disclosure; Stock Information; Presentations; Investor Services	7	6	0
招商证券	Home; About Us; Business; CMS Ideas; CSR; Investor Relations; Careers; Contact Us	8	8	29
广发证券	Home; About Us; Business Overview; Investor Relations; Research; Careers	5	6	15
海通证券	Home; About Haitong; Product & Service; Investor Relations; Join Us; Haitong Group	6	6	13
银河证券	Home; About Us; Our Businesses; News; Investor Relations; Contact Us	6	6	15

续 表

证券公司	一级目录国际化栏目	一级菜单（个）	二级菜单（个）	三级菜单（个）
中信建投	Home；Business；Research；Weath Management；Customer Service；Trade；About CSCI	7	8(3 个无效)	2(1 个无效)
中金公司	Home；About Us；Our Business；Investor Relations；News Center；CSR；Join Us	7	7	24
东方证券	Home；About Us；Principal Businesses；Investor Relations；Contact Us	5	5	35
光大证券	Home；Fuzun Website；What We Do；Investor Relations；Investor Education；Who We Are	6	6(5 个无效)	0
东吴证券	Home；Who We Are；What We Do；Investor Relations；Careers	5	7	12
浙商证券	About Us；Our Business；Our Culture；Chinese	4	4	6
长城证券	Home；About Us；Our Business；Investor Relations；Join Us	5	5(3 个有效)	3(1 个链接至中文网页)
平均数		6	8.7(有效 7.6)	18.7(有效 18.5)

　　首先，从英语语言层面看，"公司产品服务"这一栏目的英语表达比较多样化，What We Do/Services/Our products/Solutions，或者具体的产品服务名称，都是国际上比较通用的。 但是国内很多证券公司用了 Business，Business 泛指一切商业活动，用在这里就显得过于笼统了。 证券公司的客户既有个体，又有商业机构，比如那些有上市、收购、并购意向的企业等，用 business 可能会产生歧义，让读者认为这是企业客户的栏目。 所以，笔者建议，此处还是要遵循国际习惯，用 What We Do/Services/Products/Solutions 来表达。 还有"金融研究观点"栏目，国内证券公司译为 Research/Investor Education/×× Ideas，都未指明关键内容。 尽管此栏目的确是各证券公司的金融研究团队的研究观点，但是重点并不在"研究"本身，而是研究后的金融报告、观点、判断等。 investor education 这种表达，强调对投资者的教育，

但金融机构的研究观点只是给投资者一些专业信息，而不是对他们进行教育，该词用在这里失之偏颇。而 idea 一词，会让人误以为是关于公司文化理念的内容。因此，笔者建议用 insights 一词描述"金融研究观点"栏目。

其次，国内证券公司英文网站首页的架构上存在一些不合理的设置。例如中信证券，设置了 8 个一级目录，分别是：Corporate Information、Share & Dividend、Financial Information、Events、Announcement & Circular、Earnings Announcement、IR Services、Contact Us。一级目录一般是网站的顶级目录，是整个网站的主要架构，里面包含一些功能模块；点击打开某个功能模块，就能进入二级目录，介绍此功能。所以一级目录应该是纲领性的内容。而中信证券网站首页导航栏中，Share & Dividend 应该放在 Financial Information 下，Events 跟 Earnings Announcement 应放在 Announcement & Circular 下，而不是把原本应该属于二级目录的栏目放在跟一级目录平行的位置，这便是栏目设置凌乱重叠。出现类似问题的还有中信建投，Weath Management、Customer Service、Trade 这几个一级目录，其实跟 Business 一样，都是表示证券公司可以提供的产品或者服务，不需要既设置大类目，又罗列类目下属的产品服务明细。此外，国内证券公司的二级、三级目录设置也存在较多问题，中信建投、光大证券、长城证券的二级目录中，存在较多的无效链接。同样的问题也存在于其三级目录的设置中，光大证券、华泰证券甚至连三级目录都未设置。所以，建议国内证券公司在英文网站的设置上，仔细厘清栏目的层级关系。

最后，国内证券公司英文网站首页在导航目录的设置上，要重新思考其有效性。面对不同的受众，在网站架构设置、语言表达、网页风格上都要采取灵活的策略以适应不同的目标用户。而不少国内证券公司的英文网站，却是原样照搬其中文网站的内容与框架，缺少受众意识，导致交际失败。如光大证券英文版官网的导航栏是完全按照中文版网站的内容翻译的，包括中文网站上的"富尊网"，其本身是光大证券互联网综合金融平台，译为 Fuzun Website。暂且不论这个名称的翻译规范问题，点击后，直接链接到中文版的网页。事实上，光大证券英文官网上首页导航栏的所有一级目录，点击后都是一个结果，即链接到其中文版网页，所以该公司并未真正设置英文版二级网页。 这种"半吊子型"英文网站，非但不能帮助国际用户更好地了解公司、获取信息、享受服务，反而会有损公司的国际形象和专业度，其信息传递及跨文化交际是无效的。 有类似问题的还有长城证券，其英文网站首页导航栏一级目录中，Investor Relations 与 Join Us 两个栏目并无链接，也就是说，这两个栏目是无效的，尚未设置相关功能模块与具体英文内容。 Our Business 栏目所链接的网页，其内容非常单薄，仅有一小段英文文字。 海通证券英文官网首页一级目录中的 Join Us 栏目，点击后也是跳转至其中文的招聘网页。 建立外文版网站的目的，是建构国内证券公司同国际社会及时沟通的桥梁，提高国内证券公司的国际形象，吸引潜在国际客户。 而搭建的外文网站门户缺失实际的国际版网站内容，只是用中文版网页作为链接填充，这样的设计不如删去。

10

中国证券公司网站国际化营销能力研究

　　网站营销能力指的是一个企业的网站功能模块或内容是否能对企业的产品、服务、市场调研等起到比较好的推介效应。对于一家证券公司而言，由于其本身并非像电商一样是销售公司，其业务主要包括证券经纪、证券投资咨询、证券承销与保荐、证券自营、证券资产管理、并购等，所以公司门户网站的营销能力主要体现在对其产品、服务以及企业品牌的可靠性、专业性的展示。

　　所以本研究对于证券公司网站营销能力的考量，一方面包括网站中对公司所提供的产品服务的英文推介、股票代码及股价信息、在线注册等具体化的显性营销；另一方面，包含新闻资讯、信息报告披露等关于公司发展动态及财务状况的隐性营销。作为一家在金融界具有专业威望的证券公司或者投资银行，及时宣传公司的业务发展动态，分享金融资讯，有助于巩固公司作为专业金融研究机构的标杆地位；同时公司发展的投资动态对业界有引导作用，有助于在投资者或者用户心中建立对企业的信任。因而本研究将各证券公司在其官网上的新闻动态及其时效性，也作为衡量其网站营销能力的参数。

10.1 国外证券公司网站营销能力

笔者从新闻时效、信息披露、产品推介、股票信息、资讯订阅等维度，对各个证券公司官网进行深入的调查，并将所得的数据列入表格；同时结合每个指标的具体设计及展示内容，进行定性与定量分析。

10.1.1 国外知名证券公司网站新闻时效性

通过调查，10 家国外知名证券公司官网新闻的时效性还是比较好的。截至笔者撰写此部分内容的时间（2020 年 9 月 15 日），所有公司在其官网上发布新闻的最新时间，都在 2020 年 9 月，只是公司与公司间的时效性稍微有些差异（具体如表 10-1 所示），且新闻发布的频率也比较高。比如 Morgan Stanley，从 2020 年 9 月 1 日至 9 月 15 日，其官网的 Newsroom 中，已经有 4 篇非常详细的新闻报道。从内容上来说，这些新闻报道来自全球各个城市，如东京、卡尔加里，所报道的主题都围绕 Morgan Stanley 在全球的发展动态，例如 Morgan Stanley 多元文化实验室扩容、与日本信托银行集团成为战略合作伙伴等，新闻报道内容详细，视角专业。

表 10-1　国外知名证券公司网站营销能力

公司名称	新闻时效	信息披露	产品推介	股票信息	信息订阅
Morgan Stanley	2020-09-10	2020-07-16	首页主体图片＋引导式摘要；二级页面 What We Do	二级页面 Investor Relations	邮箱订阅（首页自动跳出）
Goldman Sachs	2020-09-09	2020-09-04	二级页面 What We Do	无	邮箱订阅首页下方；Insights 二级页面底部
J. P. Morgan	2020-09-14	2020-09-04	首页主体图标＋引导式摘要；二级页面 Service	无	

续　表

公司名称	新闻时效	信息披露	产品推介	股票信息	信息订阅
Bank of America Merrill Lynch	2020-09-11	2020-09-15	首页导航栏 Your Life Priorities	二级页面 Information for Shareholders	邮箱订阅 Research & Insights 二级页面底部
Standard Chantered	2020-09-15	2020-09-15	首页导航栏	无	社交媒体
Credit Suisse	2020-09-14	2020-09-02	二级页面 Our Products & Service	无	邮箱订阅二级页面 Reports & Research 及 News Service Subscription
Union Bank of Switzerland	2020-09-15	2020-07-21	首页主体 Our Capabilities；首页导航菜单具体产品	首页主体全球各股票交易所指数动态	邮箱订阅 About Us 下 Media
	2020-09-15	2020-09-14	首页导航栏 Banking	Investor Relations 二级页面顶部显示其股价	社交媒体
HSBC	2020-09-10	2020-09-10	Our Business & Customer 首页导航栏 Who We Are 下；首页主体图片引导	首页顶部栏滚动式出现 HSBC 在全球各个股票交易所的股价动态	社交媒体 RRS 订阅
Nomura	2020-09-14	2020-08-31	二级页面 What We Do 下	无	邮箱订阅首页下部
Daiwa	2020-09-07	2020-07-31	无	首页右下	邮箱订阅 Investor Relations 二级页面

　　值得一提的是，Morgan Stanley 在 Newsroom 这一板块，对新闻的呈现方式非常多元化，不仅包括传统的文字新闻，还包括 Media Resources，主要功能是向所有媒体资源免费分享可供新闻媒体报道的公司 logo 图片、印刷海报、公司宣传视频、GIF 动图、公司领导层的官方照片等。换言之，Morgan

Stanley 不仅将新闻发布的权限掌握在自己手上，还鼓励各种渠道的媒体为公司进行报道，并为其提供使用公司 logo 等宣传专利资源的版权。 这对于扩大公司的传媒影响力具有非常大的乘数效应。 此外，公司也设置了 Media Contact 板块，发布其在美洲、欧洲、非洲、亚洲等区域的媒体关系中心的联系方式，并欢迎各方提供各类媒体资源及新闻素材。 Morgan Stanley 在其官网上采取的这种"开源式"新闻战略，有助于提高公司在网络上的营销与公关能力。 很多其他国外证券公司，如 HSBC、Standard Chartered 等，都在其网站的 Media 板块采用了"开源式"媒体策略。

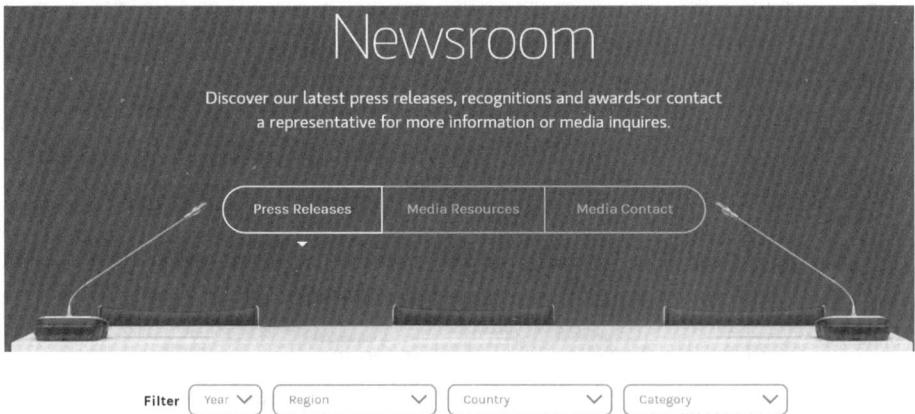

图 10-1　Morgan Stanley 官网的 Newsroom 板块

此外，一些公司还将新闻传播拓展出了传统文字媒体的边界，新闻资讯的形式既有传统的文字新闻报道，又有视频资讯；投资者关系的信息披露，包含 Earning Release、Presentations、Webcast 等多种形式的内容，企业财报，路演 PPT，视频电话会议。 例如 Union Bank of Switzerland，其 Media 板块上除了 News Release，还设有 Social Media、Podcasts 等栏目，用户可以直接在各类主流社交媒体平台上了解公司动态，或者观看、收听公司的各类播客资讯。 Nomura 也将公司网站上的 Media 板块分为 News、Video、Awards 三个栏目，用户可以自由选择自己喜欢的方式。

事实上，通过仔细研究这些公司的新闻板块，笔者发现，每个公司对于新闻动态这一板块设置的醒目程度不一样。 大多数公司都在其官网首页的导航栏或者顶部栏设了专门的媒体板块链接，如 Media Relation（Morgan Stanley、Goldman Saches）、Media（HSBC、Standard Chartered）、Media Room（Nomura）、News Release（Daiwa）等；有一些是挂在网站首页 About Us 或者 Investor Relations 菜单栏下，如 Credit Suisse 导航栏 About Us 下的 Media & News，Union Bank of Switzerland 导航栏 About Us 下的 Media；还有一些未在首页导航栏或主页中出现，而是在首页底部栏添加了文字链接，如 Bank of America Merrill Lynch 首页底部栏的 Media & Journalists。

不论公司网站上关于新闻动态的呈现位置的醒目程度如何，笔者发现，这些国外证券公司并没有将与自身动态有关的一些新闻作为网站重点突出的信息，取而代之的是 Insight 板块的资讯。Insight 往往是这些证券公司或者投资银行的专业金融研究团队基于大量的调研、数据分析、数学建模等，对当前某些投资热点、热门行业、新兴科技前沿、全球经济金融趋势等的研究成果、行业报告、价值及潜力评估等，是一家金融机构进行各类金融投资、设计金融产品、提供金融咨询服务的一大基石。整个金融投资圈，甚至是其他行业跟领域，都十分关注这些知名金融机构定期发布的金融研究报告，这些数据和信息有助于它们对各个行业的未来发展进行科学研判，其具有的价值比公司自身的新闻更加高。因而这些金融机构将自己金融研究团队所发布的行业资讯，放在其官网首页比较醒目的位置，例如 Morgan Stanley、Goldman Sachs、J. P. Morgans 的首页 banner 部分，HSBC、Credit Suisse 的首页主体部分等，反而将 News 板块放在并不显眼的二级页面下。所以资讯的醒目程度应该与其价值性相关联。

知名证券公司或金融机构，大多数是上市公司，具有定期向公众公布公司运行及财务状况的义务，这样也便于投资者或者潜在客户对公司经营状况进行评估。一般来说，公司一些重要的财务报告、公告等文件类信息，都放在企业的投资者关系（Investor Relation，IR）一栏。

10.1.2　国外知名证券公司网站的信息披露

投资者关系是投资者关系管理（Investor Relations Management，IRM）的简称，诞生于 20 世纪 50 年代后期的美国。这一名称包含的内容相当广泛，它既包括上市公司（包括拟上市公司）与股东、债权人和潜在投资者之间的关系管理，也包括在与投资者沟通的过程中，上市公司与资本市场各类中介机构之间的关系管理。 具体而言，投资者关系管理指的是企业运用财经传播和营销的原理，通过管理公司同财经界和其他各界进行信息沟通的内容和渠道，以实现相关利益者价值最大化并如期获得投资者的广泛认同，规范资本市场运作，实现外部对公司经营约束的激励机制，实现股东价值最大化，保护投资者利益，以及缓解监管机构压力，等等。[49]（如图 10-2 所示）

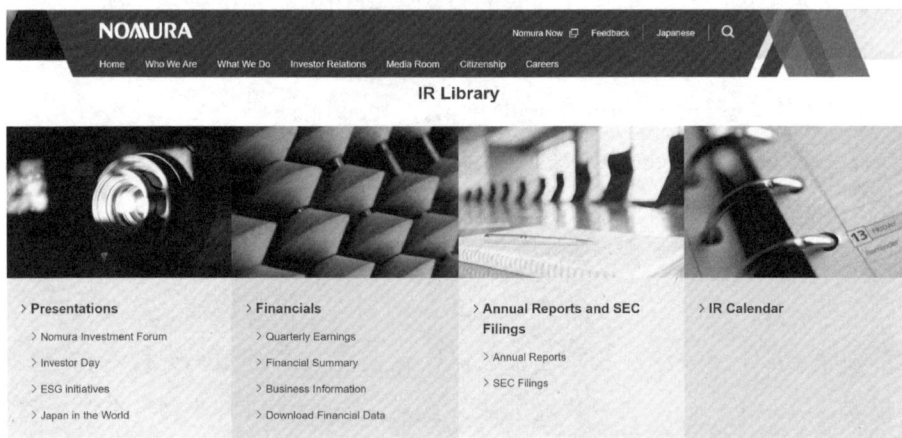

图 10-2　Nomura 投资者关系下的各类信息档案

通过对网站内容的研究，发现国外知名证券公司在信息披露上的合规性、时效性和丰富性是非常好的。 基于对股东及投资者的责任意识，Investor Relations 板块下，公司面向投资者所公布的资源信息包括公司财报、公司路演、网络会议视频、合规性报告、债权人信息、社会环境治理报告等。 这些内容都分块排布在网页上，且基本都是以附件链接的形式出现，用户点击后可直接下载，其形式包括 PDF 文件、音频、视频等。 这些在时效性上稍微比新闻资讯及研究报告差一些，因为很多官方文件的制作，本身具有一定的滞后性。 比如企业财务报表、年报、季报、半年报，都需要专业的财务人员及会计师事务所进行缜密核算，才能向公众发布。 此外，公司还会公布"投资者日历"，向公众预告一整年相关的重要财务事件，比如股东大会、路演、投资大会等，方便投资者安排时间参与相关活动。 这些信息发布的及

时性，以及所发布信息及文件的严谨性，对于一家上市公司的营销推广来说，
具有非常大的助推作用。

10.1.3　国外知名证券公司网站的产品服务

当然，对于一家金融机构，除投资者想了解的企业财务状况及投资分布
等基本情况以外，公司本身可以为客户提供的产品和服务，也是展现其营销
能力的重要内容。通过对网站内容的比较分析，10 家国外知名证券公司中，
除了日本的 Daiwa 官网上没有展示其产品服务，其余公司都以不同的方式向
公众展示了为客户提供的金融产品及服务。

第一种展示类型是"开门见山"式，也就是在公司官网首页的主体部分，
直接设置一个专属的产品服务介绍的模块进行推介。比如，Morgan Stanley
在首页主体部分设置了 What We Do 栏目，所有产品服务都用纵向列表形式
罗列产品名称，鼠标放置其上会自动跳出该产品的引导式摘要及图片，可点
击链接至二级页面（如图 10-3 所示）；J. P. Morgan 也在其网页首页主体位
置，横向列出各类具体的产品名称，同时在下部的栅格中依次罗列产品图片
及广告语，吸引用户点击查看具体内容；Union Bank of Switzerland 在首页主
体部分的 Our Capbilities 板块，罗列了公司的主要产品及引导式摘要。这种
方式的优点是推广效果明显。用户登录门户网站后，最先看到的主体内容就
是产品及服务，无须费力查找。

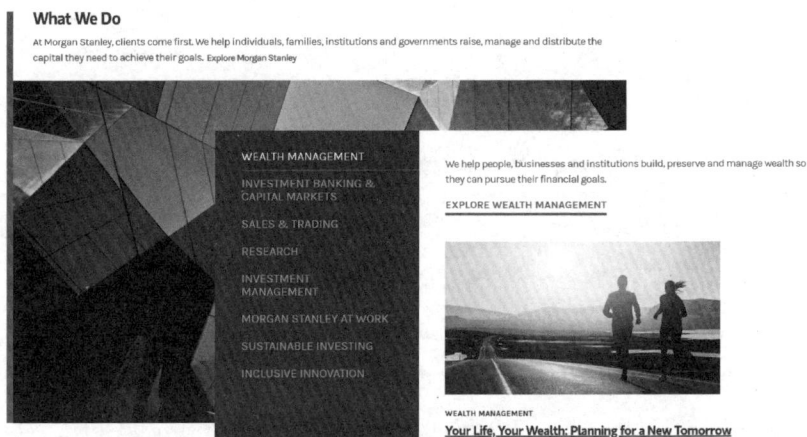

图 10-3　Morgan Stanley 官网首页主体产品介绍

第二种展示类型是"半隐半现"式，也就是公司的产品及服务并非直接在其官网首页主体部分呈现，而是在其首页导航栏的相关菜单下，需要用户点击或鼠标移至相应位置，子菜单下滑出现各类产品名称，进而点击跳转至二级页面。 例如，Goldman Sachs、Nomura 就在其网站首页上导航栏的 What We Do 板块下，做了下滑出现所有产品服务的设定（如图 10-4 所示）；同样的还有 Standard Chartered，其首页导航栏的 Banking 部分会下滑出现各种具体的产品类目。 或者像 Union Bank of Switzerland 那样，在其官网首页的导航栏直接分类展示公司的主要产品类别 Wealth Management、Asset Management、Investment Bank，可点击具体类型的产品跳转至二级页面了解详情。 Credit Suisse 的产品介绍则更加隐蔽，客户在首页导航栏 Career 下的子栏目 Our Business 二级页面下，才能找到 Products & Services 栏目。 这种方式的优点是在整个网页的架构格局上，分层明晰，不会显得信息堆砌，但缺点是客户在搜寻信息上会烦琐费力一些。

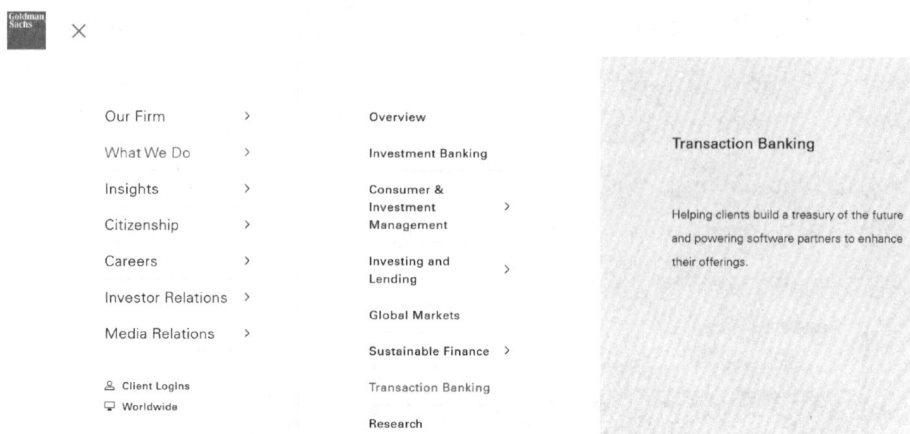

图 10-4　Goldman Sachs 官网首页导航栏 What We Do 下的产品介绍子菜单

第三种展示类型是"个性化定制"式，也就是公司可以为客户提供的产品或者服务，并非按照标准化产品的方式呈现，而是根据每一位客户的实际需求、个人情况、国籍区域等进行专属化的定制。 比如，Bank of America Merrill Lynch 的产品服务介绍，不是以产品类型呈现，而是以客户的不同关注点为分类标准，比如 Finances、Family、Health、Home、Work、Leisure、Giving，以为每一位客户量身定制财富管理及投资方案为理念，按步骤帮客户梳理个性化需求、投资个性、投资目的而最终匹配合适的专属财富管理方案（如图 10-5 所示）。 因而在其官网上无法找到专门的介绍企业产品及服务的板块，需要用户按步骤选择自己的投资或者财务管理目标及偏好，系统匹配相应的金融方案，供客户思考决策；同时通过 Find An Advisor 为每一位客户提供一个专属金融顾问，跟客户接洽沟通。 换言之，是 Solution 导向的产品服务呈现。 这种方式的优点在于，每一位客户都可以享受专属服务，也便于客户提前了解一些投资理念及金融常识，对客户具有一定的金融教育价值，服务上更加人性化。

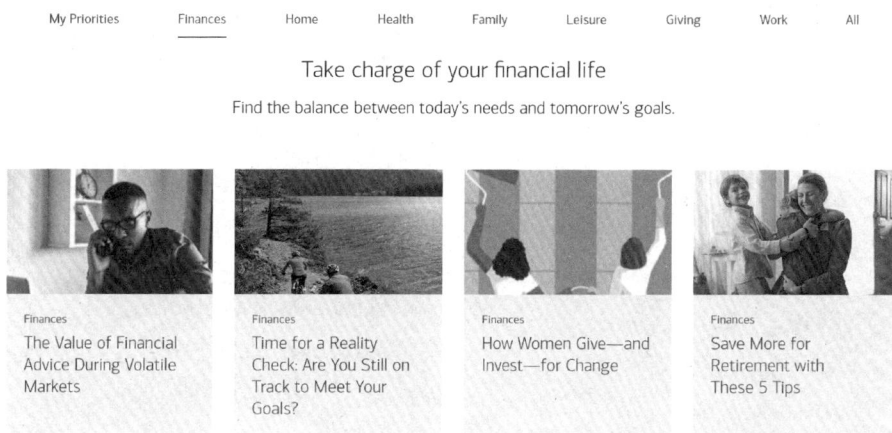

图 10-5　Bank of America Merrill Lynch 官网上个性化定制产品引导界面之一

10.1.4　国外知名证券公司网站的股票信息

对于一家上市的金融机构，其在金融证券市场的估值及股价表现，在一定层面上反映了公司的业绩实力及经营状况，因而在官网上展示其股票信息，对投资者来说也是非常重要的，这对公司网站的营销能力具有一定的支撑作用。本研究深入调查了 10 家国外知名证券公司的官网，发现大约 50％的公司在网站上对公司的股票信息进行了直观的展示，大多是在 Investor Relation 页面下。比如，Morgan Stanley（如图 10-6 所示）、Bank of America Merrill Lynch（如图 10-7 所示）在其投资者关系页面，单独设置了一个栏目，显示公司股票的最新价格、涨跌幅、发行量、所在的股票交易所等信息；或者像 Standard Chartered，在其 Investor Relation 二级页面的 banner 图顶部栏，嵌入了公司在英国伦敦股票交易所、中国香港股票交易所的股价动态，虽然不抢眼，但足够清晰，容易被用户看见。 也有一部分公司是在其官网首页展示其股票信息，例如 Daiwa，在其网站首页的右下角部分，展示了公司的股票信息，位置比较醒目（如图 10-8 所示）；HSBC 则是在其首页 banner 图的顶部栏，滚动显示公司在全球各个股票交易所的股价动态（数字）（如图 10-9 所示）。 Union Bank of Switzerland 并未在网站上显示自己公司的股票信息，但是在其首页主体部分展示了全球各大证券交易所的指数及动态趋势。 应该说，上市企业在官网上展示公司股票信息，是一种对投资者比较负责的信息披露，也是一种增加用户对企业信任值的表现。 笔者认为，符合条件的还是应该展示出来，至于展示的位置及方式，根据每个公司的网站风格及实际布局而定。

STOCK INFORMATION

September 15, 2020

NYSE: MS 50.90   -0.25

52-Week: 27.21 - 57.56

Currency is in USD
Quote delayed 20 minutes

── Stock Quote ──

Last Trade: $25.32

Change: ▼ 0.43 (-1.67%)

Exchange: NYSE

Volume: 23,200,620

Sep 15, 2020 11:09 AM EDT
Copyright West LLC.
Minimum 15 minutes delayed.

图 10-6　Morgan Stanley 的股票信息　　图 10-7　Bank of America Merrill Lynch 的股票信息

Stock price information

\> Chart

| TSE | **468.2**Yen | Change **-3.3**Yen (-0.69%) |

(Code: 8601) Real Time　　2020/09/16 11:30 JST

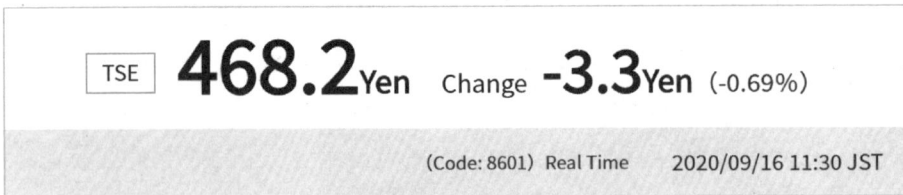

图 10-8　Daiwa 的股票信息

New York USD (HSBC)　　20.71　▲　+0.07　　　　　　Pause ❚❚　　More share prices ⌄

图 10-9　HSBC 的股票信息

10.1.5 国外知名证券公司网站的信息订阅

对于国外客户来说，他们对信息订阅服务的依赖性是比较大的，包括对主要新闻媒体的订阅和对自己所购买产品及服务的公司的产品活动的订阅。因而在本研究中，笔者将证券公司的资讯订阅服务也作为考量其网站营销能力的指标。 通过深入调查，笔者发现在 10 家国外证券公司的官网上，几乎都可以找到它们所提供的资讯或者对金融经济观察资讯的订阅服务，只是在形式上有些差别。

从资讯订阅的形式来看，主要包括邮件订阅、RSS 订阅及社交媒体关注三种类型。 邮件订阅是国际社会使用范围最广的一种订阅方式，类似于订阅报纸杂志，定期将电子版的新闻资讯发送至订阅邮箱。 最常见的是关于公司产品或者优惠活动的资讯，这有助于达到营销宣传的目的。 在这 10 家国外知名证券公司中，7 家公司都为用户提供了邮箱订阅服务。 有些是在比较醒目的位置，例如 Morgan Stanley，在其网站首页上滚动至邮件订阅部分，界面就会自动跳出一个窗口（如图 10-10 所示），即欢迎用户在网站上用自己的电子邮箱地址注册信息，以方便公司定期把相关新闻资讯或者行业动态报告发送至用户邮箱。 这种方式对于用户通过电子邮件订阅的推广效果是比较明显的。 另外很多公司，则是在其网站上的 Media 或者 Insights 二级页面下，底部或者侧边设置邮件订阅界面，方便用户输入邮箱地址，订阅资讯服务，以及及时了解公司动态，如 Bank of America Merrill Lynch、Union Bank of Switzerland、Goldman Sachs 等。 邮件订阅服务对于传统用户来说是比较合适的选择，因为这些群体对新媒体的接受度并不是非常高，更加偏爱邮件文字类的信息传播方式。

除此之外，有些证券公司紧跟时代潮流，采用 RSS 订阅或者社交媒体关注的方式提供公司资讯订阅服务。 这种方式被定义为新闻聚合器，即允许用户和应用程序以标准化（计算机可读格式）的方式访问网站。 采用 RSS 订阅的用户无须手动检查网站上的新内容，它们的浏览器（RSS 软件）会不断监视该站点，并将更新通知用户；还可以命令浏览器为用户自动下载新数据，一般在某些软件或者手机应用中即可使用。 这类信息主要分为文本类 RSS 与音

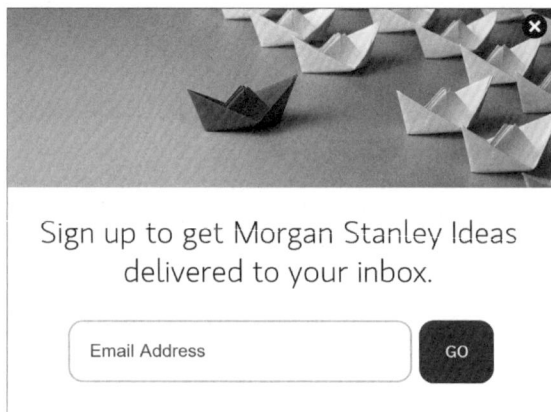

图 10-10　Morgan Stanley 官网首页的订阅服务

频类 RSS，主要优点是省去了重复查找的劳动，能及时追踪新消息并过滤不必要的信息（广告），能整合信息。[50] HSBC 网站上，其二级页面 Insights 及 Media 下的所有文章，底部都有 RSS 标志，用户可点击将其收录至 RSS 栏目中，同时也可以分享至社交媒体平台；Standard Chartered 在其网站上发布的文章、资讯等，底部也会呈现公司自己的社交媒体账号。公司在各类社交媒体平台上的资讯推送往往会加上全文的链接，用户关注后便可以点击查看。使用 RSS 订阅与社交媒体关注服务的好处是，一方面用户不需要登录公司官网，即可被推送最新资讯新闻，且使用起来比较方便，在手机或者其他移动终端上就可以享受这个服务；另一方面，这种新媒介在资讯呈现的方式上更加多样化，不仅包括文字、图片，还有音频、视频等多模态的材料，更加生动直观。从受众群体的偏好来说，这种方式更加符合年轻用户的信息传播偏好。同时，社交媒体本身具备更加巨大的乘数效应，用户在社交媒体平台上对该资讯进行转发，会大大提高该公司的影响力。

10.2　国内主要证券公司网站营销能力

研究了国外知名证券公司的网站营销能力后，笔者又以同样的参数指标，对国内 14 家主要证券公司英文官网的内容进行了分析及统计（如表 10-2

所示），从中可以更清晰地看到国内证券业在其门户网站国际营销能力上的问题及不足，从而提出相应的改进策略。

表 10-2　国内主要证券公司英文网站营销能力

公司名称	新闻时效	信息披露	产品推介	股票信息	订阅服务
中信证券	无	2020-09-07 在中文页面看 2020-08-24 附件	无	无	无
国泰君安	2020-05-26 详细报道	2020-09-02 附件	首页主体 二级页面 What We Do	二级页面 A 股 H 股	无
华泰证券	无	2020-09-01 附件	无	无	无
招商证券	2014-07-19 详细报道	2020-09-02	二级页面 Business	二级页面 A 股 H 股	无
广发证券	2020-03-31	2020-09-09 标题为中文	首页主体 二级页面 Business Overview	首页 H 股 A 股	微博 订阅号
海通证券	2020-06-19 极短	2020-09-10 附件	二级页面 Product & Service	首页 H 股 A 股	无
银河证券	无	2020-09-01 附件	二级页面 Our Businesses	三级页面 H 股	无
中信建投	无	2020-09-04 附件	无	无	微信
中金公司	2020-09-08 详细报道	2020-09-07 请在中文页面查看 有效信息：2020-09-01 英文附件	二级页面 Our Business	三级目录 H 股 曲线图	无
东方证券	无	2020-09-10 请查看中文网页 有效信息：2020-08-28 英文附件	二级页面 Principal Business	二级目录 A 股 H 股	微信订阅号 服务号

续　表

公司名称	新闻时效	信息披露	产品推介	股票信息	订阅服务
光大证券	无	2019-03-28 无效 有效信息：2018-04-27 英文附件	无	无	4 个 微信号 二维码
东吴证券	无	2017-04-14 英文附件	首页主体 二级页面 What We Do	无	微信公众号 二维码
浙商证券	无	无	二级页面 Our Business	无	无
长城证券	无	无	无	无	无

10.2.1　国内主要证券公司英文网站的新闻时效性

从新闻资讯板块的拥有率上来看，国内 14 家证券公司中，只有 5 家是有新闻资讯这个板块的，占比 35.7％。这个比例同国外同行相比，是非常低的，说明国内证券业在其英文网站上的新闻传播意识非常薄弱，公众通过其官方网站获取公司动态信息及金融资讯的渠道过少。

从新闻时效性上来看，国内证券公司的表现也远不如国外证券公司。在仅有的 5 家拥有英文新闻资讯的国内证券公司中，招商证券的新闻还停留在 2014 年 7 月，此后再未更新；其余 4 家企业的新闻发布都在 2020 年。其中，中金公司的时效性最强，截止到本部分撰写时间 2020 年 9 月 15 日，中金公司的新闻更新时间为 2020 年 9 月 8 日，在二级页面 News Centers 中出现，新闻标题为 "CICC Assists Nongfu Spring Co., Ltd. in Listing on the Main Board of HKEx"，报道内容十分详细，图片、数据、文字兼备。国泰君安的新闻更新时间为 2020 年 5 月 26 日，在网站首页中就有相关新闻的引导式摘要，标题为 "He Qing Accepted an Exclusive Interview with Xinhua News Agency"，报道详细，但没有现场图片。广发证券的更新时间为 2020 年 3 月 31 日，在网站首页中的 News 板块中有一系列新闻，标题为 "GF Securities Announced 2019 Annual Results"，内容详细，但没有配图。海通证券的新闻更新时间为 2020 年 6 月 19 日，标题为 "Team Lead by Chen

Yin, Member of the Standing Committee of the Shanghai Municipal Party Committee and Executive Deputy Mayor, Visited Haitong", 但英文报道非常简短, 全篇只有一句, 也没有图片支撑, 其内容性、信息有效性, 跟新闻标题差不多, 其余报道皆是如此。 明显可以看出, 海通证券官网上的英文新闻内容过于简短, 而且从内容上来说, 偏好于报道领导视察或者公司领导的一些社交活动。 对比国外证券公司, 它们的新闻内容中, 更多的是关于公司在经营发展上的一些重大突破, 比如与某些机构的合作、创新实验室的拓展等。国外用户更加注重公司本身的业绩状况、经营理念、投资动态等与公司基本服务相关的资讯。 因而笔者认为, 国内证券公司在英文新闻资讯这一块, 题材及内容的选取要切换成国际视角, 选择一些国际读者更加感兴趣的主题。

此外, 从英文新闻的撰写者身份来说, 上文中笔者已经归纳了国外证券公司的开放式新闻视角。 公司主动向各界媒体共享公司的 logo、宣传片等版权, 欢迎公众及媒体对公司的一些动态进行多渠道的报道, 拓宽其新闻传播渠道。 同时还设立了各地的媒体联系中心, 如有与公司相关的新闻素材, 可主动联系。 笔者建议, 国内证券公司也可以从中吸取经验, 主动建立与有影响力的财经媒体的友好协作关系, 分享公司的 logo、宣传片等版权形象素材, 鼓励各界媒体的积极报道, 同时建立对各类优质报道予以转载及奖励的机制, 拓宽新闻撰写面。

10.2.2　国内主要证券公司英文网站的信息披露

从信息披露这个层面来说, 通过调查, 发现绝大多数国内证券公司都履行了及时披露信息的义务, 除浙商证券、长城证券外, 其他公司均在其英文官网上的相关板块呈现了企业财务报表、公司公告等文件类信息（以链接附件的形式）, 占比 85.7%。 信息披露的时效性也较好, 除了东吴证券、光大证券还停留在 2017 年、2018 年, 其余都保持持续更新, 最新的信息披露都在 2020 年 9 月。 在保证时效性的同时, 不少公司的内容有效性有待提高, 因为部分信息披露只有英文标题, 点击后显示"请在中文版网站查看"的字样; 有些则是无效链接, 比如中信证券、中金公司、光大证券、东方证券。

其中，时间差最大的是光大证券，官网最新的信息披露是 2019 年 3 月 28 日，但点击后无效，实际最新的有效信息披露时间为 2018 年 4 月 27 日，相差近一年。 而其他几个公司，如中信证券、东方证券，都相差一个月；中金公司相差几日。 由于文件类信息的严谨性，准备英文版本的信息需要一定时间，所以存在一些时间差是可以理解的。 但是像光大证券这样近一年的时间差，是不能让用户接受的。 而且，从用户角度以及信息传播的交际效果来看，如果某些信息的语言转换尚未准备完善，宁可不要急于公布在官网上，以免用户或者投资者因为无效链接产生负面情绪，影响对公司形象及专业性的评价。

而从另外一个角度来说，相关信息披露的时效性恰好说明，这些证券公司的英文网站并没有被弃用，依旧作为公司进行企业形象建构及信息传播的十分重要的平台。 而本研究所涉及的国内 14 家证券公司，不少公司的英文官网的建设处于比较简单或者形式主义的状态，比如中信证券、中信建投等，中信证券的首页没有总览性、规划性，而是将 About Us 网页作为首页；中信建投则除首页左侧导航栏菜单为英文以外，网页其他部分都是中文版本。 光大证券英文版网站只有首页有效，其余都是直接跳转至中文网页；长城证券英文官网也只是首页有比较清晰的框架，实际一级菜单中都没有链接，仅作装饰。 如果说公司直接放弃了这些英文版网站的使用，出现这些"烂尾楼"现象，尚且可以理解，而事实却并非如此。 换言之，这些英文网站存在的预设就是"被看见"。 其网站上所展现的每一个信息，都会对其国际化传播效果产生连锁效应。 那么当前部分公司对这些"半吊子型"的英文网站的处理方式，是不负责任的，需要重视。

从传播形式上来说，不论是新闻资讯，还是信息披露，国内证券公司都局限于文字表述这一种。 从上文关于国外知名证券公司的一些研究中，笔者已经分析得出，国外金融机构对于新闻传播及信息披露上的传播形式呈现多样性特征：不仅有文字、图片报道，还有与各种互联网技术融合的新形势，比如 Webcast、Podcast 等。 用户不仅可以下载企业披露的各类财务报表、企业年报等正式文件，还可以收看公司的在线股东大会视频、公司的路演视频及 PPT，收听公司关于行业资讯的音频或者业界专家、企业家关于公司规划的相关访谈。 笔者建议，国内证券公司也可以吸收国外同行的优秀做法，添加更多的多模态元素使得自己的资讯及信息公布形式更加多元化，以提高用户接收信息的感官乐趣，塑造紧跟时代潮流、具备互联网新技术敏感度的良好企业形象。

10.2.3 国内主要证券公司英文网站的产品服务展示

关于对公司产品及服务的展示，通过研究 14 家国内证券公司的英文官网，笔者发现其状况也不尽如人意。 对于如此基础性的信息，很多公司出现了很多疏漏。 14 家证券公司中，中信证券、中信建投、光大证券、长城证券这 4 家公司的官网上，不论是在首页，还是在二级子页面，均没有出现关于公司产品或者服务的信息。

而在其余几家证券公司中，国泰君安（如图 10-11 所示）、广发证券、东吴证券这 3 家公司，不仅在二级页面中详细介绍了本公司可提供的产品及服务，还在其官网首页中做了相关的引导式摘要或者产品标题及图片链接，便于用户登录网站后就能快速有效地找到自己需要的服务。 这个模式跟Morgan Stanley 这一类顶级金融机构的方式相似，不论在网页的布局美观性上，还是在信息内容的有效性上，都表现出较强的受众意识，易于被国际用户接纳。 招商证券、海通证券、银河证券、中金公司、东方证券、浙商证券等，都在相关的二级子页面中展示了公司现有的产品或服务。

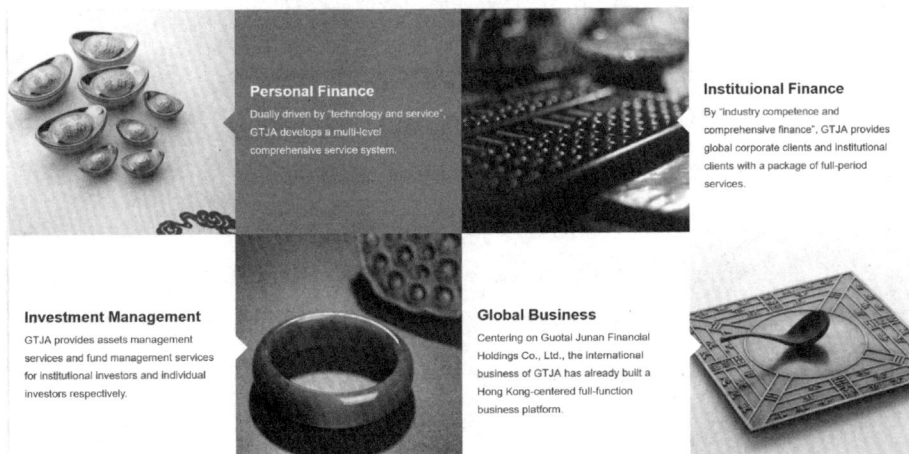

图 10-11 国泰君安官网首页产品服务介绍

其中，呈现方式上有差别。 国泰君安在首页中，以１：１的图文比例在首页主体部分一个版面的栅格中间插入代表中国古代财富的图片，代表其产品；点击图片后，可直接链接至二级子页面更加具体的产品与服务介绍，包括个人金融、机构金融、投资管理、全球商务４个三级页面，每个页面均有具体产品项目的引导式摘要及配图，层次明晰。 同样的还有广发证券与东吴证券，但这两个公司采用的是现代商业风格，广发证券的栅格风格自由度更高，而非东吴证券跟国泰君安的均衡分布风格（如图 10-12 所示）。

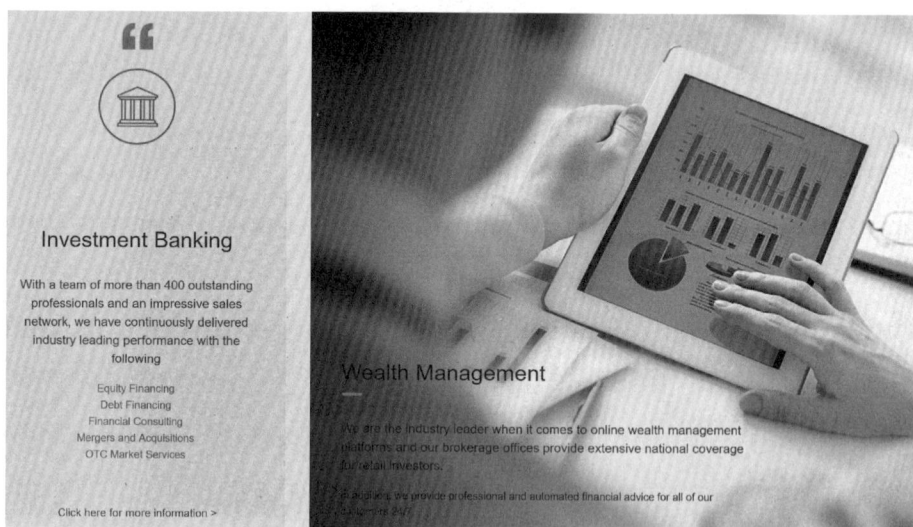

图 10-12　广发证券首页产品介绍

中金公司虽然首页并没有列出具体的产品服务概要，但在 Our Business 二级页面中分层设计，图文并茂，设置引导式摘要，点击后在下一级子页面有详细的英文介绍（如图 10-13 所示）。 东方证券的产品服务在二级子页面下，每个产品纵向排列，可点击标题进入下一级页面，内有详细的英文介绍，但未配图。 招商证券通过点击导航栏 Business 可链接至二级子页面，里面也是层次分明的产品引导式摘要及图片，但是在整体网站的风格布局上及图片文字的视觉效果上需要提高（如图 10-14 所示）。 同样的还有长城证券，二级页面中虽然每个产品都被提纲式分层列明，但实际的英文介绍过于单薄，没有配图。 浙商证券则是通过首页导航栏下滑出产品名称，直接链接至具体产品的页面介绍，也就是说，每个产品都有自己独立的页面。

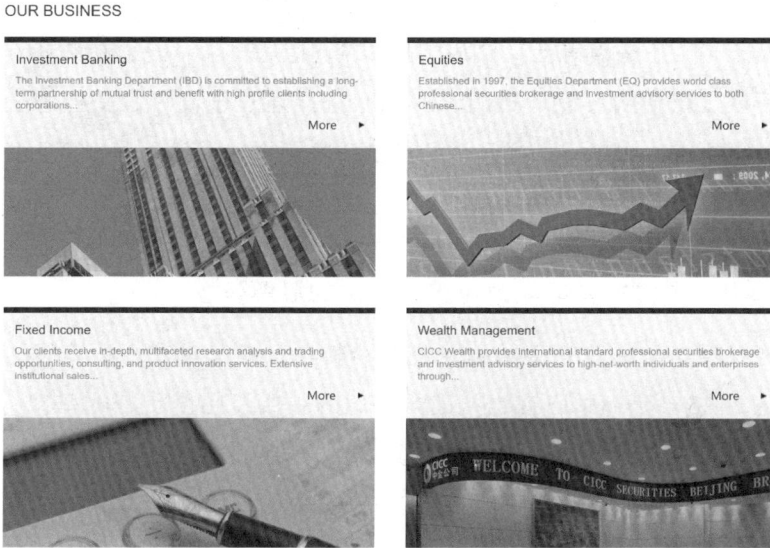

图 10-13　中金公司二级页面 Our Business 下的产品介绍

图 10-14　招商证券英文官网二级页面 Business 下的产品介绍

总体来说，国内证券公司中，多数公司英文网页中都展示了其产品服务（占比 71.4％），但是英文传播质量不尽相同。 有部分企业不论在图文布局、网站架构，还是语言上，都跟国际水平相差无几。 但也存在不少企业，在内容呈现上出现网页设计过时、产品服务描述过于简单、多模态元素不足的现象，需要进一步丰富、提升，尤其是那些至今在产品服务呈现上仍然空白的公司。

10.2.4 国内主要证券公司英文网站的股票信息

证券公司本身具备的金融属性及证券特色，使得其在证券市场上的表现更加引人关注。 因而本研究也将证券公司的股票及股价状况的呈现，作为评估证券公司英文网站营销能力的参考要素。 在这 14 家公司中，只有 7 家在其英文网页上展示了自己的股票代码及股价波动情况（占比 50％）。 其中，广发证券、海通证券在首页呈现了公司股票信息。 广发证券在首页用了醒目的底色及字号，展示了公司在 A 股和 H 股的股票代码、实时股价、涨跌价格幅度（如图 10-15 所示）；海通证券则是在首页 banner 图的底部，用数字呈现公司在 A 股、H 股的股价及涨跌幅度，相关二级子页面中也有呈现。 这种方式跟 HSBC 及 Standard Chartered 的股票信息展示方式相似。 其余几家公司则是在相关二级或者三级子页面中呈现公司股价信息（如图 10-16 所示）。不少公司还用了动态曲线图，列出了公司在过去 3 个月内的股价波动曲线，以及当前的股价详细信息，还可供用户下载图表，导入 Excel 进行数据分析，可以说做得非常细致周到（如图 10-17 所示）。 股票价格往往跟公司最新的经营状况、投资动态等相关，体现了当下投资者对各个公司未来业绩的一种预期。 不论是个人用户还是机构用户，他们对公司股价的敏感度都很高。 从某种程度上来说，股票价格是对企业价值的直观体现。 因而笔者认为，在英文网站中适当展示公司股票动态信息，也是助力证券公司营销能力的一种方式。 国内证券公司在这一方面，还是跟国际水平接近的，有些公司的信息丰富性、细致性甚至超过了国外一些同行。 至于在展示的方式及位置选择上，每个公司各有其风格。

图 10-15 广发证券首页的股票信息

| A-Share

GuoTai JunAn（601211.SH）

2020-09-16 15:31:58

Open：18.40	Close：18.41	Wave：1.63%
High：18.56	Vol：19.68Million	C-MV：87.79Billion RMB
Low：18.26	Amount：0.36Billion RMB	T-MV：140.22 Billion RMB

18.39 ↓ **-0.02** **-0.11%**

L-up：20.25　　L-down：16.57

图 10-16 国泰君安 Investor Information 下的股票信息

16/06/2020 - 15/09/2020

■ China International Capital Corporation Ltd Open:**14.06** | High:**19.62** | Low:**13.94** | Close:**17.60**

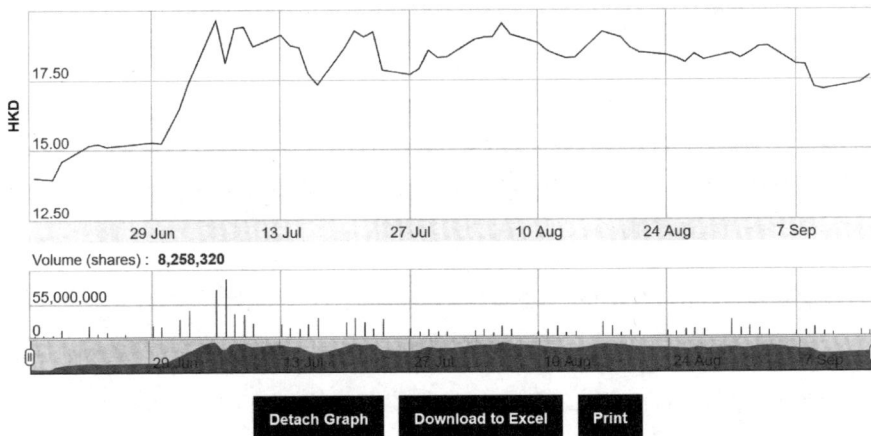

图 10-17 中金公司 Investor Relation 二级页面下的股票信息

10. 2. 5　国内主要证券公司英文网站的订阅服务

对于订阅服务，上文在分析国外证券公司的时候，已经论证了订阅服务对企业网站营销能力的重要性。 因而此处我们专门就国内证券公司网站在这一方面的表现进行分析。 通过调查可知，14 家国内证券公司中有 9 家公司的英文官网上没有为用户提供订阅服务。 而在另外 5 家包含此功能的证券公司中，无一例外，所提供的订阅服务都是国内社交媒体的订阅服务，是公司的官方微博、公司官方微信公众号等。 可以说，这样的订阅服务从传播效果上看，其实是无效的。 因为英文网站面对的是国际用户，他们所使用的社交媒体都是国际化的社交媒体，例如 Facebook、Twitter、Instagram、LinkedIn 等等。 即便国内证券公司做不到像国外知名金融机构那样定期发布高质量的金融资讯或者金融行业分析报告，也可以像 HSBC 一样利用社交媒体发布公司的新闻资讯及企业财报。 一个面向国际社会的订阅服务，所采用的传播渠道却是一些没有国外用户基群的平台，那么这个订阅服务的信息发送者与接收者，就是完全错位的。 国内证券公司既然有能力撰写专业的英文财报等文件，那么英文新闻的撰写以及英文社交媒体平台的运营，对这些公司而言也并非难事。 即便不能像 Morgan Stanley 这样的全球知名金融机构一样定期发布经济观察报告，也可以充分利用国外的社交媒体平台发布公司的新闻资讯、投资动态等。

10.3　国内主要证券公司英文网站营销能力提升建议

总体来说，国内主要证券公司在其英文网站的营销能力建设上，与国际水平的差距还是比较大的，有一些普适性的问题，如英文新闻资讯的拥有率很低，新闻的时效性不够，新闻的内容及信息的丰富度过于单薄等，需要进一步修正、提升。 而在信息披露上，很多公司的时效性表现尚佳，发布比较及时，远比英文新闻资讯要快很多。 但是依旧存在部分信息只有标题没有内容

的现象，或者直接引导用户登录中文网站查看，实际有效信息滞后，建议充分
准备材料以后再公布至官网。 在传播形式上，英文新闻资讯与公司信息披露
方面都存在形式过于单一的情况，拘泥于传统文字形式，可以借鉴国外做法，
借助现代信息技术融入视频、音频等元素。 在产品服务的展示方面，部分公
司的官网上缺失这一板块功能，但是也有不少公司的表现形式及内容都与国
际水准接近。 在股票信息上，并非所有公司都在网页上展示了这项内容，有
些公司对股票信息的呈现非常细致，且功能性突出，便于投资者下载后分析，
做得比国外更周到。 而在订阅服务上，国内证券公司缺乏国际传播的意识，
未在网站上设置此功能，或者全部用国内受众使用的传播平台，诸如微信、微
博，没有考虑国际用户的媒介使用偏好，建议国内证券公司撤销这些无效的
订阅服务方式，积极开拓其在国际社交媒体上的新闻资讯及信息披露的新媒
体订阅服务渠道。

11

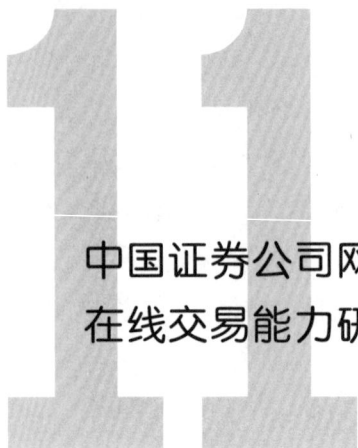

中国证券公司网站国际化客户服务及在线交易能力研究

企业网站的功能除进行企业宣传外，还有为用户提供服务，包括在线服务、投资者关系维护、人力资源等，这也同其在线交易能力相关。在评估证券公司网站的客户服务能力方面，主要考量客户联系渠道、客服互动、注册登录、人力资源、网点信息、网站搜索；而在评估其在线交易能力方面，则主要考量在线注册、用户登录、在线交易者三个指标。由于这两种能力在体现方式上有一些重叠，所以在本部分的研究中，将采取综合考量的方式，对国内外两组语料进行调查、统计、归类，并根据数据结果进行分析。

11.1 国外知名证券公司网站的客户服务及在线交易能力

笔者从联系渠道、客服互动、注册登录、人力资源、网点信息、网站搜索这几个角度，对国外知名证券公司网站客户服务能力进行了深入的调查，具体结果如表 11-1 所示。

表 11-1　国外知名证券公司网站客户服务能力

公司名称	联系渠道	客服互动	注册登录	人力资源	网点信息	网站搜索
Morgan Stanley	网页底部 Contact Us	在线留言平台	首页顶部	首页导航栏、主体、底部栏，二级页面 Careers	首页底部栏 Global Offices，首页导航栏 About Us 下 Location	首页导航栏
Goldman Sachs	Investor Relations 二级页面下 Contacts	无	首页导航栏、首页底部栏	首页导航栏、主体，二级页面 Careers	首页导航栏 Worldwide 下 Location	首页导航栏
J. P. Morgan	首页导航栏、网页底部栏	在线留言平台	首页导航栏	首页顶部栏、底部栏 Careers	首页主体 Global Scale、Local Presence，首页底部栏 Loctions	首页顶部栏
Bank of America Merrill Lynch	首页顶部栏、首页底部栏	APP	首页顶部栏、首页 banner	首页底部栏 Job Seeker	首页导航栏 About Us 链接至二级页面内 Locate a Global Office	首页顶部栏
Credit Suisse	首页顶部栏	用户在线留言板区域网站的虚拟客服	首页顶部栏	首页导航栏 Careers、首页底部栏 Careers	首页主体 International Wealth Management、首页底部栏 Locations	进入二级页面后，出现在顶部栏
Union Bank of Switzerland	首页导航栏、首页底部栏	无	首页顶部栏	首页导航栏、首页底部栏	首页顶部栏 Location、首页底部栏 Contact 下 Main Offices	首页顶部栏
Standard Chartered	首页导航栏 About Us 下	社交媒体、视频银行、区域网站在线客服	首页顶部栏	网页底部栏 Careers	首页导航栏 About Us 下 Our Locations	首页顶部栏
HSBC	首页导航栏	无	首页顶部栏	首页导航栏、主体、底部栏 Careers	首页顶部栏 Contact 链接至二级页面 Office	首页顶部栏

续　表

公司名称	联系渠道	客服互动	注册登录	人力资源	网点信息	网站搜索
Nomura	首页顶部Nomura Now 链接至二级页面下Contact Us	首页Feedback客户留言平台	首页顶部栏	二级页面Careers	首页导航栏Who We Are 下About Numura Group 链接至二级页面下	首页顶部栏
Daiwa	首页顶部栏Contact Us	无	首页左下方	无	About Us 下Global Network	首页顶部栏

那些对企业信息有疑问，或者在产品服务的使用上需要帮助的用户，或者想获取更多详细企业资讯及财务信息的机构用户，能及时联系公司进行有效沟通是非常重要的，而这对一家企业的客户服务能力来说是最基本的要求。联系方式的多样化，以及沟通渠道的有效性、便利性，会大大提高其客户服务水平。

11.1.1　国外知名证券公司网站的联系渠道

研究国外知名证券公司官网在联系方式方面的情况后发现，每家公司都做了比较细致的设置。10 家公司中，8 家在其首页顶部栏或者导航栏区域设置了 Contact Us 或者 Contact 文字，可链接至二级子页面，有些还在网页底部栏重复设置了相同的链接，方便用户在底部栏集中搜寻自己需要的功能链接。Goldman Sachs 在 Investor Relation 二级页面下设置了 Contact Us，而Nomura 则是在其首页顶部栏上点击 Nomura Now 后跳转至二级页面下的Contact Us。这说明所有公司都有为客户提供联系方式的意识。

笔者研究发现，不管其在网页放置的位置如何，所有国外证券公司的内容大多都比较相似。不是简单地把公司的官方地址、电话、传真、邮箱等信息罗列出来，而是根据具体的业务服务种类，以及客户所在的国家地域，让用户自己更精确地选择符合自己需求的联系方式，一般包含地址、电话、邮箱等信息。这样可以避免浪费客户的沟通时间。有些公司在 Contact Us 板块，还会先设置一个问题筛选模块，为用户呈现那些常见问题 Frequently Asked Question（FAQ）。 如果用户通过 FAQ 就能解决自己的问题，就免去了不必要的沟通成本，这对用户来说，是一种高效的服务方式。

当然，在联系方式的具体内容及渠道上，有些公司还是用了比较传统单向的模式。 比如，Noruma 以及 Daiwa 在其网站上，并非直接展示具体的联系方式，而是提供了一个用户沟通模块，类似于用户留言板，需要客户填入自己的联系方式，并描述具体的问题需求，提交至平台。 这种方式的优点是公司可以对用户需求做信息预处理，以更有效地联系客户，还有助于公司对问题进行存档归类。 这一模块的功能类似于电子邮件，只是需要客户填写自己的详细联系方式，且不是用自己的邮箱编辑发送。 缺点就是反馈的时效性差，一些用户还会觉得这种单向式的联系方式过于死板，对客户来说会浪费很多时间，仿佛跟公司之间设置了一道屏障。 但在国际社会，人们开展商务事宜比较偏好使用的沟通方式基本是电子邮件。 书面化的沟通方式比较正式，而且不容易因为口语表达或者国别问题造成沟通障碍或者误会。 金融类问题会涉及很多敏感专业的话题，书面化的方式也便于沟通双方对信息进行足够的"编码"及"解码"。

11.1.2　国外知名证券公司网站的客服互动

除了常规的联系方式，网站上的客服互动功能，也是保证企业与用户进行有效沟通的重要方式。 这一方式体现企业与用户之间的"社交性"，有助于拉进双方的距离。 在这一点上，除去未设置该功能的 4 家公司以外，大多数公司（4 家）采用的客服互动方式，还是以用户在线留言平台为主。 Bank of America Merrill Lynch 采用的是 Find An Advisor 的模式，根据客户的需求及所在区域，由系统匹配一名专属的金融顾问为其提供服务，同时也在网站首页主体部分推送用户使用公司 APP 的一些教程，便于用户随时随地与公司在线互动沟通。 除用户在线留言板以外，用户还可以在各个分网站上，如 Credit Suisse，找到本区域的虚拟客服（如图 11-1 所示），进行在线沟通。 而 Standard Chartered 的做法则是这些公司中比较出彩的。 如果客人的问题是在 FAQ 范围之外，无法自行解决，客户可以选择在社交媒体平台联系公司，比如在 Twitter 上直接在线联系该公司，得到即时反馈，实现公司与用户真正意义上的社交平台互动；或者使用视频服务的方式，远程协助解决问题；或者按照自己的区域位置，跳转至自己所在国家的网站，网站上的 Help 下有 Chat with Us 功能，客户可以与在线客服直接沟通。 如图 11-2、图 11-3、图 11-4 所示。

图 11-1　Credit Suisse 在线客服

图 11-2　HSBC Securities 在线客服

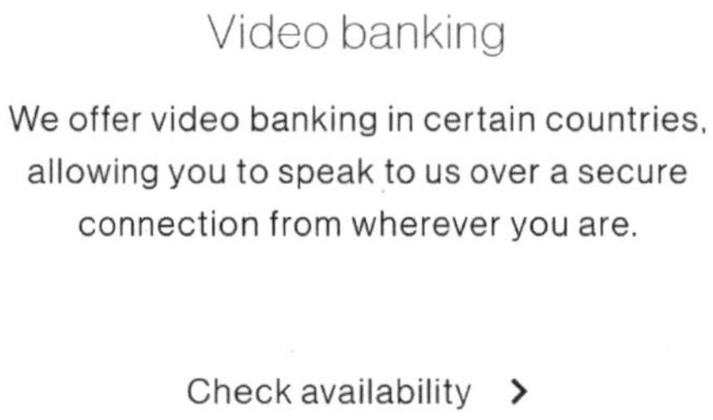

Video banking

We offer video banking in certain countries, allowing you to speak to us over a secure connection from wherever you are.

Check availability ❯

图 11-3　HSBC 视频银行客服

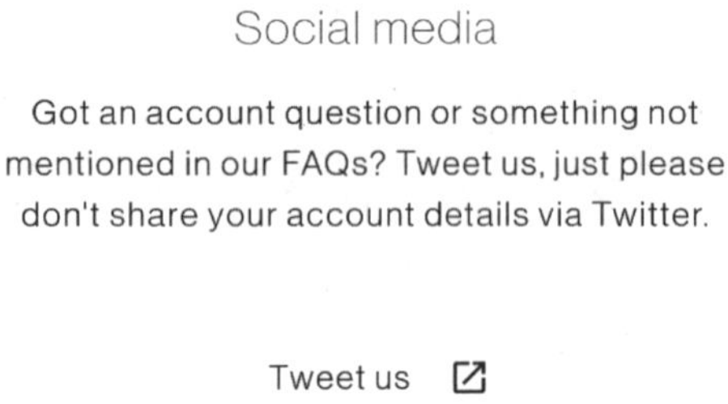

Social media

Got an account question or something not mentioned in our FAQs? Tweet us, just please don't share your account details via Twitter.

Tweet us 🗗

图 11-4　HSBC 社交媒体客服

11.1.3　国外知名证券公司网站的注册登录

前文中所提及的网站营销能力会影响潜在客户的产品服务购买意向，即是否选择这家证券公司的服务。 而本部分所涉及的网站客户服务能力，则会影响客户对产品服务的黏性，也就是说，客户通过实际的服务体验，决定后续是否继续使用该公司的服务，还是更换证券公司。 那些已经成为该证券公司用户的个人或机构，往往会在公司官网上进行注册、登录，进而享受专属化的服务。 所以，证券公司官网上的客户注册及登录界面是非常必要的客户服务功能。 通过调查，10 家国外证券公司官网的首页上都有用户注册或者登录的

文字链接。 Goldman Sachs 与 Bank of America Merrill Lynch 还在首页
banner 部分，直接添加了登录界面，方便用户直接登录（如图 11-5 所示）。
很多公司在登录设置上比较细化，为不同群体设计了不同的登录路径，比如
Goldman Sachs 就分别设置了 Client 与 Employee Login 两个路径；HSBC 的
登录链接则需要用户自行选择自己所在的区域，再跳转至特定网站，不同网
站会出现不同的登录界面。 这些细化分类的登录门户，有助于不同类型的用
户准确找到符合自己服务需求的专属内容。

图 11-5　Bank of America Merrill Lynch 用户登录界面

11.1.4　国外知名证券公司网站的人力资源

除了个体用户及机构，证券公司官网还要面对一类受众——公司潜在的员
工，也就是有意向入职该公司的人。 证券公司所能提供的优质服务，除了公
司本身的产品业务以及管理规章外，还依赖具备专业服务能力的国际化人
才。 这些人才是企业最宝贵的资源，同时也是代表企业形象及文化的最直接
的媒介。 企业如何通过门户网站进行科学合理的人力资源管理，直接体现了
企业的国际化形象。

在此，需要特别厘清人力资源管理的概念，它远不是狭义的企业招聘。

人力资源管理指的是在经济学与人本思想指导下，通过招聘、甄选、培训、报酬等管理形式对组织内外相关人力资源进行有效运用，满足组织当前及未来发展的需要，保证组织目标实现与成员发展的最大化的一系列活动的总称，包含人力资源规划、招聘与配置、培训与开发、绩效管理、薪酬福利管理、劳动关系管理等。[51] 因而，本研究也需要用这种宏观的视角，去观察这些证券公司门户网站在人力资源管理上的呈现内容及方式。

通过研究国外 10 家知名证券公司的官网，笔者发现，它们在人力资源这一块上所呈现的功能及内容都是比较全面的。除 Daiwa 以外，其余 9 家公司均设有人力资源板块。而在这些诸多看似不同的人力资源模块中，所有证券公司在网站信息内容上都包含了非常丰富的人力资源管理的内容。比如 Morgan Stanley，其网站的 Careers 板块充分体现了以人为本、以员工的能力发展培养为核心的现代企业人力资源管理的内涵。页面中，首先出现的是多样性与包容性兼具的关于人力培养的一个理念——"To create diversity, you have to get people talking about difficult."。随后分 4 个模块，介绍了 Morgan Stanley 团队所需的 4 类人才：Students & Graduates、Experienced Professionals、Financial Advisors、Techonology Professionals。下面出现的是公司现有团队的部门负责人简介、现有员工数量，以及一些加入 Morgan Stanley 以后开启励志人生的个人案例。也就是说，在潜在员工真正决定在 Morgan Stanley 申请职位之前，公司主动介绍了自己的企业文化以及对员工职业培养的模式，以帮助他们对自己形成正确合理的定位。而在人才招聘这一块，网页上还分模块介绍了很多关于应聘方面的技巧、方法、风险规避等。这对应聘者来说是非常有实用价值的职场信息。即便他们并不一定会选择 Morgan Stanley，或者不一定能应聘成功成为 Morgan Stanley 的职员，但是公司十分乐意同公众分享其在人力资源管理上的专业知识，以及在人才招聘上的经验，这充分体现了公司对于人才培养的社会责任感与开放奉献的企业文化。几乎所有国外证券公司在网站上的人力资源模块的设置中都包含公司人才理念、职业发展规划、职业培训流程、职场成功故事等丰富的人力发展资源。

对于招聘方式，其在网站上的呈现方式大致可以分为两种。第一种是匹配式，以 Morgan Stanley 为代表（如图 11-6 所示）。 Morgan Stanley 官网上采用的是引导式设计，即让用户先从个人能力、专业技能、性格特质、学历、地域等要素，分项选择符合自己的参数，进而自动匹配合适的岗位，应聘简历也在公司网站的应聘系统内完成投递。 这种智能化的人才招聘系统，有助于应聘者在众多应聘资源中匹配到与自己能力、兴趣相符的岗位。 这对企业方与应聘方来说，是互利共赢的一种高效节约模式。 在应聘者的申请路径上，细分为 students 与 professionals 两个路径，用匹配式、引导式的方式为应聘者提供合适的职位，在网站系统内就可以完成求职申请。

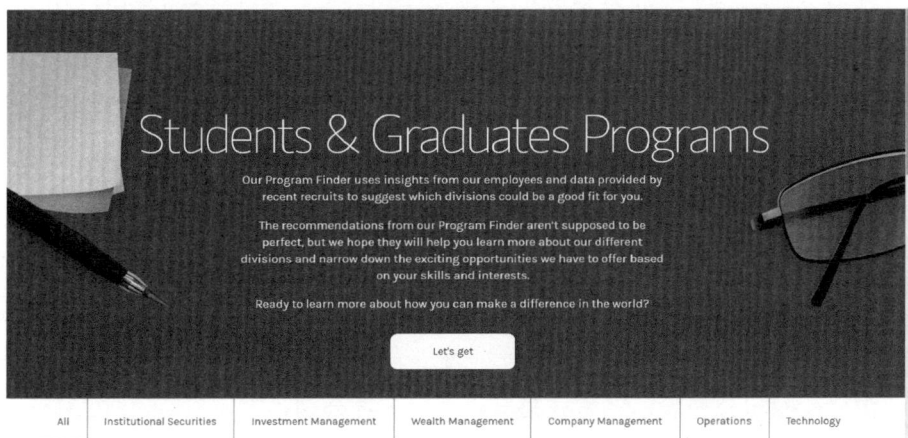

图 11-6　Morgan Stanley 人才招聘模块（Students & Graduates）

第二种模式是区域流程式，诸如 Bank of America Merrill Lynch、Nomura、Union Bank of Switzerland、Credit Suisse 等。 跟第一种一样，除了介绍公司企业文化、职业发展规划、人力资源管理上的多元化资讯，还会直接链接至分类的岗位库，会有关于具体岗位的描述、要求、办公场所等信息，应聘者可以针对具体岗位进行申请。 在第二种模式中，用户选择了特定的工作及岗位类别后，需要确定自己有意向的工作地点，网站下一步会自动跳转至你所选择的职位的所在地的官网，推进应聘流程。 不管使用何种模式，这些国外证券公司都有自己的人力资源管理平台系统，在应聘者类别上会进行合理分类，主要分为 Students & Graduates、Experienced Professionals，或者 I'm a new financial advisor 与 I'm an experienced financial advisor（Bank of

America Merrill Lynch）。 也就是说，学生、应届生、有工作经验的人，可以按照不同路径申请职位。 值得一提的是，在人力资源管理这一板块，这些公司都设计了非常多的细节化的指引或者 FAQ，以免应聘者在遇到操作障碍时无法继续，避免由于缺乏应聘经验而表现不佳。 对于应聘者来说，这些公司网站的用户友好度极佳，设计上充分体现了公司对于人才培养的重视，更凸显企业的社会责任感。

11.1.5　国外知名证券公司网站的网点信息

对于一家国际化的证券金融机构来说，面对来自全世界的客户群体，需要向每一位客户提供最贴近他们的服务，因而在其官方网站上，提供详尽的各地分公司或者办公室的网点分布情况，是其网站服务能力的一大体现。 对 10 家国外知名证券公司官网的调查显示，所有公司均在其网站上设置了供用户按区域选择具体分公司或分部的详细信息的功能，有些还设计了全球地图，便于用户在地图上找到定位。 其区域分布主要是以经济及地理区域为划分标准，一般分为美洲、非洲、大洋洲、欧洲等，用户可进一步在下属区域中找到离自己最近的分部或公司的通信地址及联系方式。

在公司网点分布展示的方式与层级上，证券公司各有不同。 J. P. Morgan 与 Credit Suisse 在首页主体部分，即在比较醒目重要的板块，设置了相关图片及引导式摘要，便于用户轻松浏览首页内容，即可点击链接至相关网页找到公司的全球网点信息。 Morgan Stanley、Goldman Sachs、Standard Chartered 等公司，用户只需把鼠标放置在网站首页导航栏的相关栏目上，如 Worldwide、About Us 部分，即会下滑出子菜单 Location 与 Our Locations，点击即可链接至相关页面，用户可在上面选择具体的办公网点。 Union Bank of Switzerland 则是直接在网页顶部栏单独将该功能凸显，直接添加 Location 栏目，让用户点击进入功能页面。 这些方式相对来说还是比较直观的，容易让用户找到该功能界面。 其余一些公司，不管其主页或导航栏是否有体现公司网点搜寻的功能，其首页底部栏部分都设置了相关功能。 比如 Morgan Stanley、J. P. Morgan、Union Bank of Switzerland、Credit Suisse，都在底部栏设置了 Location 栏目。 底部栏将一些关键功能分类罗列，这对用户的信息筛选是非常便利的。而另外一些公司，在展示公司网点信息上不那么明显，例如 Nomura，需要在首页导航栏 Who We Are 下点击 About Numura Group，链接至二级页面才能找到 Global Office 栏目（如图 11-7 所示）；Bank of America Merrill Lynch 同样需要用户首先点击首页的 About Us，链接至二级页面后，才能从该页面的诸多内容模块中找到 Locate An Office 这个功能，相对而言，其用户友好度没有前几种方式高。

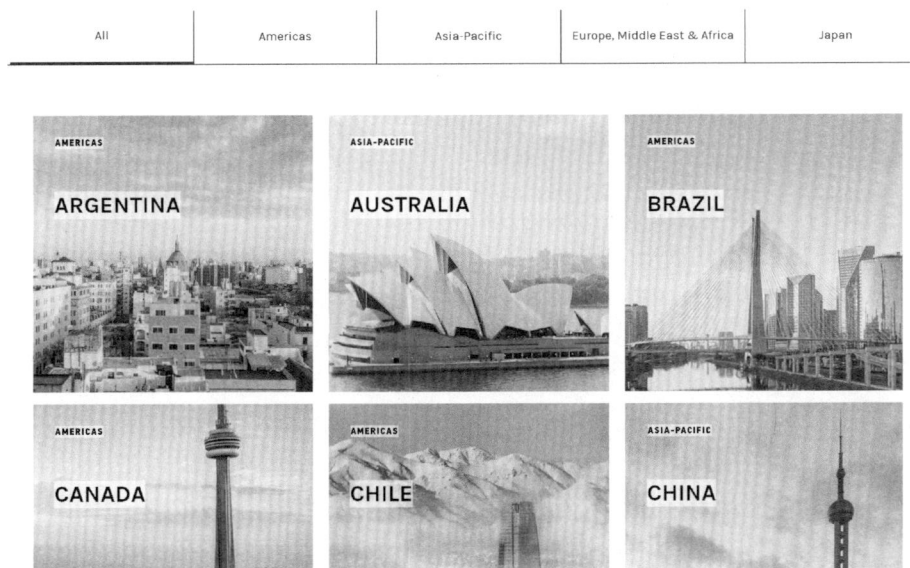

图 11-7　Morgan Stanley 官网上的 Global Office 页面

11.1.6　国外知名证券公司的网站搜索

当然，不管用户需要的具体服务或者信息是否被公司优先展示在首页导航栏、主体、底部栏，只要该网站设置了全网搜索功能，便可以满足所有用户的多样化问询需求。在这一点上，本研究中所涉及的 10 家国外知名证券公司无一例外都做到了，而且绝大多数（9 家）设计在网站首页顶部栏或者导航栏，让用户一登录网站就可以发现该功能。当然，Credit Suisse 出于其网站极简风格的设计，首页中并没有搜索功能，但只要用户任意点击进入某个二级页面，在页面的顶部栏就会显示搜索功能块，使用起来还是非常便利的。

11.2 国内主要证券公司网站的用户服务及在线交易能力

通过对 14 家证券公司英文官网进行统计及分析，笔者发现国内证券公司与国外证券公司在网站的服务能力建设上还是存在一定差距的。 国内证券公司网站国际化客户服务能力如表 11-2 所示。

表 11-2 国内主要证券公司网站国际化客户服务能力

公司名称	联系渠道	客服互动	注册登录	人力资源	网点信息	网站搜索
中信证券	Contact Us 二级目录： Hotline、E-mail、Fax、Add	无	无	无	无	无
国泰君安	①首页顶部：Hotline、E-mail ②首页底部 Contact Us：E-mail、Tel、Add ③Contact Us 三级目录：For Business、For Investors	三级页面 Contact Us：互动留言板	有	无	无	无
华泰证券	①首页：左下图片 Tel、Fax、Zip ②二级页面 Investor Relations Service：Tel、Fax、E-mail、Add、Hotline	无	无	无	无	无
招商证券	①首页底部：Hotline、Email ②二级目录 Contact Us：Add、Tel、Website、E-mail	二级页面 Investor Relations：在线预约表	无	流程介绍招聘邮箱	有	无
广发证券	①首页底部：Tel、Add、Zip ②三级目录 Contact Us：Add、Tel、Fax、E-mail、Website	无	无	Careers 英文介绍招聘网址(中文)	有	无
海通证券	①首页顶部：Customer Service Tel ②首页底部：Service Tel、E-mail、Add ③二级页面左下角 Contact Us：Tel、E-mail、Add、Zip	全网跟踪式图标：微信二维码、Customer Service（点击后为中文）	有	Join Us 招聘网址(中文)	无	无
银河证券	二级页面 Contact Us：Tel、Fax、E-mail、Add、Zip	无	无	无	无	无

公司名称	联系渠道	客服互动	注册登录	人力资源	网点信息	网站搜索
中信建投	二级目录 Contact Us：Tel、Hotline、E-mail、Add	无	无	无	无	无
中金公司	二级目录 Contact Us：Add、Tel、E-mail	无	无	Join Us 招聘网址（中英）	有	有导航栏
东方证券	①首页底部：Hotline、Add ②Contact Us 二级目录：Tel、Fax、E-mail、Add	无	无	无	无	无
光大证券	首页 Contact Us：Tel、Fax、E-mail、Add	无	无	无	无	有（无效）
东吴证券	①首页头部 Contact Us：点击跳出 Hotline、在线客服、微信客户服务号 ②首页底部 Contact Us：Tel、Fax、Add、E-mail，以及 4 个微信二维码	全网跟踪图标、点击在线留言互动	无	Careers 英文介绍招聘邮箱	无	有导航栏
浙商证券	首页底部：热线电话、微信二维码（中文）	无	无	无	无	无
长城证券	首页底部 Contact Us：Tel、E-mail、Add	无	无	无	无	无

11.2.1 国内主要证券公司网站的联系渠道

在搭建客户与公司的联系渠道这一方面，绝大多数国内证券公司都做得比较好。但是从用户友好度上来说，各家公司的表现还是有优劣之分的。国泰君安、海通证券英文官网上的 Contact Us 部分，不论从联系渠道的多样性，还是呈现方式的友好性，都是值得其他公司学习的。其官网上，关于联系渠道的内容出现在 3 个区域：首页顶部、首页底部，以及二级、三级子页面内。一般来说，在网站底部栏出现 Contact Us 的具体信息是比较常规的网页设计方式；而在首页中比较醒目的地方，再将一些联系方式展示出来，则是从客户使用便利性的角度出发做出的人性化设计，比如国泰君安、海通证券英文官网首页顶部栏展示了客服热线电话，国泰君安还添加了企业联系邮箱，东吴证券在首页顶部设置了 Contact Us，点击后跳出 Service Telephone、在线客服、3 个 WeChat Online Service Account 图标及内容（当然"在线客服"用中文呈现还是不够国际化）。 在联系方式上，基本都涵盖了邮箱、电话、地址、服务热线等，有些还添加了微信、微博服务号。 除了网站首页，其余公司也均在二级或三级相关子页面中，展示了公司的各种联系方式。 其中，国泰君安的 Contact Us 三级页面中，分开设置了 For Investors 与 For Business 两种联系方式，比较细致。 但是，笔者依旧认为，在首页中或者在网站底部栏展示公司 Contact Us 部分的信息，是比较合理便捷的布局方式。

就国际传播的有效性来看，对于联系渠道 Contact Us 部分，还有地方需要国内证券公司思考：联系方式针对的是国际用户，所以要考虑他们的通信偏好及可行性。 从可行性来看，很多公司在电话号码的处理上，特意加了中国地区的国别区号（86），这是一个针对国际用户的细节。 对于身在境外的客户而言，如果不添加国别区号，这个电话号码是无效的。 浙商证券用中文表达其服务热线及官方微信二维码，缺乏国际传播意识，结果是不懂汉语的国际用户只能凭猜测去判断。

而且，跨国电话是不是一种合适的联系方式，值得商榷。 即便可以拨通，电话沟通的成本、时差、语言障碍等等，都会大大降低客户与公司的沟通效率。 从沟通的偏好来看，国际上人们普遍依赖的商务沟通方式依旧是电子邮件，其优势是信息传递无国界障碍、不受时差约束、沟通成本低、便于存档及回溯查找，可以附加的文件、图片、视频等，而且在法律上是具有佐证效力的。 综合来看，电子邮件是最适合国际用户的一种沟通方式。

在调查中，笔者还发现很多国内证券公司添加了微信、微博的服务号。对于本身就在使用微博、微信的国内用户而言，这是紧跟潮流的一种联系方式，但是对于国际用户来说，其在沟通链上是不具有传达性的。 因而，从与国际客户的实际沟通效果来看，各种沟通方式的优先顺序必定是：电子邮箱＞客服热线＞微信、微博。 即便想用社交媒体作为与公司沟通的新媒体渠道，也应该选择国外客户更习惯的如 Facebook、Twitter 这样的方式。

11.2.2　国内主要证券公司网站的客服互动

如果说 Contact Us 部分主要负责的是线下沟通，那么在公司官网上的在线互动，则是对企业网站服务能力更高的挑战。通过调查，14 家国内证券公司的英文官网中只有 4 家是有客服互动功能的。其中国泰君安在三级子页面上有一个英文版的互动留言板，客户可以留言反馈自己的问题；招商证券的二级子页面上有一个投资者在线预约表，用于维护投资者关系；海通证券和东吴证券，都有一个全网跟踪式在线互动图标，但海通证券的图标点击后实际链接至中文页面，东吴证券的"在线服务"这几个指示性文字为中文，对接的也是中文语言版本的客服。换言之，国内证券公司在其英文网站在线客服互动上，实际效果甚微。对于网络在线客服互动这一块，笔者认为，即便是国外知名的证券公司，也并非所有公司都设计了这个板块，在那些已经设置了该功能的国外证券公司中，大多数也是通过设置在线留言平台的方式实现与用户的互动的。因而国泰君安、招商证券的这种设计，是符合国际惯例的，但是存在不足。国泰君安的 Interact 界面（如图 11-8 所示），虽然效仿国外的在线留言反馈平台，也用了全英文的描述指引，但完全没有一个地方可以供用户填写自己的联系方式，不论是邮箱还是电话。这样的结果就是，除非用户自己比较有心，主动在留言板模块写上自己的联系方式，否则这个留言互动的内容就只是一个"留言板"，得不到公司的反馈；公司即便想找到留言的用户帮助解决问题，也完全没有线索。这个例子反过来正好证明了国外那些证券公司在线互动板块要求客户填写详细的通信地址、电话、邮箱等信息的意义所在。

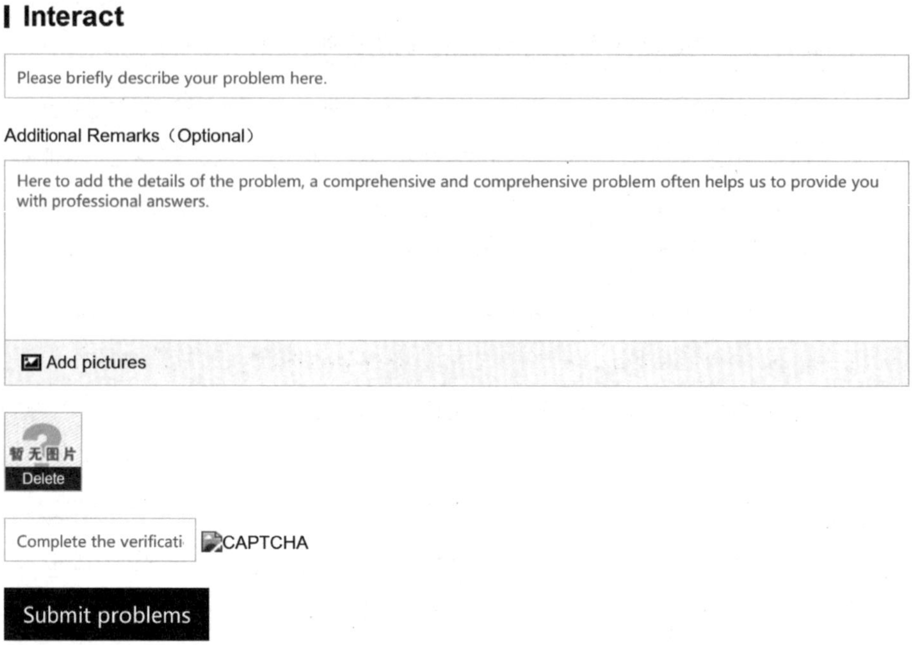

| Interact

```
Please briefly describe your problem here.
```

Additional Remarks（Optional）

```
Here to add the details of the problem, a comprehensive and comprehensive problem often helps us to provide you
with professional answers.




```

🖼 Add pictures

```
暂无图片
Delete
```

```
Complete the verificati    ▨CAPTCHA
```

Submit problems

图 11-8　国泰君安 Contact Us 部分的 Interact 界面

11.2.3　国内主要证券公司网站的注册登录

对于网站上的客户注册登录界面，通过对 14 家国内证券公司的调查，笔者发现，只有海通证券与国泰君安两家公司的英文官网上是有客户登录界面的，且界面文字为英文。但是海通证券的界面上只有登录功能，没有新账号注册的功能（如图 11-9 所示）；而国泰君安的界面，虽然细化了用户登录门户，分为普通企业用户及中小企业用户两个路径，也有 Register Now 的功能键，但是点击后跳出的是国泰君安与机构用户一站式服务平台"道合"APP的二维码，也就是说，需要客户扫码下载客户端才能注册，该客户端的工具语言为中文（如图 11-10 所示）。所以，在网站客户登录这一块，14 家国内证券公司中有这个功能板块的占比很少，只有 14.3％；且在功能的国际化体验上，仅有国际化的"躯壳"，没有真正可用的功能。对于这一功能模块，笔者认为其重要程度要远远高于与在线客服的互动。金融服务对于保密性的要求比较高，且用户的身份比较多样，这就意味着每个用户都需要一个量身定制的服务系统。　本研究语料中，所有的国外证券公司无一例外都设置了用户注册登录界面，在网站首页导航栏上都有 Login 功能，有些甚至特意嵌入首页 banner 图中，功能醒目，并且在功能路径的分类上也非常细致。

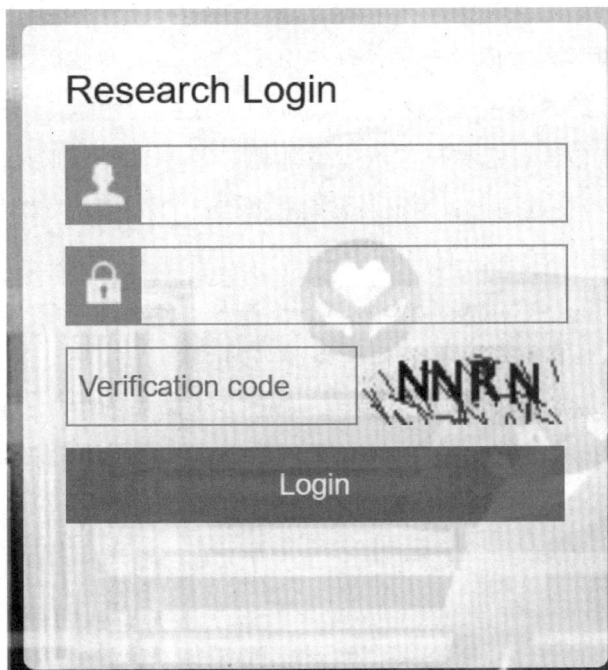

图 11-9　海通证券在线注册登录门户

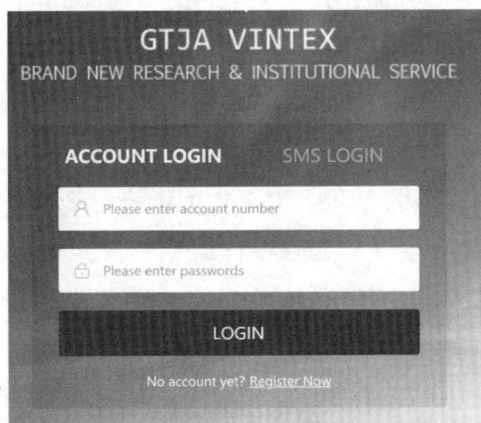

图 11-10　国泰君安的研究及机构服务注册登录门户

11.2.4 国内主要证券公司网站的人力资源

对于人力资源这一块，通过调查，笔者发现 14 家国内证券公司中，招商证券、海通证券、广发证券、中金公司、东吴证券这 5 家公司的英文官网首页的导航栏都设置了人才招聘一栏，有些用了 Careers，有些用了 Join Us。 事实上，这两个词的内涵还是有区别的，Join Us 仅指人才招聘，而 Career 不仅指人才招聘，更包含对已有员工的职位能力培养等现代企业人力资源管理的丰富内容。 因而在选词上，建议各公司根据自己的实际需求谨慎挑选。

而在这 5 家公司中，招商证券在其二级页面 Careers 下，包含了 Our Firm、Core Value、Your CMS Career 三个栏目，分别简单介绍公司概况、核心价值、应聘入职的整个流程，包括企业招聘邮箱。 从英文信息来看，这种做法跟国外证券公司的理念是一致的。 我们不能狭隘地仅将公司官网作为一个招聘人才的信息发布场所，而是要借这个网络空间，充分展示公司对企业人力资源管理的理念和对人才职业培养的规划等。 对于这一点，东吴证券的做法更加贴近国际惯例：其 Careers 二级子页面下，包含 Talent Concept、Career、Ability Development、Company Culture 四个板块，每个板块配有国际化人才相关的图片及文字介绍，下方有互动性很强的人才邀请文字，描述公司想要招聘的人才特质（Who we are looking for），附有公司的人才招聘邮箱地址，可直接点击链接至用户个人电脑的 Outlook 电子邮件系统，方便用户投递简历。

当然，其在内容的丰富性上还有待拓展。 这几家国内证券公司的 Careers 部分，基本只有一个网页的内容，主要是概述性地介绍公司的企业文化理念等。 其实可以效仿一些国际知名金融机构的做法，在这一板块添加一些应聘技巧、面试方法、职场常识等对应聘者有实用价值的求职资讯，包括文章、教程、视频等，甚至展示对国际化人才多样性的包容，都有助于丰富公司在人力资源管理方面的国际化内涵。

除此之外，对于人才招聘的具体形式及信息，这些国内证券公司 Careers 板块的设计，也是流于形式。 招商证券在 Careers 板块下，用一个流程图展示了应聘招商证券的主要流程步骤，随后放置了公司的电子招聘邮箱，虽然语言全部为英文，但实际上没有该公司所需人才的任何信息。 类似的还有广发证券与东吴证券，都采用了 Careers 子页面下关于公司文化理念的英文介绍，附加招聘网址链接的方式。 海通证券官网首页导航栏上的 Join Us，所链接的是公司的中文招聘网站。

相对来说，中金公司在这一板块是所有国内证券公司中做得比较完善的。 中金公司在英文网站首页导航栏用了 Join Us 作为文字链接，点击跳转至其公司专属的招聘网站。 Join Us 一词用得恰到好处，既然本身所涉及的内容就是人才招聘，那就不需要用 Careers 这样内涵较丰富的词。 这个招聘网站是中金公司专门设计的招聘系统，中英双语皆可显示。 且该招聘系统也特意做了分类，分为社会招聘（Experienced Recruitment）、校园招聘（Campus Recruitment）、实习生招聘（Intern Recruitment）三个路径。 应聘者可以在网页顶部注册登录，进入系统后，其招聘信息也做了科学归类，按照 Job Category、Working Location、Release Time 等，应聘者可直接通过 Job Search 进行精准的职位申请。 其实际的岗位描述，也会根据不同的岗位匹配不同的语言，对于那些需要国际化人才的岗位，岗位描述全部为英文。 但到了最后的求职申请这一步骤，需要用户在线注册，才能在系统内部对意向职位投递简历。 其注册流程为中文，这对国际用户来说友好度不高。

应该说，这几家公司在境外人才招聘上还是用心的，但是各有不足。 首先从内容上看，东吴证券与海通证券虽然具备人才资源管理的现代企业意识与国际风范，在其网页中添加了公司文化、经营理念、人才能力培养等元素，尤其是东吴证券，分 4 个类别强调对人才以及职业的重视，但是在内容的丰富性、形式的多样性上，还是需要向国际同行学习。 其次从有效性来看，不管是直接链接至中文招聘网站，还是虽然有英文内容但缺失了具体的招聘岗位信息，在实际的人才招聘信息传播上来说都远远不够。 即便是有意向的人才，也无法确定自己的能力专长适合公司的哪个岗位。 中金公司设有专门的中英双语招聘网站，是非常凸显其专业性与国际化的，但是其职位申请方式在操作界面上体现的国际友好度还有欠缺（如图 11-11 所示）。

图 11-11 中金公司英文官网招聘网页

11.2.5 国内主要证券公司网站的网点信息

除线上的精确查找之外，线下的证券公司网点搜索功能也是比较实用的模块，一方面可以体现该证券公司的全球覆盖率，另一方面也便于境外客户找到境外的营业网点或者分公司，处理一些无法在线上完成的业务。尽管当前在 Google 一类的地图应用内，可以根据公司名称找到对应地址，但是在企业官网上写明网点地址，对客户来说，其可靠性与准确性更高。

对于这个模块，14 家国内证券公司中只有招商证券、广发证券、海通证券以及中金公司做了设计。招商证券在其英文官网二级子页面 Investor Relations 下的 Securities Retail Branches 一栏，用表格形式详细列出了中国境内所有招商证券营业网点的详细信息，包括营业点名称、地址、电话、股票代码。海通证券 About Us 的二级子页面上，有一个 Branch 图片链接，点击跳转后的页面展示的是一张中国地图，图上每个省会城市都用蓝点标注。在上海这个区域，海通证券加上了自己公司的 logo，同时增加了一个文字展示栏，用英文描述公司的网点数量。广发证券在其英文网站首页导航栏 About Us 下，也有 Global Network，点击后出现的是公司在全球的网点分布图。有网点的地区都用橙色圆点表示，鼠标放置其上，会自动跳出该分公司的详细通信地址及联系方式，甚至对如何乘坐公共交通抵达都做了详细说明，这对于国际客户来说用户友好度非常高。中金公司也在 About Us 下的 Global Network 一栏，用城市地标图及城市文字作为标题，呈现了其在全球的公司网点信息，点击图片可跳转至下一级页面中的分公司信息（如图 11-12 所示）。

图 11-12　中金公司英文官网的全球网点展示图

应该说，证券公司国际版网站的目标受众是国际用户，那么其呈现的网点应该是能方便国外客户抵达的境外公司地址，必须始终保持这种受众意识。因而笔者认为，招商证券应该在其英文网站中添加其境外网点或公司信息，凸显其业务网点的国际性，而不是罗列其在中国境内的公司网点分布。有同样问题的包括海通证券，其在网页上应该呈现的是公司在境外的网点分布，以展现其业务范围的国际覆盖性。

11.2.6　国内主要证券公司的网站搜索

国内证券公司的英文网站对于网站搜索功能这一块的意识非常薄弱。在14家国内主要证券公司中，只有中金公司、光大证券、东吴证券这3家公司提供了网站搜索功能，而其中光大证券的搜索功能是无效的，也就是说只有中金公司与东吴证券这2家公司在网站首页导航栏中设置了搜索界面，占比只有14.3%。而国外10家知名证券公司全都在网站中提供了搜索功能，而且除了 Credit Suisse，其他都是在网页首页的顶部栏或者导航栏中，这种设计非常便于用户发现该功能，进而发挥其搜索的功效。相比而言，国内证券公司对于网站搜索功能的重视度还远远不够。

11.3 国内证券公司网站国际化用户服务及在线交易能力提升建议

对于网站的联系渠道，结合对前文中国际知名证券公司网站在沟通方式上采用的国际惯例，笔者建议，在 Contact Us 的设置上，国内证券公司应该像国外同行一样，专门设计一个板块或者页面，按照不同的区域国别，分类展示不同国家和地区的公司网点信息，包括公司通信地址、联系电话、传真、电子邮箱等。 这样一来，就不用担心会有国别区号及语言障碍，让全球各地客户都能使用适合自己沟通习惯的联系方式。 除此之外，如果想用社交媒体网络作为公司与客户沟通的平台，也建议这些公司尽量采用国际社会通用的社交媒体，如 Facebook、Twitter、Youtube 等，不要把那些适合国内受众，但在国际社会没有用户基础的国内社交媒体作为联系渠道。 当然，考虑到一些国内证券公司的客户有可能是旅居海外的华人，设置一些他们习惯使用的微信公众号，不失为一种人性化的安排，但要确保做到本地化转换，即使是使用针对某个海外华人群体的微信公众号，比如加拿大海通证券公司微信公众号，也不要照搬照抄地把面向中国内地用户的微信公众号放置到平台上，以免其在国际传播及用户服务上的实际效果为零。

对于网站的在线互动，笔者建议，国内公司可以借鉴国外同行的一些做法。 比如，在互动留言前，可以展示 FAQ 上的一些常见问题，便于用户自我排查以解决问题；对于 FAQ 范围以外的，客户再寻求与公司的互动沟通。当然，如果能像 Standard Chartered 那样设置一些真正符合当前新媒体时代的互动方式，比如社交媒体平台的互动、远程视频协助、APP、在线虚拟客服或人工客服沟通等更加人性化的互动方式就更好了。 但前提是，公司在做这些前端设计的同时，后端也配备了同样专业的客服团队，不论是从语言、IT 技术，还是金融专业知识及客户沟通能力上，都可以真正实现在线客服互动。如若不然，采用更加稳定的在线英文留言平台，反而可以避免客户的失望及不满情绪，也适应国外比较主流的商务沟通习惯。

对于网站的注册登录，笔者建议，国内证券公司需要学习国外证券金融机构的做法，针对公司的国际客户，在网站首页上设置英文版用户界面，以便这些用户进入自己的账户进行各类金融操作。如后台并无完善成熟的英文客服系统作为支撑，那就不需要设置英文登录门户。

对于网站网点信息的展示，笔者建议，不妨学习国外同行的做法，按照国际、区域，分块安排呈现公司所分布的网点。在这一点上，中金公司的做法更加具有国际视野，在页面中用各个国家的代表性建筑或者风景图片，配上城市文字链接，方便用户点击后直接链接至下一级页面。但是其问题在于，点击后出现的是目的城市国家分公司的公司简介，而不是具体的联系信息。而且对于同一国家的不同城市，如纽约、旧金山，虽然在上一级页面上是用两张图片展示，但点击后进入的是同一个分公司的简介。这种分类方式反倒不如直接按国家进行分类。笔者建议，国内证券公司可以结合中金公司及广发证券的做法，稍微做一些改进。如果境外网点不多，那么就以城市为单位，逐一展示相应的公司详细通信地址及联系方式，甚至在全球地图上设置一个标志，点击后自动跳出详细地址，如广发证券一样；如果境外布局比较广泛，网点比较多，那么就以美洲、欧洲、非洲、大洋洲等作为划分标准，再继续展示该区域的公司网点，可以具体到国家或者地区。所列出的信息，务必是有效信息，而不是笼统的分公司的简介。

对于网站的人力资源板块，笔者建议，要借鉴国外企业的做法，突破国内将人力资源的内涵及功能局限在人才招聘这一狭隘的范围内的观念，以现代人力资源管理的理念，在网站中展示公司文化、经营理念、人才能力培养、人才招聘等丰富多样的人力资源元素。如果公司对国际人才队伍的建设规划比较长远，可以效仿中金公司的做法，将其人才招聘网站设计成中英双语，分为社会招聘（Experienced Recruitment）、校园招聘（Campus Recruitment）、实习生招聘（Intern Recruitment）三个路径，应聘者可以在网页顶部注册登录，进入系统后，根据用户资料，合理匹配岗位，有的放矢。

对于网站的全球网点信息的展示，笔者建议，可以效仿国外证券公司的做法，分区域展示不同网点，例如，按照亚洲、北美洲、南美洲、欧洲、大洋洲等进行划分，用户点击不同区域后，可再跳转至下一级页面，里面用国家或者城市的地标性建筑图片作为链接，方便用户点击后进入具体的网点信息，包括 Branch Name、Location、Address、Telephone、Postcode、Transportation 等关键信息。 广发证券英文官网上的呈现方式是非常值得推广的，在全球地图上用红点标注出本证券公司设立的境外网点及其所在城市名，用户点击后，网页上会跳出相关网点的具体信息，这是一种比较人性化的方式。

对于网站搜索功能，笔者强烈建议，所有国内证券公司都应该在网站首页的导航栏或者顶部栏中添加全网站搜索功能。 用户只要在该搜索栏中输入关键词，整个网站中包含该关键词的信息就会以标题链接的形式呈现，如同网络搜索引擎，用户点击后可跳转至详情页，以进一步了解信息。 当然，这个网站搜索功能得以实现的前提是整个网站都有比较完备的全英文版本的内容建设，否则就是一个无效的工具符号。

参考文献

［1］金融业［EB/OL］.［2020-09-01］. https：//baike. baidu. com/item/%
　　　E9％87％91％E8％9E％8D％E4％B8％9A/393108? fr＝aladdin.

［2］姜望琪.再论术语翻译的标准——答侯国金（2009）［J］.上海翻译，
　　　2010（2）：65-69.

［3］侯国金.语言学术语翻译的系统—可辨性原则——兼评姜望琪（2005）
　　　［J］.上海翻译，2009（2）：69-73.

［4］赵忠德.关于语言学术语的统一译名问题［J］.外语与外语教学，2004
　　　（7）：51-53，61.

［5］赵南陔.关于科技译名统一问题的探讨［J］.中国翻译，1981（1）：31-36.

［6］刘法公.论法规文件英汉/汉英译名的唯一性［J］.中国翻译，2010
　　　（5）：71-73.

［7］刘法公.组织机构汉英译名统一的"名从源主"论［J］.外语与外语教
　　　学，2009（12）：46-49.

［8］樊林洲.术语翻译应以规范和忠实为原则——以三部经济学辞书为例
　　　［J］.中国科技术语，2017，19（1）：29-35.

［9］王金波.谈国内翻译研究中的译名问题［J］.中国翻译，2003（3）：
　　　64-66.

［10］文有仁.新闻报道中外国专名的翻译［J］.中国翻译，2008（3）：
　　　68-71.

［11］陈黎峰.金融英语术语的特点及其翻译［J］.上海科技翻译，2004
（1）：23-25.

［12］蒋兰，陈晓颖，王一娜.美国金融危机相关术语的汉译［J］.中国科技
翻译，2011，24（2）：31-34.

［13］高新华，刘白玉.金融危机英语隐喻词汇的翻译［J］.外语学刊，2010
（5）：119-121.

［14］杨琼.浅谈国际金融术语的翻译［J］.科技信息，2010（3）：
557，555.

［15］王伟.隐喻思维与金融术语学习——一项基于证券投资术语的研究
［J］.中国科技术语，2014，16（1）：30-35.

［16］马秀兰.金融术语英汉翻译单一性信息传导机制的认知辨识［J］.红河
学院学报，2015，13（2）：85-88.

［17］REISS K，RHODES E F. Translation criticism：potential and limitation
［M］. Shanghai：Shanghai Foreign Language Press，2004.

［18］仲伟合，钟钰.德国的功能派翻译理论［J］.中国翻译，1999（3）：3-5.

［19］NORD C. Translating as a purposeful activity：functionalist approaches
explained［M］. Manchester：St. Jerome Publishing，1997.

［20］VERMEER HANS J. A framework for a general translation theory［M］.
Shanghai：Shanghai Foreign Language Education Press，2001.

［21］NORD C. Translating as a purposeful activity［M］. New York：
Routledge，1997

［22］刘宓庆.翻译与语言哲学［J］.外语与外语教学，1998（10）：3-5.

［23］雷群明.译名统一问题急待解决［J］.文字改革，1985（2）：40.

［24］高淑芳.科技术语的翻译原则初探［J］.术语标准化与信息技术，2005
（1）：46-47.

［25］刘法公.论商贸译名翻译的统一问题［J］.中国翻译，2006，27（3）：
64-68.

［26］傅恒.中国银行业专用词语汉英译名不统一问题及对策探讨［D］.杭
州：浙江工商大学，2013.

［27］ 郭丹，蒋童.中国传统译论中译名问题的阶段性——从僧睿到朱自清
［J］.广东外语外贸大学学报，2011（6）：14-17，33.

［28］ 林克难.从信达雅、看易写到模仿—借用—创新——必须重视实用翻译
理论建设［J］.上海翻译，2007（3）：5-8.

［29］ 林克难，籍明文.应用英语翻译呼唤理论指导［J］.上海科技翻译，
2003（3）：10-12.

［30］ 丁衡祁.汉英翻译实践是再创作的过程［J］.中国翻译，2005（5）：25-29.

［31］ 傅恒."ABC＋GloWbE"模式下银行组织机构名规范化翻译对策探讨
［J］.上海翻译，2016（6）：44-47.

［32］ 证券公司［EB/OL］.［2020-09-01］.https：//wiki.mbalib.com/wiki/％
E8％AF％81％E5％88％B8％E5％85％AC％E5％8F％B8.

［33］ Seven of World's 10 Most Valuable Securities Firms Are from China［EB/
OL］.（2020-08-13）［2020-09-20］.https：//www.bloomberg.com/news/
articles/2020-08-13/seven-of-world-s-10-most-valuable-securities-firms-
are-chinese.

［34］ Leading Chinese securities companies on the Fortune China 500 ranking in
2019，by revenue［EB/OL］.［2020-08-03］.https：//www.statista.com/
statistics/455097/china-fortune-500-leading-chinese-securities-companies/.

［35］ 鲁桐.企业国际化阶段、测量方法及案例研究［J］.世界经济，2000
（3）：9-18.

［36］ 邵益珍.基于外文版网站视角的中央企业国际化行为研究［J］.电子政
务，2014（3）：101-109.

［37］ 企业 logo［EB/OL］.（2020-08-03）https：//baike.baidu.com/
item/％E4％BC％81％E4％B8％9Alogo/416743？ fr＝aladdin.

［38］ ［2020-10-03］.https：//en.wikipedia.org/wiki/Investment_banking.

［39］ 网络域名［EB/OL］.［2020-08-05］.https：//www.zhihu.com/
question/314016519/answer/1289197656.

［40］ 域名［EB/OL］.［2020-08-05］.https：//baike.baidu.com/item/％
E7％BD％91％E5％9D％80.

［41］威妥玛式拼音法［EB/OL］.［2020-08-03］.https：//baike. baidu. com/item/%E5%A8%81%E5%A6%A5%E7%8E%9B%E5%BC%8F%E6%8B%BC%E9%9F%B3%E6%B3%95/5404053.

［42］邮政式拼音［EB/OL］.［2020-08-03］.https：//baike. baidu. com/item/%E9%82%AE%E6%94%BF%E5%BC%8F%E6%8B%BC%E9%9F%B3.

［43］Alexa 排名［EB/OL］.［2020-08-03］.https：//baike. baidu. com/item/Alexa%E6%8E%92%E5%90%8D.

［44］曾荷.电子政务信息资源的网络影响力评价研究［D］.上海：华东师范大学，2007.

［45］陈太洋，任全娥.中外企业网站的链接分析与网络影响力评价［J］.情报理论与实践，2008（4）：614-619.

［46］丁楠，潘有能.基于链接的公共图书馆与高校图书馆网站影响力比较研究［J］.图书馆学研究，2010（7）：41-46.

［47］灰色关联分［EB/OL］.［2020-09-03］.https：//wiki. mbalib. com/wiki/%E7%81%B0%E8%89%B2%E5%85%B3%E8%81%94%E5%88%86%E6%9E%90.

［48］网站风格［EB/OL］.［2020-09-03］.https：//baike. baidu. com/item/%E7%BD%91%E7%AB%99%E9%A3%8E%E6%A0%BC/2316782.

［49］投资者关系［EB/OL］.［2020-09-03］.https：//baike. baidu. com/item/%E6%8A%95%E8%B5%84%E8%80%85%E5%85%B3%E7%B3%BB.

［50］RSS 工具和应用场景［EB/OL］.［2020-09-03］.https：//zhuanlan. zhihu. com/p/109813899.

［51］人力资源管理［EB/OL］.［2020-09-03］.https：//baike. baidu. com/item/%E4%BA%BA%E5%8A%9B%E8%B5%84%E6%BA%90%E7%AE%A1%E7%90%86/23644.

后 记

 2020 年发生的全球公共健康危机，使得全世界都处于后疫情时代国际新秩序中，各个行业需要面对新的变革与机遇。 中国的金融体系，虽然很多方面都是从西方社会学习借鉴的，但是作为全球疫情治理最佳典范的国家，金融巨头们不约而同看好中国市场。 英国《金融时报》的一则报道称，华尔街部分实力最雄厚的金融机构正在加紧布局中国的基金管理业等金融服务业，以期获利于中国走向开放的资本市场。 全球最大的资产管理公司贝莱德（BlackRock）于 2020 年 8 月获批与中国一家国有银行成立合资公司，与之竞争的资产管理公司先锋集团（Vanguard）表示将把地区总部迁至上海。 花旗集团成为首家在华获得基金托管牌照的美资银行。 摩根大通计划收购中国一家合资基金公司，当地合作伙伴全部股份的细节已被展示出来。 中国银保监会官网在 2020 年 8 月 22 日"答记者问"中公布了这些情况：2018 年以来，银保监会共批准外资银行和保险公司来华设立各类机构近 100 家，其中包括外资独资或控股的保险公司和理财公司。 2020 年上半年有来自世界各地多家知名的外资银行保险机构获准批设，例如美国贝莱德金融管理公司、建信理财有限责任公司和新加坡淡马锡旗下富登管理有限公司在上海合资筹建由外资控股的贝莱德建信理财有限责任公司，韩国的大韩再保险在华设立了再保险分公司，日本上田八木短资株式会社在北京筹建独资货币经纪（中国）公司。

 究其原因，首先毫无疑问是中国经济本身的巨大吸引力；其次是中国的金融业对外开放步伐明显加快；最后，后疫情时代，中国经济率先恢复，展现出的韧性增加了投资者的信心。 中国经济底盘稳、韧性足、前景阔，加上不断优化的服务，成为世界金融巨头冲破政治樊篱、奔赴中国市场的根本动力。金融是现代经济的核心，"金融活，经济活；金融稳，经济稳"。 这个新时代为中国金融业带来的全新机遇，是值得中国金融管理者好好把握的。 面向国际社会的金融外宣文本，以及与互联网时代共生的金融机构门户网站的国际化行为，对于建构一个专业、可靠、国际化的中国金融行业的品牌形象，显得至关重要。

本书主要围绕中国的银行业与证券业这两个与普通民众互动关联性最大的金融行业，通过比对国内与国外金融机构，分别进行了金融外宣文本及门户网站国际化行为的研究。 本书有很多不足之处：首先，由于很多内容都是从国内外金融机构的网站上获得的，相关数据或者语料，未来可能会更新或者变化，故本书每个部分只能以当时的数据为准；其次，囿于篇幅，本书未对其他金融细分领域，如保险业、期货业、信托业等进行更加全面的研究。 但是希望本书所提供的学术视角、研究方法、研究结果，能够对金融行业的从业者及研究管理者提供一些启发，更希望相关金融监管部门或政府部门能引起重视，采取措施提高对金融业国际化传播的规范性监管力度，从整体上提高中国金融业的国际化水平。